Dietlind Schöppner

STEIN im WEG

Episoden aus dem Leben meiner
an Demenz erkrankten Mutter

Covergestaltung

Bernhard de Reese

2. Auflage August 2022

Vorwort

Demenz ist kein Einzelschicksal. Es gibt vermutlich weitaus mehr Menschen, die entweder an Demenz erkrankt sind oder einen Angehörigen haben, der daran erkrankt und daher auf Betreuung, Unterstützung und umfangreiche Hilfen angewiesen ist. Häufig beobachten Partner, Bekannte oder gar Nachbarn eine Veränderung des Betroffenen und wissen nicht damit umzugehen, haben Scheu offen darüber zu sprechen, fühlen sich allein gelassen und hilflos. Diese Erfahrung habe ich im Laufe der Jahre gemacht – hauptsächlich in der Zeit in der Mutti im Stiftungsdorf ein neues Zuhause gefunden hat. Mit Angehörigen ihrer Mitbewohner, die ebenfalls größtenteils demenziell erkrankt waren, war ich des Öfteren im Austausch. Es waren fruchtbare Gespräche, in denen wir uns über den Umgang mit unseren Lieben austauschten und uns gegenseitig Tipps gaben. Kurioser Weise sprachen mich sogar lockere Bekannte bei meinen Spaziergängen mit unserem Hund im Stadtteil an. Sie wussten von Mutti und mir, wussten von ihrer Demenz und suchten daher das Gespräch. Meist kamen sie direkt zum Thema, berichteten von auffälligem Verhalten eines eigenen Familienmitgliedes und ermunterten mich, z.B. davon zu berichten, wie ich die Anfänge bei meiner Mutter wahrgenommen hatte. Häufig erkannten wir Übereinstimmungen im Verhalten, an anderer Stelle war mir das beschriebene Verhalten gänzlich unbekannt. Bei solchen Zufallsbegegnungen verging die Zeit wie im Flug. Beim Auseinandergehen hörte ich manchmal Äußerungen wie: „Danke, dass du mir zugehört hast. Es tut so gut sich mit jemandem auszutauschen, der mich versteht, der solche Situationen, die ich mir gerade von der Seele geredet habe, kennt. Danke, für dein offenes Ohr. Tut mir Leid, dass ich dich so mit meinen Problemen überfallen habe. Meine Gedanken drehen sich bei diesem Thema immer nur im Kreis, wenn ich allein bin. Jetzt habe ich das Gefühl, dass ich vielleicht eine andere Sichtweise einnehmen kann. Oh man, ich hab immer so ein schlechtes Gewissen – und gerade fühlt es sich etwas leichter an … danke nochmals. Ich hoffe, dass ich dich nicht zu sehr damit belastet habe. Mach's gut, ich wünsche dir noch einen schönen Tag".

„Dankeschön, ebenso", erwiderte ich, „es ist alles gut. Freut mich, wenn ich dir helfen konnte. Weißt du, es ist dein Problem, da kann ich mich sehr gut distanzieren. Kannst mich jederzeit wieder ansprechen", vervollständigte ich meinen Satz. Mit einem Lächeln trennten wir uns. Nach solchen Begegnungen konnte ich meinen Weg unbeschwert weitergehen. Manchmal machte sich ein Gefühl von Zufriedenheit in mir breit. Es gefiel mir zu erleben, dass es jemandem dadurch besser ging, dass ich mir Zeit nahm zuzuhören oder an anderer Stelle ganz offen über das Leben von Mutti und mir berichtete.

Diese und ähnliche Begegnungen haben dazu geführt, dass ich meine Erfahrungen zu Papier bringe. Ich freue mich, wenn meine Erzählungen dazu führen, dass Menschen darüber ins Gespräch kommen, meine Aufzeichnungen als ‚Türöffner' fungieren.

Im Folgenden erzähle ich aus dem Leben meiner Mutter, berichte über ihre beginnende und fortschreitende Demenz. Schreibe von unserem subjektiven Erleben ihrer Veränderung und unseren vielen, fast unglaublich erscheinenden Begebenheiten. Teils waren sie haarsträubend und kräftezehrend, ein andermal einfach nur unbeschreiblich schön und zu Herzen gehend. Meine Mutter wurde beinahe zwölf Jahre recht engmaschig von uns betreut. Jahre, in denen wir sie auf unterschiedlichste Art und Weise erlebten. Teils glücklich und zufrieden, dann plötzlich mit sich und der Welt völlig unzufrieden. Anfangs stand sie sich häufig selbst im Weg, wurde überrollt von ihren Gefühlen und den Veränderungen ihres Ichs durch die langsam fortschreitende Demenz. Es gab Zeiten, in denen sie unsicher, verzweifelt, verärgert, hilfesuchend oder auch anlehnungsbedürftig wirkte. Die Anfänge ihrer Demenz waren für uns alle eine große Herausforderung. Irgendwann, zu einem späteren Zeitpunkt, war zu erkennen, dass Mutti trotz ihrer fortgeschrittenen Demenz eine Zufriedenheit ausstrahlte und das Leben, so wie es war, genoss. Diese Beobachtung berührte mich sehr. Im Laufe der Jahre lernten wir, mit der Erkrankung umzugehen und hatten dadurch einen guten Umgang miteinander. Was in all den Jahren immer zu beobachten war: **Ein Herz wird nie dement.**

Untypisches Verhalten und kuriose Erlebnisse

Frühsommer 2007. Im September des vergangenen Jahres war Vati nach längerer Krankheit verstorben. Obwohl wir das Gefühl hatten, Mutti käme relativ gut mit der Trauerbewältigung zurecht, nahmen wir eine Veränderung im Miteinander wahr. Im Gespräch mit Wolfgang, meinem Mann und Angelika, meiner Schwester, waren wir uns einig, dass dieses Verhalten nicht nur mit dem Alleinsein zu tun hatte, dem Mutti sich nach Vatis Tod stellen musste. Es musste etwas anderes, für uns nicht greifbares, dahinterstecken. Manchmal fiel uns der Umgang mit ihr schwer und des Öfteren kam uns der Satz: „Nun wird sie aber wunderlich", mit leicht genervtem Unterton über die Lippen. Mutti fühlte sich vernachlässigt, aber auch überfordert. Früher geliebte Unternehmungen waren ihr jetzt teilweise lästig. Vorschläge unsererseits lehnte sie häufig ab. Eigene Ideen brachte sie eher selten ein. Ihre Bedürfnisse zu erkennen war eine Herausforderung für uns alle. Mutti stand sich selbst irgendwie im Weg. Der Umgang mit ihr war zu dieser Zeit ziemlich anstrengend. Wir waren ratlos, bekamen auch im direkten Gespräch mit ihr nicht heraus, auf welchem Grund dies veränderte Verhalten basierte.

Bei unseren Besuchen erzählte Mutti zunehmend von Werner und Stefan, ihren direkten Nachbarn. Sie nahm des Öfteren Post für sie an. Bei der Übergabe entwickelten sich immer häufiger längere Gespräche, erzählte sie begeistert. Es war ein herzliches Miteinander, dass sie offensichtlich sehr genoss. Der kurze Klönschnack schien eine willkommene Abwechslung zu sein. Gelegentlich bedachten sie sich gegenseitig mit kulinarischen Köstlichkeiten. Wir lauschten den Erzählungen. Dies langsam wachsende herzliche Nachbarschaftsverhältnis gefiel uns. Mutti machte einen zufriedenen Eindruck. So eine kurze Begegnung ließ den Tag nicht endlos erscheinen. Diese lockere Art des sozialen Kontaktes schien ihr zu gefallen. Nach einem kurzweiligen Austausch mit Werner und Stefan, schloss sie zufrieden die Tür und war wieder für sich.

Dann gab es wieder eine Zeit, in der nörgelte Mutti an allem und jedem herum. Wir wussten nie so recht, auf welche Gemütslage wir bei unseren Besuchen oder Telefonaten treffen würden. Diese ständigen Schwankungen waren immer öfter Thema zwischen Mutti, Angelika und mir. Oft tauschten aber auch nur Angelika und ich unsere Beobachtungen aus, da Mutti für dieses Thema nicht zugänglich war. Für sie waren wir diejenigen, die sich verändert hatten. Erklärungen für ihr wechselndes Verhalten fanden wir trotz aller Bemühungen nach wie vor nicht.

Häufig besuchten wir sie oder luden sie ein, zu uns zu kommen, so verbrachten wir viel Zeit miteinander. Es war sommerlich warm, daher hielten wir uns bei ihren Besuchen gerne in unserem Garten auf. Ursprünglich war gemeinsames Kaffeetrinken oder Grillen angedacht, was Mutti bis dato stets genossen hatte. Aber auch hier war ein verändertes Verhalten zu beobachten. Während ihres Aufenthaltes bei uns fragte sie neuerdings nach entsprechendem Gartengerät, um dann ganz penibel das Unkraut zwischen den Pflastersteinen zu entfernen. Für mich war es anfangs ein wenig befremdlich, wollte ich doch nur, dass sie einen schönen Tag mit uns verbrachte: „Mutti, was machst du denn da, erledigst meine Gartenarbeit? Musst du nacharbeiten, damit es ordentlich aussieht? Brauchst du gar nicht, für mich ist es so, wie es aussieht, vollkommen in Ordnung. Setz dich doch lieber zu uns und lass dich verwöhnen". „Ach nun lass mich mal machen", erwiderte Mutti, ohne ihre Arbeit zu unterbrechen. „Na gut, dann halte ich dich nicht weiter davon ab. Vielen Dank für deine Mühe. Falls du noch irgendetwas brauchst, gib mir bitte Bescheid", sagte ich und machte es mir mit einem Schmunzeln im Gesicht in einem der Gartenstühle gemütlich. Einerseits strengte Mutti die gebückte Haltung ganz offensichtlich an, andererseits schien ihr diese Tätigkeit ein Bedürfnis zu sein und sie zufriedenzustellen. Ich ließ sie gewähren. Eines Tages, während einer neuerlichen Unkrautzupf-Aktion, machte Mutti eine Pause und ging mit den Worten: „Ich gehe kurz zur Toilette" ins Haus. Nach einem kurzen Moment rief sie: „Dietlind, komm doch mal, was ist denn hier los. Wo ist eure Toilette?" Sie stand vor der geöffneten Kellertür und schaute mich auf eine Erklärung wartend an. „Mutti, wo bist du denn gelandet? Unsere Toilette verbirgt sich wie immer hier", antwortete ich etwas irritiert und öffnete die entsprechende

Tür, die nur durch unsere Garderobe getrennt, direkt daneben war. „Ach ja, stimmt. Ich hab mich schon gewundert, dass du nichts von dem Umbau erzählt hast“, entgegnete sie und verschwand in der Gästetoilette. Mich ließ sie kopfschüttelnd zurück.

Die Enkeltöchter Paula und Franziska die solche und ähnliche Situationen miterlebten oder davon hörten, zogen sich ein wenig zurück. Sie waren zu der Zeit elf und vierzehn Jahre alt. Altersentsprechend folgten sie zudem häufiger eigenen Interessen. So kam es, dass sie immer seltener das Wochenende bei Mutti verbrachten. Ein Abnabelungsprozess der vollkommen normal war, Mutti aber traurig stimmte. Sie konnte nicht verstehen, dass die Mädchen nicht mehr von ihr betüdelt werden wollten und wies öfter darauf hin, dass sie dies doch immer sehr genossen hätten. Sie beklagte, dass sie ihrer Meinung nach viel zu schnell groß geworden seien und Angelika und ich ihnen zu viel Freiheit und Entscheidungsfrei-raum gaben. Unsere Erklärungen, dass es ein adäquater Entwicklungsprozess sei, ließ sie nicht gelten, zeigte kein Verständnis für unser Verhalten, fühlte sich ihrerseits nicht verstanden.

Dann gab es aber auch Situationen, bei denen es Mutti gut ging, die vollkommen ihren Zuspruch fanden. Es waren Aktivitäten, an denen Paula teilnahm. So z.B. unsere Tagestour zu Fuß durchs Watt nach Neuwerk. Mutti war begeistert, dass sie die Familie um sich hatte und nahm gern an dieser Wattwanderung teil. Paula und ich hakten uns streckenweise bei Mutti ein, nahmen sie in unsere

Mitte. Die vielen Kilometer, die wir zurücklegten, waren eine große Anstrengung für sie. Von Paula wurde sie auf unserer Tour mit Getränk, Traubenzucker und Schokolade versorgt, um den Energiehaushalt aufzutanken. Auf der Insel angekommen, hatten wir Zeit, die Sonne zu genießen und uns auszuruhen, während wir uns dabei mit einem köstlichen Fischgericht stärkten. Nach dieser Verschnaufpause mussten wir uns dann auf den Weg zum Anleger begeben. Dort wartete das Schiff, das uns zurück zum Festland bringen sollte. „Oh nein, das ist nicht euer Ernst, ich gehe keinen Schritt mehr“, sagte Mutti, als wir aufstanden. „Ihr könnt ohne mich fahren, ich bleib hier, meine Beine wollen nicht mehr“. Puh, da hatten wir ihr wohl zu viel zugemutet. Während mich mein schlechtes Gewissen plagte, griffen Paula und Wolfgang beherzt unter Muttis Arme, zogen sie sanft aus ihrem Stuhl: „So, nun aber los. Widerrede kommt nicht in Frage. Wir beide tragen dich jetzt bis zum Schiff“, sagte Wolfgang im Brustton der Überzeugung. Im nächsten Moment hielten Paula und er sich an beiden Händen fest. Mutti sollte sich nun darauf setzen, um ohne Anstrengung zum Schiff zu gelangen. „Ach was, das geht doch nicht“, protestierte sie. „Na wirst schon sehen, wie gut es geht“, mischte ich mich ein und brachte sie zum Sitzen. Mutti hielt sich automatisch an den Schultern der beiden fest: „So, nun ist Schluss mit dem Blödsinn, lasst mich runter, ich kann allein laufen“, forderte sie Wolfgang und Paula nach ein paar Metern auf, sie wieder abzusetzen. Gleich darauf stand sie wieder auf den eigenen Beinen, schaffte den Weg bis zum Schiff ohne Hilfe. Mutti war zwar total entkräftet nach diesem für uns alle anstrengenden, schönen Tag, hatte aber das Beisammensein sehr genossen. Vor allem hatte ihr gefallen, dass Paula sich so um ihr Wohlbefinden kümmerte. Wieder zurück in Bremen, ermunterten wir sie, den Tag bei uns ausklingen zu lassen. Paula lud Mutti ein, die Nacht in ihrem Zimmer zu schlafen. Dieser verlockenden Einladung kam sie liebend gern nach. Am nächsten Morgen wurde noch ausgiebig gefrühstückt. Glücklich und zufrieden fuhr sie im eigenen Auto nach Hause. Beim Ausparken und Wegfahren fiel uns wieder einmal auf, dass Mutti, obwohl mehr als genügend Platz war, mehrmals rangierte, bevor sie mit Vollgas und schleifender Kupplung davonbrauste.

Bei ihren Shoppingtouren zeigte Mutti ebenfalls ein verändertes Verhalten. In die Stadt fuhr sie entgegen ihrer sonstigen Gewohnheit, häufiger mit öffentlichen Verkehrsmitteln. Die Parkhäuser seien stets so voll und dieser irrsinnigen Kurverei, bis sie endlich eine freie Parklücke fand, wollte sie entgehen. Bislang fuhr Mutti liebend gern mit dem Auto in die Stadt. Sie schätzte ihre Unabhängigkeit, brauchte die Einkäufe nicht weit zu tragen und den Heimweg nicht in voll besetzten Bussen anzutreten. All diese Vorzüge hatten ihre Wichtigkeit verloren.

Selbst Paula beobachtete bei ihren selten gewordenen Wochenendbesuchen Veränderungen. Mutti war stets eine gute Köchin. Sie hatte Spaß daran, immer wieder neue Rezepte auszuprobieren und uns bzw. Paula damit zu verwöhnen. Auch durfte Paula sich bislang etwas zu essen wünschen, wenn sie zu Besuch kam. Neuerdings kam es jedoch vor, dass der Kühlschrank relativ leer war und Mutti keine rechte Idee hatte, was sie kochen sollte. Die beiden fuhren erst zum Einkaufen, danach wurde gemeinsam gekocht. Für Paula war das okay, sie fühlte sich ziemlich groß und konnte ihre bislang erworbenen Kochkenntnisse einbringen. Restaurantbesuche der beiden zur Mittagszeit, standen seit geraumer Zeit ebenfalls auf dem Programm, auch das gefiel Paula. Dort gab es zum Essen auf ihren Wunsch, Coca Cola, ein besonderes Highlight. Was nicht aufgegessen wurde, z.B. Fleisch, wickelte Mutti neuerdings in eine Serviette, steckte es in ihre Handtasche und nahm es mit nach Hause. Ein sehr befremdliches Verhalten. Selbst Paula war irritiert.

Während eines Besuchs im Sommer 2008 bei uns schimpfte Mutti über eine Ärztin, deren Name uns nicht bekannt war. Sie sei dort zur Untersuchung gewesen und eine Arzthelferin hatte ihr dabei die Frisur komplett ruiniert. Trotz mehrmaliger Nachfrage gelang es uns nicht, den Grund dieses Arztbesuches herauszubekommen. Die Erklärungen brachten uns nicht die gewünschte Erkenntnis. Es tauchten in Muttis Erzählung mehrere Ungereimtheiten auf, die wir nicht einordnen konnten. Sie merkte, dass wir ihren Äußerungen nicht richtig entnehmen konnten, was sie uns mitteilen wollte: „Ach, ist nicht so wichtig, die Ärztin kann mir sowieso gestohlen bleiben, kann mir den Buckel runterrutschen. Da geh‘

ich nicht noch einmal hin.“

Aus irgendeinem Grund ging ich auf diese Aussage nicht weiter ein, widmete mich ganz der Zubereitung von Salat, Saucen und anderen Leckereien. Wir hatten Mutti zum Grillen eingeladen, daher gab es noch etwas vorzubereiten. Später während des gemeinsamen Essens, war das Thema mit der uns unbekannten Ärztin und der ruinierten Frisur dann vollkommen vergessen. Mutti selbst sprach auch nicht noch einmal davon.

Zu einem späteren Zeitpunkt sollte mir die Schimpferei auf die Ärztin noch einmal in Erinnerung gerufen werden. Zu der Zeit in der Mutti leicht auffällig wurde, hatten wir – gemeinsam mit meinem Schwager Peter und meiner Schwägerin Traudel, – viel damit zu tun, uns um meine pflegebedürftige Schwiegermutter zu kümmern, die ca. eine Autostunde entfernt lebte. Seit dem Tod ihres Mannes lebte auch sie allein, war dement und wurde mit viel Engagement, Organisationstalent von Peter und Traudel sowie von Wolfgang und mir als auch einem häuslichen Pflegedienst, bis zu ihrem Tod 2008 betreut. Um notwendige Maßnahmen zu regeln, verbrachten wir viel Zeit am Telefon.

Auch zu Mutti hielt ich telefonisch Kontakt. Manchmal reichte es in diesen Wochen nur zu einem kurzen Gespräch, an anderen Tagen dagegen tauschten wir uns länger über unseren Alltag aus. Während eines unserer Telefonate haben wir uns über frühere Theater- und Musicalbesuche unterhalten. Mutti kam so sehr ins Schwärmen, dass ich mich um vier Karten für „König der Löwen" bemühte. Anfang 2008 fuhren wir zusammen zum Musical nach Hamburg. Es war eine Aktion, die ihr wieder sehr gefiel. Zu früheren Zeiten hätte ich den Besuch lediglich für Mutti und Paula organisiert und sie hätten die Zweisamkeit genossen. Muttis verändertes Verhalten hatte mich jedoch dazu bewogen, auch für Wolfgang und mich Karten für die Vorstellung zu erwerben. Wie wir relativ schnell merkten, war es die richtige Entscheidung. Während wir drei uns an Kostümen und Musik erfreuten, nörgelte Mutti an manchen Stellen. Noch vor der Pause tauschte ich mit Paula den Platz. Sie hatte sich anfangs neben Mutti gesetzt, wollte mit ihr zusammen den Musicalbesuch genießen, wie sie es in früheren Zeiten gemacht hatten. Nun allerdings fühlte sie sich durch deren Bemerkungen gestört. Nach unserem Platzwechsel nahm ich Muttis Hand und drückte sie zwischendurch leicht sofern ich das Gefühl hatte, dass sie unruhig wurde. Mutti ihrerseits guckte mich dann erstaunt an. Ich zwinkerte ihr mit einem Lächeln zu und machte sie gleichzeitig ganz leise auf Besonderheiten beim Bühnenbild oder den Kostümen aufmerksam. Für kurze Zeit verfolgte sie dann das Geschehen auf der Bühne aufmerksam. Sie wurde ruhiger, ein Lächeln huschte über ihr Gesicht und der Kopf bewegte sich ganz leicht zur Musik. Es wurde so doch noch ein wunderbares Erlebnis für uns vier, an das wir uns gern erinnern.

In der folgenden Zeit durchlebten wir Höhen und Tiefen. Tage, an denen wir miteinander geredet und gelacht haben. Aber auch Tage, an denen wir uns teils am Telefon wegen Nichtigkeiten, Missverständnissen stritten und weinten.

Immer mal wieder gab es Situationen, in denen wir dachten, irgendwie merkwürdig … das ist doch nicht normal … jetzt wird Mutti endgültig tüdelig! Wieso macht sie aus Kleinigkeiten große Dramen? Das Alleinsein ist nichts für sie.

Durch die zeitaufwändige Organisation der Betreuung und Versorgung meiner Schwiegermutter, meiner Berufstätigkeit und dem ganz normalen Alltagsgeschehen waren wir sehr eingespannt. Manches an Muttis Verhalten haben wir nicht wahrgenommen oder vielleicht auch nicht richtig eingeschätzt. Obwohl wir bei der Versorgung meiner Schwiegermutter, in Gesprächen mit den Mitarbeitern der häuslichen Krankenpflege, über Altersdemenz sprachen, haben wir das veränderte Verhalten meiner Mutter mit Demenz nie in Verbindung gebracht. Im Nachhinein wissen wir, dass dies auffällige Verhalten mit Muttis beginnender Demenz zu tun hatte, die für uns zu dem Zeitpunkt jedoch nicht erkennbar war. Hinzu kam, dass das Augenmerk innerhalb unserer direkten Familie auf andere Dinge gelenkt war.

Haushaltsauflösung Schwiegereltern, Sommerurlaub und die Zeit danach

Nachdem meine Schwiegermutter verstarb, gab es viel zu tun. Haushaltsauflösung, Überlegungen mit Peter und Traudel was mit dem Haus passieren soll, Vermietung oder Verkauf. Viele Treffen mit den beiden waren notwendig. Die Haushaltsauflösung wollten wir keinem professionellen Unternehmen überlassen. So waren etliche Fahrten nach Barnstorf, in den gut eine Stunde entfernten Heimatort meiner Schwiegermutter vonnöten, dort stand das Haus.

Bis alles erledigt war vergingen einige Monate. Was in dieser Zeit bei oder mit Mutti so passiert ist, weiß ich nicht mehr so genau. Sicherlich fanden gegenseitige Besuche, Übernachtungen von ihr bei uns, aber auch gemeinsame Ausflüge etc. statt. Damals hatte ich schon eine vier-Tage-Woche. Meinen freien Tag nutzte ich häufig, um zu Mutti zu fahren. Nach unserem obligatorischen Friedhofsbesuch mit Pflege von Vatis Grabstelle, anschließendem Einkauf und manch anderen Unternehmungen, kochten wir zusammen oder haben einfach nur geklönt. Es fühlte sich in solchen Momenten alles richtig an. Mutti erzählte ich bei meinen Besuchen von unseren nächsten Unternehmungen.

Für die Osterferien 2009 stand für Wolfgang, Paula und mich ein Skiurlaub an und einen Sommerurlaub mit unseren Freunden an der Ostsee hatten wir ebenfalls geplant. Mutti teilte unsere Vorfreude. Irgendwelche auffälligen Vorkommnisse in diesen Monaten sind mir nicht mehr in Erinnerung. Vermutlich plätscherte alles so vor sich hin. Über Telefonate, die teils unschön endeten, oder Bemerkungen von Mutti, dass wir wenig Zeit für sie hätten, versuchte ich hinwegzusehen. Versuche, ihr unser Engagement bei Haushaltsauflösung und Hausverkauf der Schwiegereltern zu erklären, wurden manchmal mit „Ach so … Na wenn ihr meint …" kommentiert. Mit neuem Schwung wollten wir uns nach unserem Urlaub mit Mutti zusammensetzen und überlegen, wie wir ein unkompliziertes Miteinander hinbekommen könnten. Auch einen eventuellen Umzug in unsere Nähe wollten wir thematisieren. So wäre sie dichter bei unseren Familien und gegenseitige Besuche ohne Fahrerei möglich. Angelika lebte mit ihrer Familie ebenfalls in unserer Nähe.

Unser Sommerurlaub in der Geltinger Bucht war wie immer sehr erholsam, einfach schön! Anders als sonst joggten Wolfgang und unser Freund Johannes in diesem Jahr morgens nicht, da Wolfgang über Probleme in der Wade klagte. Wieder zu Hause vereinbarte er einen Termin bei seiner Hausärztin. Dieser trug er seine Beschwerden vor. Sie hatte keine eindeutige Erklärung, wollte eine bakterielle Ursache als Auslöser ausschließen. So ließ sie ein Blutbild erstellen. Da ein Blutwert nicht stimmte bekam Wolfgang eine Überweisung zu einem Urologen. Am Tag der Untersuchung ging ich wie immer meiner Arbeit in der Kita nach. Nach Feierabend fuhr ich nach

Hause, erkundigte mich nichtsahnend danach, welche Erklärung der Urologe für die auffälligen Werte hatte. Auf meine Frage folgte jedoch nur Stille. Intuitiv merkte ich sofort, dass etwas nicht stimmte. Wolfgang saß auf der Couch, sah mich mit großen Augen an, bewegte die Lippen, brachte aber keinen Ton heraus. In mir stieg Panik auf. Vor ihm kniend nahm ich sein Gesicht in die Hände und bat ihn, mir zu sagen, was der Urologe diagnostiziert hatte. Ohne mein Zutun füllten sich meine Augen in dem Moment schon mit Tränen. „Ich habe einen faustgroßen Tumor an der Niere", brachte Wolfgang mit zitternden Lippen hervor. Nun gab es kein Halten mehr. Wir umklammerten uns und ließen unseren Tränen freien Lauf. Dieser Satz zog mir augenblicklich den Boden unter den Füßen weg. Was war passiert? Morgens war die Welt noch in Ordnung. Wir gingen davon aus, dass Wolfgang zu einer Routineuntersuchung ging. Und nun so etwas, das konnte doch gar nicht wahr sein. Vollkommen unvorbereitet traf uns diese Diagnose.

Die nächsten Wochen drehte sich alles darum, wie, wann, wo operiert wird. Ist es ein gut- oder bösartiger Tumor? Reicht eine OP oder muss eine Chemotherapie folgen und und und … Überlegungen wie, wann und was sagen wir unserer Tochter, aber auch Mutti, die bei Erkrankungen ihrer Liebsten häufig überreagierte. Ich hatte das Gefühl, in einem Strudel zu sein, aus dem ich zwischenzeitlich auftauchte, dann aber wieder von ihm verschluckt wurde. Es war ein Albtraum.

Mutti reagierte ganz anders, als ich vermutet hatte. Es

war, als wenn ich ihr von einem Schnupfen oder ähnlichem erzählt hätte. Einerseits war ich sehr erstaunt über ihr Verhalten, andererseits war ich in dem Moment sehr froh darüber, sie in ihrer Sorge um Wolfgang nicht auch noch beruhigen zu müssen. Ich war schon mit mir allein genug beschäftigt. Mutti wäre mit ihrer Sorge ziemlich allein in ihrem Haus in Lilienthal.

Ich für meinen Teil wurde gut aufgefangen, getragen von Freunden, Nachbarn und Kollegen. Einige Wochen strichen ins Land, bis Wolfgang zur Operation in die Klinik ging. Der Tumor samt Niere wurde entfernt. Es war ein bösartiger Tumor, der jedoch noch nicht gestreut hatte. Wolfgang hatte Glück im Unglück. Trotzdem war es eine schreckliche Zeit! Mit Mutti hatte ich zwischendurch immer mal wieder telefoniert. Über die OP und deren Verlauf habe ich sie während der Zeit informiert. Was mir noch sehr in Erinnerung blieb ist, dass sie kein einziges Mal zu Besuch in die Klinik fuhr. Auch die Dauer seines Klinikaufenthalts war kein Thema. Ein sehr ungewöhnliches Verhalten für sie. Im Anschluss an die Operation und einem kurzen Aufenthalt bei uns zu Hause, folgte für Wolfgang eine mehrwöchige Reha an der Ostsee. Mit dem Auto brachte ich ihn dort hin und holte ihn auch wieder ab. Ich wollte wissen, wie er untergebracht war, es gab mir Sicherheit. Während seines Aufenthaltes dort, telefonierten wir häufig miteinander. Neben Arbeit, Versorgung von und Zeit für Paula, Haushalt und Telefonaten mit Wolfgang, war ich abends ziemlich platt. Auch mit Mutti habe ich telefonisch Kontakt gehalten – manchmal fiel dann der Satz: „Du meldest dich ja gar nicht mehr“. Die Äußerungen habe ich nicht verstanden, erwartete mehr Verständnis für meine Situation, war von Muttis Nörgelei einfach genervt. Dieses ganze Szenario von der Diagnose bis zum Ende der Reha nahm einige Wochen in Anspruch. Wie ich das alles durchgehalten habe, weiß ich nicht mehr. Ich glaube, ich habe einfach nur funktioniert. Nach erfolgreicher OP und anschließender Reha bemühten wir uns darum zu einem normalen Alltag zurückzufinden. Es war eine schwierige Zeit. Wir Erwachsenen gingen unserer Arbeit nach, Paula ging in die Schule und ihren Hobbys nach. Besuche mit Übernachtung bei Mutti lehnte sie momentan ab. Ich glaube, durch Wolfgangs Erkrankung und die Verluste der Opis und einer Oma vor gar nicht allzu langer Zeit suchte Paula unsere Nähe. Es waren einschneidende Erlebnisse, denen sie sich gegenüber sah. Ob Wolfgang und ich ihr in dieser Zeit eine Stütze waren, ihr so zur Seite standen, wie es gut für sie war, kann ich gar nicht sagen. Mit Abstand bin ich der Meinung, sie nicht richtig aufgefangen zu haben, mit ihrer Trauer, ihrer Angst um Wolfgang.

Nach der Reha ging es mit Muttis Quengelei weiter. Sie fühlte sich vernachlässigt. Bei Besuchen oder Telefonaten hörte ich immer häufiger: „Keiner kümmert sich um mich. Alles muss ich alleine machen: Rasen mähen, Fenster putzen, Betten beziehen etc.“ Unsere veränderte häusliche Situation schien sie gar nicht zu interessieren. Bei Gesprächen ging es überwiegend um ihre Befindlichkeit. Leider hatte zu allem Unglück auch noch eine Raumpflegerin, die einige Jahre in Muttis Haushalt geholfen hatte, aus privaten Gründen gekündigt. Ich selbst sah mich außerstande, hier zu unterstützen. Nach einigen gemeinsamen Überlegungen gelangten wir zu der Erkenntnis, dass Hilfe von außen, in Form einer Haushaltshilfe hermusste. Nach Absprache mit Mutti gab ich eine entsprechende Annonce auf.

Muttis neue Haushaltshilfe

Wir hatten Glück, meine Bemühungen waren relativ schnell von Erfolg gekrönt. Es fand sich eine Frau, die zweimal pro Woche bei Mutti putzen wollte. In der ersten Zeit hatten wir ihre Arbeitszeit so gelegt, dass ich ebenfalls anwesend war. Mutti und ich haben mit ihr den Aufgabenbereich besprochen. Das Erscheinungsbild und Auftreten von Frau Schlegel gefiel Mutti. Auch war sie offensichtlich sehr zufrieden mit den von ihr gereinigten Räumen, zu denen unter anderem der Wintergarten mit den großen Fenstern, Küche, Badezimmer usw. gehörten. Ich hatte das Gefühl, dass alles stimmte. Zu Beginn ihres Arbeitsverhältnisses hatten wir vereinbart, die Tage, an denen sie zum Reinigen kam, dahingehend zu verschieben, dass ich nicht mehr anwesend war. Ich sah keine Notwendigkeit, zeitgleich mit Frau Schlegel vor Ort zu sein. Meinen freien Tag wollte ich allein mit Mutti nutzen. So hatte sie auf jeden Fall drei Mal wöchentlich jemanden im Haus. Wir drei waren uns mit dieser Regelung einig. Ein paar Wochen lief alles nach Plan. Mutti war mit der Arbeit von Frau Schlegel zufrieden, freute sich über die Entlastung durch sie. Dann jedoch erreichten mich immer häufiger Anrufe von Mutti, dass Frau Schlegel gar nicht mehr regelmäßig käme und auch nicht richtig sauber machen würde. Sie wolle immer nur Kaffee trinken und schnacken. Parallel dazu rief Frau Schlegel bei mir an und erzählte ihrerseits, dass Mutti die verabredeten Termine verschieben wolle und sie, die Putzhilfe, die notwendigen Arbeitsmaterialien nicht zur Verfügung gestellt bekäme. Erst brachte sie daraufhin ihr eigenes Material mit und betrachtete Muttis Verhalten mit einer Portion Humor. Mutti war ihr trotzdem nicht wohlgesonnen. Sie dachte sich permanent neue Dinge aus, mit denen sie die Arbeit der netten verständnisvollen Frau behinderte. Es war ein Katz-und-Maus-Spiel. Trotz mehrfacher Gespräche mit Mutti, Frau Schlegel und mir, gelang es mir nicht, zwischen ihnen zu intervenieren. Mutti blieb uneinsichtig. Für so eine würde Mutti nicht mehr bezahlen wollen. Das könne sie dann ebenso gut wieder allein machen. Sie war zu keinem Kompromiss bereit. Also trennten sich schweren Herzens nach wenigen Monaten unsere Wege. Mir fehlte jegliches Verständnis. Mit Mutti kam ich einfach nicht auf einen Nenner. Was war los mit ihr?

Nun machte ich mich freitags, an meinem freien Tag auf den Weg, um Mutti beim Fensterputzen, Betten beziehen etc. zu unterstützen. Es waren Arbeiten die ihr schwer fielen. Was als Übergangslösung gedacht war, sollte sich allerdings trotz aller Bemühungen erstmal nicht ändern. Für die Gartenarbeit zeigten sich Wolfgang und Enkelsohn Florian wöchentlich verantwortlich. Trotz Unterstützung durch uns drei in Haus und Garten, regelmäßigen Telefonaten sowie gegenseitigen Besuchen, hatte Mutti weiterhin das Gefühl vernachlässigt zu werden. Alles sei ihr zu viel. Ihr würde alles über den Kopf wachsen. Nach solchen Äußerungen, aber auch bei unseren Zusammenkünften stellten wir die Frage in den Raum, ob es vielleicht eine Option für sie sei, in unsere Nähe zu ziehen, vielleicht in eine schicke Eigentumswohnung. Kürzere Wege, weniger Haushalt, keine Gartenarbeit und … und… und. In solch einer Lösung sahen Angelika und ich nur Vorteile. Für uns waren es ziehende Argumente, die bei Mutti leider absolut kein Gehör fanden. „Nur mit den Füßen voraus bekommt ihr mich aus meinem Haus. Ihr seid ja verrückt. Das ist mein Zuhause:“ Mutti war total verärgert, überhaupt nicht offen für unsere Argumente. Ich konnte sie verstehen, hatte sie doch mit viel Liebe das Heim mit Vati gemeinsam gestaltet. Mutti war so stolz auf das, was sie geschaffen hatte. Andererseits wünschte ich mir sehr, dass sie sich doch auf einen Wohnortswechsel einließ. Alle Bemühungen nach einer guten Lösung für beide Seiten zu kommen, scheiterten jedoch.

Kleine Auffälligkeiten

So verging ein Tag nach dem anderen. Freitags ging ich Mutti nicht nur im Haushalt zur Hand, sondern fuhr auch mit ihr zum Einkaufen. Manchmal passierte es, dass sie beim Schlachter gar nicht so genau sagen konnte, was sie wollte. Auch die von ihr vorbereiteten Einkaufszettel halfen in solchen Situationen nicht weiter. Sie waren anders als früher. Rechtschreibfehler waren darin zu finden. Auch die Handschrift war nicht mehr so fließend, sondern eher krakelig. Und das, was darauf stand, war zu meinem Erstaunen für Mutti nicht von Bedeutung. Auch war es so, dass sie manchmal bei uns anrief und dann ganz erstaunt war, dass Wolfgang, Paula oder ich am Telefon waren und nicht Angelika oder jemand anderes aus der Familie, den sie ursprünglich erreichen wollte. Bei der Tastatur des Telefons war es so, dass je eine Nummer für einen Gesprächspartner abgespeichert war: z.B. 1 = Dietlind & Wolfgang, 2 = Angelika, 3 = Ingrid etc. Mit dem Gedanken im Kopf, Mutti wird nun aber wirklich langsam tüdelig, suchten Wolfgang und ich wieder einmal nach einer Idee, um mit einfachen Mitteln zu helfen. In diesem Fall besorgten wir nach einigen Überlegungen ein Telefon, bei dem statt der Ziffern Fotos auf dem Tastenfeld zu befestigen waren. Das Tastenfeld war ebenfalls deutlich größer. Diese Aktion starteten Wolfgang und ich ohne Rücksprache mit Mutti, stießen damit trotzdem auf große Begeisterung. Sie war super glücklich über ihre neue Errungenschaft. Kaum hatten wir Mutti mit der Anschaffung des neuen Telefons unterstützt, tauchten erneut Schwierigkeiten auf. Ab und an klingelte unser Telefon und Mutti klagte uns verzweifelt ihr Leid, dass irgendetwas wie z.B. die Fernbedienung für den Fernseher oder Stereoanlage oder der Schlüssel für den Wintergarten verschwunden sei. An anderen Tagen brauchte sie unseren Rat, weil der Fernseher gar nicht auf die Fernbedienung reagierte. Die entsprechenden Tastenfelder für ‚an' und ‚aus' oder die einzelnen Programme zu finden, waren neuerdings ein Problem. Bei solchen Anrufen versuchten Wolfgang und ich am Telefon zu helfen, hatten damit aber nicht immer den gewünschten Erfolg. Wir hielten es für unumgänglich, Mutti bei der Lösung ihres jeweiligen Problems zu unterstützen. Sofern es unsere Zeit erlaubte, fuhr einer von uns zu ihr, um zu helfen. Wolfgang und ich fertigten einfache Bedienungsanleitungen an, die an den Fernbedienungen befestigt wurden. Leider war nur ein mittelmäßiger Erfolg zu verbuchen. Vermehrt wurden wir mit Kuriositäten am Telefon konfrontiert.

Der verschwundene Hebel

Eines Tages rief Mutti an und schimpfte auf die

Werkstatt, zu der sie stets ihr Auto brachte. Seit der letzten Inspektion sei der Hebel zum Öffnen der Haube verschwunden. Zum Auffüllen des Wassers für die Scheibenwaschanlage müsse sie diese aber öffnen. Was sollte sie nun tun? Erst versuchte Wolfgang ihr deutlich zu machen, dass so etwas nicht möglich sei. Doch damit stieß er bei Mutti auf taube Ohren. Sie widersprach vehement. „Erzähl mir doch keinen Quatsch. Ich kenn doch mein Auto. Da weiß ich ganz genau, dass der Hebel immer da gewesen ist und nun ist er definitiv weg. Das musst du mir schon glauben, ich bin doch nicht blöd.“ Wolfgang ließ sich nicht aus der Ruhe bringen, machte den Vorschlag, doch noch einmal zum Auto zu gehen und einfach mal links neben dem Lenkrad zu schauen. Es wäre keine große Mühe und manchmal befinde sich dort der kleine Hebel. Nach nochmaligem Wortwechsel zog Mutti vor sich hin grummelnd los, um nachzuschauen. Tatsächlich fand sie dort einen Hebel, mit dem sich dann auch noch die Haube öffnen ließ. Mutti konnte es nicht fassen. Wolfgang gegenüber erwähnte sie noch, dass der Hebel jedoch all die vorherigen Jahre rechts zu finden war. „Das hat doch dieser Dings, ach du weißt wen ich meine, dieser Dings, na dieser Ingo doch gemacht. Ich hatte das Auto erst vor kurzem bei ihm in der Werkstatt zur Inspektion. Der kann mir gestohlen bleiben. Da gebe ich mein Auto nicht mehr hin. Ich bring den Wagen wieder in meine alte Werkstatt, gleich nebenan. Die machen auf jeden Fall nur das, was ich in Auftrag gebe. Ihr könnt sagen was ihr wollt, ich gehe wieder hier hin. Alles andere ist mir zu blöd". Es war mal wieder so eine Situation, bei der wir sagten: „Nun wird sie aber mehr als wunderlich".

Immer häufiger waren Schwierigkeiten beim Einparken zu beobachten. Autofahren allgemein klappte nicht mehr so richtig, Mutti wusste manchmal nicht, wie der Rückwärtsgang einzulegen war, versuchte mit Vollgas und leicht getretener Kupplung, von der Stelle zu kommen. All diese Beobachtungen veranlassten uns dazu, bei einem unserer nächsten Besuche nachzufragen, ob sie sich schon einmal überlegt hatte, sich von ihrem Auto zu trennen. Durch den Erlös des Verkaufs, Einsparungen von Benzingeld, nicht zu zahlenden Steuern und Versicherungen, könnte sie mit Taxen durch die Gegend fahren und notwendige Sachen bequem erledigen. Upsi, da waren wir wohl ein wenig zu forsch, das war ein Thema, dass Mutti überhaupt nicht gefiel. Sie blockte sofort ab, konnte sich nicht erklären, wie wir auf solch eine absurde Idee kommen könnten. Ihre ablehnende Haltung zeigte uns, dass wir momentan nicht weiterkamen. Ein paar Tage ließen wir verstreichen, bevor wir erneut das Thema ansprachen. Leider wieder ohne Erfolg. Trotz mehrmaliger Anläufe kamen wir in unseren Bemühungen, Mutti vom Autofahren abzubringen, nicht voran. So langsam bekamen wir ein mulmiges Gefühl.

Den Enkeltöchtern fiel ebenfalls auf, dass sich Muttis Fahrstil verändert hatte. Paula, die noch ab und an für einen Tag zu Besuch zu ihr wollte, erwähnte ebenfalls

Auffälligkeiten, wenn sie mit Mutti zum Einkaufen fuhr. Als sie Wolfgang und mir berichtete, dass Mutti bei einer gemeinsamen Fahrt den Rückwärtsgang nur mit Hilfe eines Passanten einlegen konnte, schrillten bei uns die Alarmglocken. Wolfgang, Angelika und ich entschieden daraufhin, dass weder Paula noch Franziska zu ihr ins Auto steigen durften. Ganz deutlich äußerten wir, dass es uns zu gefährlich sei und wir uns Sorgen um ihre Sicherheit machten. Besuche der beiden wurden so gelegt, dass wir Hin- und Rückfahrt der Mädchen übernahmen. Bevor wir Mutti über unsere Entscheidung informierten, versuchten wir abermals, sie dazu zu bewegen, sich vom Auto zu trennen. Erneut zeigte sie sich vollkommen uneinsichtig, schimpfte und meinte, sie könne sehr wohl noch Auto fahren. Altersbedingt vielleicht ein wenig vorsichtiger. Was wir nun vorhätten, mit Bringen und Abholen der Mädchen sei eine unnötige Hin-und-Her-Fahrerei. Trotz unseres klaren Protests, gelang es uns nicht, sie davon abzuhalten, sich selbst hinters Steuer zu setzen, um doch noch gelegentlich Einkäufe zu erledigen oder zu uns nach Bremen zu kommen. Diese vollkommen falsche Selbsteinschätzung bereitete mir schlaflose Nächte. Die Gedanken kreisten unaufhörlich um die Frage, wie es uns gelingen könnte, Mutti zum Verzicht auf ihr Auto bewegen zu können.

Wusste ich, dass sie mit dem Auto unterwegs war, beschlich mich die Angst, dass etwas passieren könnte. Die Vorstellung, dass nicht nur sie, sondern schlimmstenfalls völlig unbeteiligten Personen zu Schaden kommen könnten, ließ mich nicht zur Ruhe kommen.

Viel haben wir darüber nachgedacht, wie wir es schaffen könnten, Mutti zur Abgabe des Führerscheins bewegen zu können. Trotz aller Bemühungen wollte uns einfach nichts Helfendes einfallen. Es war zum Verzweifeln.

Autoaufbruch

Wieder einmal läutete unser Telefon. Zufällig nahm Wolfgang Muttis Anruf entgegen. Sogleich sprudelte es aus ihr raus: „Wolfgang, gut dass du da bist. Du musst unbedingt sofort kommen, hier stimmt etwas nicht. Die Seitenscheibe auf der Fahrerseite ist weg... einfach weg! Das Auto wurde aufgebrochen. Es liegen aber gar keine Scherben rum... weder im Auto, noch daneben. Ich habe schon mehrmals rund ums Auto geguckt. Es ist unerklärlich. Wie kann das sein?“ Wolfgang hörte aufmerksam zu, stellte einige Verständnisfragen, konnte sich aber in dem Moment keinen Reim darauf machen. „Ja, was soll ich denn nur machen, am besten, ich ruf bei der Polizei an“, Mutti war gar nicht zu beruhigen. „Warte mal bitte. Bevor du dich mit der Polizei in Verbindung setzt, mach ich mich auf den Weg. Mal schauen, ob ich dir helfen kann“, bat Wolfgang. Da er einen freien Tag und nichts Wichtiges vorhatte, fuhr er zu ihr, um der Sache auf den Grund zu gehen. Was Mutti ihm am Telefon erzählt hatte, klang mysteriös, er hatte keine Erklärung. Das änderte sich jedoch kurz nach Besichtigung des ‚Tatortes'. Wie sich herausstellte hatte Mutti am Vorabend das Auto erst auf der Straße geparkt und zu einem späteren Zeitpunkt auf das Grundstück auf der gegenüberliegenden Straßenseite gefahren. Die Seitenscheibe war nass, was dazu führte, dass Mutti sie heruntergelassen hatte, um besser sehen zu können. Dort ist sie dann auch geblieben, bis zum nächsten Tag. Die Erinnerung daran kam erst, als Wolfgang das Auto untersucht und den Knopf für den Fensterheber betätigte. Die verschwundene Scheibe tauchte wieder auf. Also kein Wunder, dass keine Scherben zu finden waren. „Ach, das kann doch jedem Mal passieren. Ist doch alles wieder in Ordnung", trällerte Mutti leichthin. Wolfgang sah das anders, nahm die Situation zum Anlass um Mutti abermals dazu zu bewegen, auf das Autofahren zu verzichten… leider auch diesmal ohne Erfolg. Stattdessen stellte sie die Frage in den Raum: „Wie kann es sein, dass jetzt immer so merkwürdige Dinge passieren? Als Vati noch gelebt hat, sind solche Sachen nie vorgekommen. Aber jetzt, wo ich allein bin. Es ist wie verhext. Und immer muss ich dich um Hilfe bitten". Noch im Reden wendete sie sich ab, um ihr Portemonnaie zu holen, wollte Wolfgang für seine Mühe entlohnen. „Lass man gut sein. Ist alles in Ordnung", entgegnete er. Setzte dann noch nach: „Kannst mir glauben, früher sind auch solche oder zumindest ähnliche Dinge passiert, du hast sie nur anders wahrgenommen. Überleg nochmal, ob du vielleicht doch das Autofahren anderen überlassen möchtest. Es passieren dann auch nicht mehr solche mysteriösen Sachen, wie fehlende Autoscheiben". „Ja ja, hast recht, lass gut sein. Nun musst du aber los. Dietlind und Paula warten bestimmt schon auf dich." Mit diesen Worten komplimentierte sie Wolfgang aus dem Haus. Das Thema: Verzicht auf das Auto, war für Mutti damit sofort vom Tisch.

Einladung zu Karl-Heinz' Geburtstag

Im August 2009 flatterte eine Einladung zum 80sten Geburtstag von Karl-Heinz, ihrem Schwager ins Haus. Dieser runde Geburtstag sollte Anlass sein, um in geselliger Runde mit der Verwandtschaft zu feiern. Der Einladung war zu entnehmen, dass schon eine Übernachtung im Hotel für Mutti und andere Gäste von außerhalb gebucht worden sei. Mutti war ganz begeistert und sagte freudig zu. Ihre spontane Zusage beeindruckte uns, wir teilten ihre Freude. So hatte sie Aussicht auf ein geselliges Beisammensein mit älteren Verwandten und Bekannten, die sie schon länger nicht gesehen hatte. Solche Treffen waren meist recht kurzweilig. Alle genossen das Miteinander in größerer Runde. Viele Erinnerungen wurden ausgetauscht, es war ein fröhliches Beisammensein.

Einige Stunden Fahrzeit lagen zwischen den jeweiligen Wohnorten, die Mutti ebenso wie andere Gäste zurücklegen mussten, um an dem Fest teilzunehmen. Mit dem Auto fuhr Mutti schon lange nicht mehr solche Strecken, es war ihr zu anstrengend. So war eine Fahrt mit dem Zug für sie selbstverständlich. Wir boten unsere Hilfe an, eine passende Bahnverbindung herauszusuchen, um ohne umsteigen zu müssen, anzukommen. Mutti nahm das Angebot gern an. Sie freute sich darauf, auch Zeit mit Ellen, ihrer Schwägerin zu verbringen. In den folgenden Tagen hörten wir dann jedoch öfters, dass es doch nicht richtig sei, dort hinzufahren: „Ist doch auch Kokolores, dass ich da schlafen soll. Ach und wie soll ich ohne Auto zur Lokalität kommen in der gefeiert wird? Ach bleib mir vom Acker. Außerdem ist es für Karl- Heinz auch zu viel. Gesundheitlich ist er doch schon lange nicht mehr so ganz auf der Höhe“. Was war denn nun passiert? Mutti schien kein Interesse mehr daran zu haben, an der Geburtstagsfeier teilzunehmen. Ihre vorgebrachten Argumente konnte ich mir nicht erklären. „Nanu Mutti, was ist denn mit dir los? Meinst du nicht, dass Karl-Heinz sich gut überlegt hat, ob und wie er feiern möchte. Der 80ste Geburtstag ist schon etwas Besonderes. Komm, gib deinem Herzen einen Ruck und fahr dort hin. Wer weiß, wie oft es Feiern dieser Art noch geben wird, ihr werdet auch nicht mehr jünger. Denk doch daran, wie viel Spaß ihr stets hattet. Weißt du noch, dass vor Lachen so manche Träne geflossen ist? Auch hat Karl-Heinz bei euerm Telefonat erwähnt, dass der Transfer zwischen Hotel und Lokalität organisiert ist. Ellen ist ebenfalls im Hotel untergebracht. So bist du nicht allein. Ich kann mir vorstellen, dass du dich später bestimmt ärgerst, wenn du nicht fährst“, argumentierte ich. „Ja ja, aber du stellst dir das so einfach vor. Wie soll ich zurückkommen? Etwas zum Anziehen und ein Geschenk brauch ich ja auch noch“. Mutti war ziemlich aufgebracht. „Mutti, vielleicht ist es gut noch eine Nacht darüber zu schlafen und dann in aller Ruhe zu überlegen, ob du an dieser Feier teilnehmen möchtest. Es ist doch alles für dich geregelt. Bei der Geschenkauswahl unterstütze ich dich gerne. Das sollte kein Problem sein. Und ich bin überzeugt, dass wir beide auf jeden Fall noch ein passendes Outfit in deinem Kleiderschrank finden. Also, Butter bei die Fische und guck, was du willst“, sagte ich abschließend. „Du kannst mir ja morgen Bescheid geben, damit wir Karl-Heinz dann endgültig darüber informieren können, ob er dich fest mit einplanen kann. Eigentlich hast du ihm auch schon deine Teilnahme zugesagt. Über eine Rücknahme deiner Zusage ist er sicherlich traurig.“ „Ja, ja, nun ist gut. Mit Ellen ist es schön und die anderen habe ich ebenfalls schon lange nicht mehr gesehen. Du hast recht, wer weiß, ob es nochmal so einen Anlass gibt. Ja, ja, lass! Ich fahr hin“, erwiderte Mutti spontan. Mein Angebot nochmals eine Nacht darüber zu schlafen, schlug sie aus. Ich nahm dies als verbindliche Entscheidung hin. Mit dieser Annahme lag ich falsch. Es war ein ständiges Hin und Her. Die Argumente und Unterhaltungen wiederholten sich in den kommenden Tagen, am Telefon und bei persönlichen Begegnungen. Meine Geduld wurde auf eine harte Probe gestellt.

Zwischenzeitlich war ich ziemlich genervt, habe diese häufigen Schwankungen nicht verstanden. Mit Engelsgeduld habe ich Mutti mehrmals erklärt, dass sie bei ihrer Ankunft am Bahnhof abgeholt wird. Der Transfer zwischen Hotel und Restaurant war ebenfalls geregelt. Ellen war im gleichen Hotel untergebracht. Die Fahrten mit dem Taxi legten sie gemeinsam zurück. Ich nahm sie in den Arm: „Mutti, es ist wirklich alles für dich geregelt. Du brauchst dich um nichts zu kümmern. Fährst hin, genießt den Aufenthalt und das Wiedersehen mit der Verwandtschaft. Ich verstehe dich nicht. Was ist mit dir los? Was brauchst du noch, um zu deiner Zusage zu stehen. Es ist wirklich alles geregelt… wirklich alles“. Nach einem Stoßseufzer löste sie sich aus meiner Umarmung. „Du hast ja recht. Dann fahr ich eben.“ Auf einmal schien sie sich wieder auf das Fest zu freuen. Ich teilte diese Freude, wusste ich doch, dass Mutti gern an solchen Treffen teilnahm. Familienfeiern waren stets etwas Besonderes.

Ein, zwei Tage bevor es losgehen sollte, Geschenk und passende Kleidung waren vorhanden, äußerte Mutti sich während eines Telefonates dahingehend, dass sie gar nicht wisse, was sie mitnehmen solle und welche Reisetasche angebracht sei, am liebsten würde sie gar nicht fahren: „Ihr habt so viel geredet, habt mich einfach überredet. Eigentlich ist mir auch alles viel zu viel.“ Ich konnte es nicht fassen, was war denn nun schon wieder los. Nach dem ganzen Gerede, den ständigen Telefonaten, dem Besorgen des Geschenks, der Fahrkarte nun einfach abzusagen fand ich total bescheuert. Ich war vollkommen genervt, hatte absolut kein Verständnis für diesen neuerlichen Rückzieher. Bis ins kleinste Detail hatten wir alles besprochen. Ziemlich verärgert beendete ich das Gespräch. Wolfgang, der das Telefonat mitverfolgt hatte, schüttelte nur den Kopf und verdrehte die Augen, konnte sich Muttis Verhalten ebenfalls nicht erklären. Kurz nachdem ich das Gespräch ziemlich abrupt beendet hatte, ärgerte ich mich über mein Verhalten. Ich besprach mich kurz mit Wolfgang und fuhr anschließend zu Mutti, um direkt zu klären, welche Vorstellungen sie hatte, wie es nun weitergehen sollte. Die Begrüßung war wider Erwarten ganz herzlich. Ich hatte mich auf Zickerei eingestellt. Mutti schien sich jedoch aufrichtig über mein Dasein zu freuen. Erstmal entschuldigte ich mich für mein Verhalten am Telefon, nicht ohne den Grund meines Ärgers zu erwähnen. Mutti guckte mich mit traurigen Augen und hängenden Schultern an: „Puschel, ich weiß doch auch nicht, was los ist.“ Ich nahm sie in den Arm und knuddelte sie tüchtig. Sie wirkte so hilflos. Bei einer Tasse Tee sprachen wir dann erst noch einmal alles durch, was organisiert worden war: „Pass auf Mutti, Wolfgang und ich bringen dich auf jeden Fall zum Bahnhof und sogar bis zu deinem reservierten Platz im Zug. Du kannst sicher sein, dass wir dich nicht einfach am Bahnhof absetzen“, sagte ich mit einem Augenzwinkern und nahm sie abermals in den Arm. Den genauen Ablauf nochmals durchzusprechen, gab ihr Sicherheit. Ich hatte das Gefühl, dass Mutti dem bevorstehenden Ereignis nun doch wieder mit Zuversicht entgegenblickte. Augenscheinlich waren Strukturen wichtig. „Mutti, was hältst du davon, dass wenn ich nun schon einmal hier bin, wir beide zusammen die Tasche für das Wochenende packen? Das, was du mitnimmst, brauchst du hier ja nicht mehr“, schlug ich vor. „Ach ja, wenn du meinst. Vielleicht ist das eine gute Idee. Welche Tasche ich nehmen soll, weiß ich gar nicht und auch nicht, wo ich sie hingelegt habe“, merkte sie an. Wieder nahm ich Mutti in den Arm: „Ich weiß aber, wo sie liegt. Komm einfach mit“. Gemeinsam holten wir ihre kleine Reisetasche vom Boden und suchten die entsprechenden Utensilien fürs Wochenende zusammen, um sie darin zu verstauen. Nach einer herzlichen Verabschiedung und Muttis Bekenntnis es sei nun alles gut, fuhr ich nach Hause. Für mich bestand kein Zweifel daran, dass Mutti auf große Fahrt zur Geburtstagsfeier ging. Ich war frohen Mutes.

Als wir sie dann aber wie verabredet abholten, um sie zum Zug zu bringen, wollte sie doch tatsächlich noch einen Rückzieher in letzter Sekunde machen. „Mutti, jetzt schlägt‘s aber dreizehn. Ich kann es nicht glauben. Hey, jetzt gibt es kein Zurück mehr. Komm, alles ist organisiert, alle freuen sich auf dich. Du wirst das

Zusammenkommen auch genießen. Nun steige bitte ein, wir müssen los, sonst fährt der Zug noch ohne dich ab." Ich half ihr in den Mantel, schnappte mir ihre Reisetasche und schob Mutti sanft aber bestimmt zum Auto. Es kam kein Widerstand. Auf der Fahrt zum Bahnhof setzte ich mich neben sie, wollte noch ein wenig die Stimmung heben, Optimismus verbreiten. Das war eigentlich nicht mehr von Nöten, denn kaum saß Mutti im Auto, hatte sich ihr Verhalten schlagartig geändert. Sie erzählte, dass es schon lange keinen Anlass zu einem Familientreffen in dieser Form gegeben hätte. Sie freute sich ganz offensichtlich auf die bevorstehende Feier. Am Bahnhof fanden wir schnell einen Parkplatz. So hatten wir die Möglichkeit, Mutti wie besprochen zum Zug zu begleiten. Als er einfuhr, fanden wir den Wagen sowie den reservierten Fensterplatz ganz schnell. Es waren jeweils zwei sich gegenüberliegende Plätze, von denen schon drei von zwei Frauen und einem Mann mittleren Alters besetzt waren. Sie schienen sich zu kennen und waren ganz angeregt in ein Gespräch vertieft. Ich war mit eingestiegen, um die Reisetasche zu verstauen. Mutti, die vorausgegangen war, wirkte auf einmal wieder hilflos. Sie wollte zu ihrem Fensterplatz, schaffte dies jedoch nicht, ohne die anderen Fahrgäste zu bitten, sie durchzulassen. Sie blieb einfach im Gang stehen. Kurzerhand bat ich die drei, Mutti zum einen erst einmal durchzulassen, um auf ihren Platz zu kommen, und im gleichen Atemzug bat ich darum, sich vielleicht ein klein wenig um Mutti zu kümmern. Sie entschuldigten sich bei ihr für ihre Unaufmerksamkeit, die ihrem intensiven Gespräch geschuldet war. Auf Nachfrage nannte Mutti ihr Reiseziel. „Ah, das trifft sich gut, das ist auch unser Ziel. Dann verbringen wir die gesamte Fahrt miteinander und können ihnen selbstverständlich beim Ausstieg behilflich sein“, ging eine der Mitreisenden auf Mutti ein. „Danke, das ist nett. Ich werde dort erwartet“, erwähnte Mutti ihrerseits. Na prima, das klappte ja wunderbar. Schnell nahm ich sie noch kurz in den Arm, verabschiedete mich von den Vieren, wünschte Mutti viel Vergnügen und verließ geschwind den Zug. Auf dem Bahnsteig stand Wolfgang, der mir signalisierte, ich solle schnell zu ihm kommen. Dort konnte ich sehen, dass Mutti zwar einerseits ein wenig verloren wirkte, aber andererseits im nächsten Moment von den Mitreisenden vermutlich mit ins Gespräch einbezogen wurde. Mit Kusshand und lächelndem Gesicht verabschiedeten wir uns nochmals voneinander. Zufrieden verließ ich mit Wolfgang den Bahnsteig.

Nach einem für Mutti bestimmt recht emotionalen sowie turbulenten Wochenende, durch die Begegnung mit lange nicht gesehenen Verwandten, ist sie wieder gut in Bremen angekommen und von uns sicher ins eigene Heim begleitet worden. Im Nachhinein tut es mir leid, Mutti auf diese Reise geschickt zu haben. Vielleicht hätte ich anders auf sie eingehen sollen? Dies Hin und Her beim ganzen Thema „runder Geburtstag“, war schon ihrer Demenz geschuldet, von der wir bis dahin jedoch noch nichts ahnten. Für uns war Mutti eben ein wenig wunderlich. Von dem Besuch in Kiel und den Feierlichkeiten hat sie auf Nachfrage nur wenig und auch teils zusammenhanglos erzählt. Mich interessierte sehr, wie es Mutti während ihres Aufenthaltes bei den Verwandten ergangen war. So setzte ich mich mit Karl-Heinz in Verbindung, der mir erzählte, dass Muttis Verhalten schwankend gewesen war. Einerseits war sie gut im Gespräch mit den anderen Gästen, lachte und genoss das Beisammensein sichtlich. Dann erzählte Karl-Heinz aber auch von deutlich erkennbarer Unsicherheit beim Umgang mit dem Besteck während des Essens im Restaurant und auch beim Wechsel der Örtlichkeiten. Sie brauchte Begleitung anderer, um mit dem Taxi ins Hotel zu fahren, aber auch, um den Speisesaal zu finden, in dem das Frühstück angeboten wurde. Es war hilfreich, dass Ellen im Nachbarzimmer untergebracht war. Für Muttis teils befremdliches Verhalten fanden wir zwar keine Erklärung, was mich aber nicht weiter störte. Wichtig für mich war zu hören, dass es Mutti trotz kleiner Unsicherheiten, gefallen hat. Am Ende unseres Telefonates betonte Karl-Heinz noch einmal ausdrücklich, dass er und seine Frau Ilsetraut sich ganz besonders über Muttis Besuch zum Geburtstag gefreut hatten und bedankte sich bei mir für die nicht nachlassende Ermunterung Muttis, an der Feier teilzunehmen.

Ideenschmiede

Für einige Zeit rutschten diese Veränderungen dann erst einmal in den Hintergrund, wir hatten keinen Blick dafür. Noch immer versuchten wir nach überstandener OP plus Reha von Wolfgang, zu unserem normalen Alltag zu finden. Unter den gegebenen Umständen fiel uns dies manchmal schwer. Ich hatte das Gefühl, alle Bedürfnisse befriedigen zu müssen. Und gleichzeitig nicht zu wissen, was ich zuerst oder zuletzt erledigen sollte.

Die Tage, Wochen, Monate plätscherten dahin. Mittlerweile war fast ein Jahr seit Wolfgangs Erkrankung vergangen. An einzelne Episoden, die wir mit Mutti in dieser Zeit erlebt haben, kann ich mich nicht so genau erinnern. Manche Dinge sind mir entfallen. Mit Sicherheit kann ich aber sagen, dass das veränderte Verhalten von Mutti sowie ihr Verhalten beim Autofahren immer wieder aufs Neue Thema zwischen uns war. Auch ihre Anrufe, dass mit dem Auto etwas nicht stimmen würde, ließen uns aufhorchen. Etwas hatte sich definitiv verändert. Das Gefühl, dass Mutti dem Straßenverkehr mit dem Auto nicht mehr gewachsen sei, verstärkte sich extrem. Sie selbst bestritt diese Veränderung, hielt unsere Bedenken für übertrieben. Mutti fühlte sich sicher, wenn sie mit dem Auto ihre Einkäufe tätigte und z.B. zu Angelika oder zu uns Besuch kam. Unser Unbehagen dagegen wuchs. Wir suchten händeringend nach einer Idee, Mutti vom Autofahren fern zu halten. Immer wieder telefonierten wir miteinander, beratschlagten die unterschiedlichsten Ideen, verwarfen sie dann aber wieder. Angelika, Wolfgang oder auch ich, einer von uns dreien hegte Zweifel an den Ideen und meinte, sie wären zum Scheitern verurteilt. Dann kam uns ein rettender Gedanke.

Wolfgangs zweite Reha stand bevor. Vielleicht konnten wir darin einen Grund finden, Mutti das Auto erst einmal für eine begrenzte Zeit abzuschwatzen. Wir tüftelten an der Vorgehensweise. So wollte ich Mutti bitten, mir ihr Auto zu leihen, um die Wochen, in denen Wolfgang mit unserem Wagen abermals weg war, zu überbrücken. Meine Termine außerhalb könnte ich so einfacher wahrnehmen und vor allem Paula abends bei Dunkelheit vom Reiten abholen. Anschließend wollten wir schauen, wie es weitergehen soll. Zufrieden, endlich einen Weg gefunden zu haben, versuchten wir relativ entspannt die Zeit bis dahin zu verbringen. Bevor wir Mutti unsere Bitte vortragen konnten, kam es dann allerdings ganz anders als geplant. Das Nachfolgende klingt sehr ungewöhnlich, man könnte denken, es ist frei erfunden, aber ich versichere: es ist tatsächlich so geschehen.

Stein im Weg

Im Frühjahr 2010 nahm Mutti nach wie vor eigenverantwortlich am Straßenverkehr teil. Bislang war es uns nicht gelungen, sie daran zu hindern. Unser Plan, dass ich mir das Auto während Wolfgangs Reha ausleihe, sollte erst in ein paar Wochen umgesetzt werden. So kam es, dass Mutti sich zum Spaziergang beim alten Campingplatz mit Angelika verabredete. Beide kamen aus unterschiedlichen Richtungen, daher benutzte jede das eigene Auto. Nach dem Spaziergang sollten sich ihre Wege wieder trennen, so war die Verabredung. Beide genossen die gemeinsame Zeit, sie hatten sich viel zu erzählen. Auf dem Weg zurück zu den Autos, trafen sie auf eine Bekannte von Angelika. Es ergab sich ein Gespräch zwischen den beiden Frauen, in dessen Verlauf sich Mutti verabschiedete. Sie war müde und wollte nach Hause. Nach der Verabschiedung wandte Angelika sich wieder ihrer Gesprächspartnerin zu, während Mutti ins Auto stieg. Ein paar Sekunden später heulte ein Motor auf. Angelika wandte ihren Blick in Richtung des lauten Geräusches und sah gerade noch, wie Muttis Auto irgendwie einen Satz nach vorne machte. Mit lautem Motorgeräusch verließ sie den Parkplatz und hinterließ eine Schleifspur!

Vollkommen irritiert und sprachlos blieb Angelika zurück. Mutti war samt einem Begrenzungsstein aus Beton auf und davon! Nach einem kurzen Moment der

Fassungslosigkeit, rief Angelika bei uns an. Sie war vollkommen durcheinander und musste mehrmals während des Telefonates eine Pause einlegen um ihre Gedanken zu sortieren, bevor sie in der Lage war, uns das Erlebte für uns verständlich zu schildern. Ich traute meinen Ohren kaum. Konnte das, was ich gerade hörte wirklich wahr sein? Ich hatte das Gefühl, im falschen Film zu sein. Nach einem Moment der Sprachlosigkeit, wurde uns klar, dass wir handeln mussten. In meinem Kopf begann es zu rattern. Verschiedene Fragen tauchten auf. Was ist mit Mutti? Hat sie sich verletzt? Ist womöglich noch jemand Fremdes zu Schaden gekommen? Ich war vollkommen aufgelöst. Machte mir Vorwürfe, nicht schon früher und mit mehr Nachdruck Mutti gegenüber aufgetreten zu sein, bei der Bitte, das Autofahren aufzugeben. Wolfgang nahm mich in den Arm. Versuchte mich zu beruhigen: „Bleib mal ganz ruhig. Mach dir nicht so viele Gedanken. Du weißt doch noch gar nicht genau, was los ist. Zieh dich an, dann fahren wir jetzt erstmal wie verabredet zu Angelika, die auf uns wartet, lassen uns die ganze Story erzählen und dann schauen wir, was zu tun ist. Ändern kannst du jetzt sowieso nichts mehr.“ Dankbar dafür, dass Wolfgang einen klaren Kopf behielt, zog ich meine Jacke an und verließ mit ihm das Haus.

Wie verabredet, fuhren wir zum Parkplatz des Campingplatzes, ließen uns noch einmal die Situation schildern. Angelika war noch immer geschockt. Zu dritt standen wir sprachlos an der Stelle, an der noch vor kurzem der Begrenzungsstein lag. Der Platz war leer, stattdessen blickten wir auf eine nicht übersehbare Schleifspur, die unweigerlich auf die Straße führte. Voller Entsetzen schlug ich die Hände vors Gesicht. Ich konnte nicht glauben, was ich da sah. Bis wohin mag Mutti gekommen sein? Wurde sie unterwegs gestoppt? Stand sie in der Nähe am Straßenrand? Brauchte sie Hilfe? Lauter Fragen, die nur geklärt werden konnten, wenn wir der Schleifspur folgen würden. Angelika wollte einfach nur nach Hause, um sich von dem Schock zu erholen, das war total nachvollziehbar. Also folgten Wolfgang und ich der Schleifspur, sie führte uns sage und schreibe bis zu Muttis Haus, 10 Kilometer entfernt! Augenscheinlich hatte Mutti den Weg zurückgelegt, ohne dass jemand zu Schaden gekommen war. Bei dieser Feststellung fiel mir ein Stein vom Herzen. Was wir sahen, gab uns aber Rätsel auf: das Auto war abgestellt und der Begrenzungsstein lag neben der Auffahrt. Wie konnte das sein? Es gab keine Erklärung für das, was wir dort sahen. Immer wieder schüttelten wir den Kopf: „Das gibt's doch nicht. Das kann doch gar nicht sein, was wir hier sehen. Ist hier irgendwo die versteckte Kamera?", machte ich meinem Unverständnis Luft. Wolfgang inspizierte derzeit erst einmal das Auto und stellte fest, dass die Achsaufhängung ebenso wie einige andere Dinge kaputt war. Nun klingelten wir. Mutti war erstaunt aber auch sichtlich erfreut uns zu sehen. „Das ist ja eine Überraschung. Was macht ihr denn hier. Kommt rein, ich wollte mir gerade einen Kaffee kochen, Kekse hab ich bestimmt auch noch für uns". Wir kamen Muttis Aufforderung nach, zogen unsere Jacken aus, nachdem wir uns mit einer herzlichen Umarmung begrüßt hatten. Mutti ging es gut, sie verhielt sich ganz normal. Die ganze Situation war vollkommen irrational. Mutti tat, als wenn nichts geschehen wäre. Noch auf dem Flur sprachen wir den eigentlichen Grund unseres Daseins an, erzählten von Angelikas Anruf, der Schleifspur, die bis zu ihrem Haus führte und von dem Begrenzungsstein. Mutti sah uns mit fragendem Blick an. „Was erzählt ihr denn für einen Blödsinn? Das kann ja gar nicht sein. Ihr habt sie nicht mehr alle." Mutti war entsetzt, äußerte ihren Unmut heftig. Nun verstanden wir gar nichts mehr. Wolfgang hakte Mutti einfach unter. „Komm, wir gucken uns dein Auto an." Sprach's und nahm sie mit vor das Haus. Dort schauten sich beide das Auto mit den sichtbaren Schäden und auch den großen Stein an. „Ja, was soll das denn? Eben bin ich noch mit dem Auto gefahren, da war alles in Ordnung." Mutti war sichtlich empört, hatte keine Erklärung für das, was sie zu sehen bekam. Nach wie vor war weit und breit niemand zu sehen, der uns hätte weiterhelfen können. Eine merkwürdige Situation. Wolfgang und Mutti gingen zurück ins Haus. Ich folgte ihnen nicht sofort, sondern klingelte kurzentschlossen bei den direkten Nachbarn, hoffte dort einen Hinweis zu bekommen. Leider ohne Erfolg.

Mutti und Wolfgang waren mittlerweile im Wohnzimmer. Mutti war vollkommen aufgelöst. „Was ist denn da passiert? Das Auto ist kaputt, muss repariert werden. So kann ich ja gar nicht fahren. Ich muss doch einkaufen. Wie soll ich das alles transportieren? Was soll ich nur machen?“ Oh je, wie ein kleines Häufchen Elend saß sie auf einmal in ihrem Sessel. Ich setzte mich zu ihr und nahm sie in den Arm. „Man oh man Mutti, was ist hier los. Ob Wolfgang eine Idee hat, wie es weitergehen kann?“ Wolfgang, der mit uns in einem Raum war, reagierte prompt: „Na klar habe ich mir schon Gedanken gemacht. Ich rufe jetzt gleich erstmal Ingo an, bitte ihn, dein Auto abzuholen da es nicht mehr fahrtüchtig ist. Später schauen wir, ob und wann es repariert wird. Ist das in deinem Sinn?“ „Ja, kann er das denn? Ich brauch es aber auf jeden Fall schnell zurück“, war Muttis Kommentar. Wolfgang und ich tauschten einen Blick: „Na klar kann er das. Er hat doch die Kfz-Werkstatt. Erinnerst du dich? Er muss erstmal feststellen, was kaputt ist, was repariert werden muss und wie hoch der entstandene Schaden ist. Wer weiß, vielleicht lohnt sich eine Reparatur gar nicht mehr. In solch einem Fall bleibt das Auto gleich da und du bist es los, wär doch vielleicht auch okay?“ „Ach Quatsch, rede mal nicht so einen Blödsinn“, antwortete Mutti, auf einmal wieder recht selbstbewusst. „Na gut, ist eventuell ein wenig zu pessimistisch. Fest steht jedoch, dass dein Auto so nicht mehr fahrtüchtig ist und in eine Werkstatt muss. Bist du damit einverstanden, dass ich Kontakt zu Ingo aufnehme, damit er alles Weitere regeln kann? Eine andere Lösung sehe ich momentan nicht.“ „Ach ja, mach das doch bitte. Wie gut, dass du da bist und gleich eine Idee hast. Was würde ich ohne dich nur machen?" Vertrauensvoll klopfte Mutti Wolfgang auf die Schulter. Nachdem Ingo informiert war und seine Hilfe zugesichert hatte, blieben wir noch eine Weile, tranken Kaffee und versuchten ein wenig Ruhe in den turbulenten Nachmittag zu bringen. Noch während wir bei Mutti waren, kam Ingo, um das Auto in seine Werkstatt zu bringen. Mutti war dankbar für sein schnelles Handeln. Vergessen war in dem Moment, dass sie ihn vor einiger Zeit für das Verschwinden eines Hebels zum Öffnen der Motorhaube verantwortlich gemacht hatte und absolut nichts mehr mit ihm zu tun haben wollte. Am frühen Abend verabschiedeten wir uns und fuhren nach Hause. Nun brauchte ich Zeit für mich, um das Erlebte noch einmal Revue passieren zu lassen. Es gab so viele Ungereimtheiten, die unerklärlich schienen. Übrigens haben Wolfgang und ich den Begrenzungsstein auf dem Heimweg einfach wieder an seinen alten Platz gelegt, es war ja schließlich kein weiterer Schaden entstanden.

Zuhause angekommen, nahm ich mir erstmal ein wenig Zeit, um meine Gedanken zu sortieren, bevor ich Angelika über den neuesten Stand der Dinge informierte. Auch sie war froh, dass es Mutti gut ging und sonst niemand zu Schaden gekommen war. Noch immer konnte sie nicht fassen, was sie vorhin erlebt hatte. Es war einfach unvorstellbar. Lange redeten wir uns die Köpfe heiß, suchten nach einer Erklärung für das, was auf dem Parkplatz des Campingplatzes passiert war. Dass der Stein nun wieder neben dem Auto zu finden war, war nach wie vor rätselhaft. Nach etlichem Hin und Her fanden wir eine mögliche Erklärung dafür, wie der Stein unter das Auto gelangt sein könnte. Unserer Meinung nach hätte Mutti erst ein Stück zurücksetzen müssen, um dann vorwärts mit einem leichten Bogen um das Hindernis herumzukommen. Vermutlich hatte sie wie schon an anderer Stelle, das Problem den Rückwärtsgang zu finden, hatte stattdessen versehentlich den ersten Gang eingelegt. Als der Wagen sich dann nicht so richtig fortbewegte, gab Mutti entsprechend Vollgas. Der Motor heulte auf, das war das, was Angelika gehört hatte und schwups ist sie mit Schwung irgendwie über den Begrenzungsstein gefahren, sodass er unter ihrem Auto festsaß. Unglaublich, was da vor sich gegangen war. Nun galt es zu überlegen, wie es weitergehen soll. Konnten wir diesen Zwischenfall zu unseren Gunsten nutzen? Wieder dauerte es einige Zeit, bis uns eine zündende Idee kam. Wir sahen dieses merkwürdige Ereignis als Wink mit dem Zaunpfahl und beschlossen, definitiv die Gunst der Stunde zu nutzen. Nach kurzem Zögern rief Wolfgang mit unserem absoluten Einverständnis, beherzt bei der Polizei an. Er berichtete kurz von unseren intensiven Bemühungen, Mutti vom eigenständigen Führen ihres Autos abzubringen. Dann schilderte er die Situation mit dem Stein. Eindringlich wies er darauf hin, dass kein Fremdschaden entstanden war. Die Polizeibeamten bat er, bei Mutti vorzusprechen und vielleicht zu sagen, es sei wegen des Vorfalls am Parkplatz des Campingplatzes, ‚Anzeige von unbekannt' erstattet worden. Wir brauchten die Beamten als unsere Verbündeten. Uns fiel nichts anderes ein. Nach einigen Minuten, in denen immer wieder Fragen zum besseren Verständnis gestellt wurden, erklärten sich die Beamten, denen Wolfgang den Sachverhalt ausführlich geschildert hatte, mit dem unterbreiteten Vorschlag einverstanden. Sie zeigten Verständnis für unsere Bitte, merkten, dass wir Mutti nicht schaden wollten. Unser Anliegen war, Mutti und andere Verkehrsteilnehmer zu schützen. Sie sollte bitte kein Auto mehr fahren dürfen. Die Beamten sicherten uns zu, direkt zu Mutti zu fahren, um sich selbst ein Bild von ihr zu machen und sie zusätzlich mit der ‚Anzeige' zu konfrontieren. Mich plagte zwar sogleich ein schlechtes Gewissen, da wir Mutti solch einer Konfrontation mit der Polizei aussetzten, aber andererseits sahen wir keinen anderen Weg, sie zukünftig vom Autofahren abzuhalten. Es dauerte nicht lang, da rief Mutti völlig aufgelöst bei uns an: „Was ist denn heute hier los. Erst ist das Auto kaputt, nun ist es gar nicht mehr da. Jetzt waren Polizisten hier, die von einer Anzeige gefaselt haben. Was soll ich denn nur machen?" Es tat mir leid, sie so verzweifelt in ihrem Haus zu wissen. Am Telefon näher darauf einzugehen oder eine Erklärung für das Auftauchen der Polizei zu finden, schien uns wenig fruchtbar. Mutti war vollkommen durcheinander. Kurzentschlossen kündigten Wolfgang und ich unser nochmaliges Kommen an und fuhren gleich los. Es war die richtige Entscheidung. Ein kleines Häufchen Elend öffnete uns die Tür.

Mutti erzählte uns vollkommen aufgelöst von dem Erscheinen der Polizeibeamten bei ihr. Sie hatte keine Erklärung, was sie von ihr wollten. Total verwirrt brachte sie alles durcheinander. Wir versuchten sie zu beruhigen, erzählten, dass das Auto doch kaputt und in der Werkstatt sei. Sie müsse sich diesbezüglich im Moment keine Sorgen machen. Mutti sah uns ungläubig an, doch unsere Anwesenheit und die ruhigen aber klaren Worte, zeigten ihre Wirkung. Es war zu beobachten, dass Mutti sich ganz langsam beruhigte. Wir blieben noch kurze Zeit, tranken etwas, unterhielten uns. Angesprochen auf den Spaziergang mit Angelika, leuchteten ihre Augen. Die gemeinsame Zeit am See hatte ihr gefallen. Brachten wir aber den Begrenzungsstein ins Spiel, schien die Erinnerung wie weggewischt, merkwürdig. Als wir die Heimfahrt antraten, war es schon ziemlich spät. Zuhause wurden wir sehnsüchtig von Paula erwartet. Fast den ganzen Nachmittag und Abend waren wir wegen Muttis Halsstarrigkeit bezüglich des Verzichts aufs Autofahren unterwegs. Nerviges Hin und Her. Es gelang uns jedoch, den Abend innerhalb unserer kleinen Familie zu genießen.

Angelika hegte genau wie Wolfgang und ich die Hoffnung, dass Mutti ihr Auto gar nicht vermisste und sich damit zufrieden gab, dass es in der Werkstatt sei. Weit gefehlt. Sie ärgerte sich über ihre Unbeweglichkeit ebenso wie über den unnötig langen Zeitraum, der für die Reparatur gebraucht wurde. „Das ist ja unmöglich. Ich hätte mich gar nicht darauf einlassen sollen“, wetterte

Mutti bei einem unserer Telefonate. Mehrmals versuchten wir persönlich mit ihr über den Zwischenfall am Parkplatz zu sprechen und sie endlich dazu zu bewegen, auf das Auto zu verzichten. Musste erst noch etwas Schlimmeres passieren, bevor sie zur Einsicht kam? Unser Einwand, dass sie letztendlich Glück hatte, dass es nur ein Begrenzungsstein gewesen sei und kein Mensch zu Schaden gekommen war, kam nicht bei Mutti an. Sie war vollkommen uneinsichtig, hatte einen Tunnelblick. Die Situation mit dem Stein wischte sie nach wie vor mit einer Handbewegung weg. Schien sie komplett verdrängt zu haben.

Dann änderten wir die Taktik. Wolfgang mit seiner Engelsgeduld nahm sich ein paar Tage später Zeit, fuhr allein zu Mutti und erklärte, dass sie sich vor der nächsten Autofahrt mit dem dann reparierten Auto einem Eignungstest unterziehen müsse, bevor sie sich wieder im Straßenverkehr bewegen dürfe. Der Vorfall am Parkplatz erschien den Polizeibeamten suspekt. Sie zweifelten an ihrer Fahrtüchtigkeit. Wolfgang dramatisierte jetzt ein wenig den fälligen Eignungstest mit seinen vielen verschiedenen, teils recht schwierigen Fragen, einem möglichen Fahrtest im Beisein eines Fahrlehrers und eventuell noch anderen Dingen, die er nicht genau benennen könne.

„Es ist eine ganze Menge was da abgefragt wird. Ich bin froh, dass ich den Test nicht machen muss. Bin mir gar nicht sicher, dass ich ihn bestehen würde“, erklärte er. Mutti hörte ihm an diesem Tag ganz aufmerksam zu.

Sie reagierte anders als sonst. Das offensichtliche Interesse nutzte Wolfgang und unterbreitete ihr spontan die Möglichkeit sich diesem Test zu entziehen. „Geh doch einfach zum Revier, leg den Polizeibeamten den Führerschein hin und sag: „Den können sie haben“. Muttis spontane Reaktion fiel ganz anders aus als erwartet. Sie war erstaunt, dass es so leicht gehen solle und fragte nur: „Bekomme ich ihn dann wieder?“ „Ja, aber er ist dann entwertet“, antwortete Wolfgang wahrheitsgemäß. Mutti reichte diese Aussage. Zu Wolfgangs großem Erstaunen stimmte sie seinem Vorschlag ohne weiteren Einwand zu.

Um einem Sinneswandel vorzubeugen, zogen die beiden gleich tags darauf los, um den Führerschein „abzugeben“. Seitdem übernahmen wir den Fahrdienst. Mutti war von nun an mit ihrem Fahrrad oder öffentlichen Verkehrsmitteln unterwegs. Ein Taxi hat sie meines Wissens nie angefordert. Ab und zu tauchte die Frage auf, wann ihr denn endlich das Auto wieder zur Verfügung stünde. Sie würde es für Großeinkäufe und Besuche bei uns benötigen. Mutti schien gar nicht mehr zu wissen, dass sie ihren Führerschein abgegeben hatte. Da wir mit der jetzigen Situation sehr zufrieden waren, antworteten wir auf die Frage nach ihrem Auto nur mit den Worten: „Das kann noch dauern. Momentan chauffieren wir dich. Ist doch eigentlich ganz praktisch, stimmt's?“ „Ach, Kokolores“, erwiderte sie ärgerlich, fragte jedoch nicht weiter nach. Die Entwertung des Führerscheins sprachen wir gar nicht an, um neuerliche

Diskussionen zu vermeiden. Im Gegensatz zu Mutti waren wir zufrieden mit der jetzigen Situation. Mutti hatte der Abgabe des Führerscheins spontan zugestimmt, somit durfte sie als Autofahrerin nicht mehr am Verkehr teilnehmen und gefährdete weder sich noch andere Verkehrsteilnehmer. Im Stillen bedankten wir uns bei den Polizeibeamten, die uns mit ihrem Einsatz bei Mutti hilfreich waren. Zu einem späteren Zeitpunkt lenkte Wolfgang das Gespräch dann doch noch einmal auf die Abgabe und Entwertung des Führerscheins, um sich auf diese Weise einer Führerscheinprüfung mit Fahrtest zu entziehen. Auf Muttis Erwiderung: „Ach was, das war doch alles nur Quatsch", ging Wolfgang nicht weiter drauf ein. Er wechselte einfach das Thema.

Gut zwei Jahre später sollten wir rein zufällig erfahren, wie der Begrenzungsstein, der im übertragenen Sinn den Stein ins Rollen gebracht hatte, unter dem Auto hervorgekommen war.

Mutti konnte trotz vieler Bemühungen unsererseits, nicht mehr in ihrem Haus wohnen bleiben. Durch einen Umzug in eine für sie entsprechende Einrichtung, gab es etliche Sachen zu regeln. Abgesehen von Änderungen bezüglich einiger Versicherungen sowie anderen Dingen, galt es auch das Abonnement der Tageszeitung zu kündigen. Telefonisch nahm ich Kontakt auf, um die Zustellung einzustellen. Als ich meinen Namen ebenso wie Muttis nannte sowie deren Adresse, ergab sich mit meinem Gesprächspartner ein für mich unvergesslicher Dialog, in dessen Verlauf ich erfuhr, auf welch simple

Art der Begrenzungsstein unter dem Auto wieder verschwunden war.

Aber langsam: Also am Telefon war ein junger Mann, der auf der gegenüberliegenden Straßenseite von Mutti wohnte. Als sie vor gut zwei Jahren mit dem Begrenzungsstein unter ihrem Auto nach Hause fuhr und auf ihr Grundstück wollte, klappte es nicht. Der Stein erwies sich als Bremsklotz. In ihrer Not klingelte sie bei Herrn Förster, dem Nachbarn von gegenüber und bat ihn um Hilfe. Auf seine Frage wie denn so etwas passieren könne, antwortete Mutti: „Da vorne bei dem Restaurant ist ein LKW vor mir gefahren, der diesen Stein verloren hat. Ich konnte nicht mehr rechtzeitig bremsen und nun ist er unter dem Auto“. Herr Förster wunderte sich zwar, half Mutti aber aus der misslichen Lage, indem er den Wagenheber ansetzte, das Auto aufbockte und den Stein entfernte. Während seiner Schilderung schüttelte ich fast ununterbrochen den Kopf. Ich konnte kaum glauben, was ich da zu hören bekam. Anschließend schilderte ich die ursprüngliche, reale Situation. Er war sprachlos. Auf so eine Erklärung wäre er niemals gekommen. Was war es für ein merkwürdiger Zufall, gut zwei Jahre nach diesem unfassbaren Ereignis zu erfahren, wie sich alles zugetragen hatte. Da Herr Förster und ich uns vorher gar nicht weiter begegnet waren, blieb Muttis Einfallsreichtum bis dato unentdeckt. Oft überlege ich, wie es Mutti in dieser Zeit ergangen ist. Wie kam ihr diese unglaubliche Geschichte mit dem LKW der Steine verloren hat, in den Sinn? Was mag damals in ihr vorgegangen sein?

Es blieb ein Geheimnis.

Die Hausärztin

Der Vorfall mit dem Begrenzungsstein bestätigte uns in unserer Vermutung, dass mit Mutti etwas nicht stimmte. Ihr Verhalten war so auffällig, dass wir erneut mit ihr ins Gespräch gingen. „Mutti, wir machen uns Sorgen um dich. Manchmal verstehen wir dich und dein Verhalten nicht so ganz. Merkst du auch manchmal, dass unser Miteinander so ganz anders verläuft, als sonst?“ Muttis Reaktion fiel gleich recht schroff aus: „Ach, was ihr immer habt. Lasst mich man, dann ist alles gut.“ „Wir möchten doch nur, dass es dir gut geht. Du wirkst manchmal ein wenig tüdelig. Was hältst du davon, dass wir beide zusammen zu deiner Ärztin gehen, damit sie dich einfach mal durchcheckt, vollkommen unverbindlich. Dann wissen wir anschließend vermutlich, ob unsere Sorgen berechtigt sind. Ist doch bestimmt möglich.“ „Das wird ja immer schöner. Ich bin doch kein Kind. Da geh ich, wenn schon, alleine hin. Jetzt lass mich aber damit in Ruhe.“ Mutti zeigte kein Verständnis für unsere Bedenken. Ein paar Tage später hakte ich nach, ob sie schon einen Termin bei ihrer Ärztin verabredet hatte. „Das mach ich irgendwann. Im Moment ist es nicht so wichtig. Ich habe ziemlich viel zu tun, außerdem geht es mir gut." Das ließ ich so stehen, beschloss nach Rücksprache mit Angelika jedoch meinerseits, das Gespräch mit Muttis Hausärztin zu suchen.

Als ich dieser den Grund meines Anrufes nannte, hörte ich gleich: „Gott sei Dank, endlich haben wir einen Ansprechpartner. Wir versuchen schon lange Kontakt zu Angehörigen ihrer Mutter zu bekommen. Ist es ihnen möglich, zeitnah gemeinsam mit ihr in die Praxis zu kommen? Dann können wir im direkten Gespräch ihre Fragen klären." Nun musste ich Mutti schonend beibringen, dass ich in Kontakt zu der Ärztin getreten war und einen Termin für uns beide bei verabredet hatte: „Mutti, nun sind schon einige Tage vergangen und du hast noch immer keinen Termin bei Frau Dr. Müller verabredet. Ich habe das unbestimmte Gefühl, dass dein Interesse daran nicht sehr groß ist. Da uns dein Verhalten ein wenig befremdlich erscheint, habe ich einen Anruf getätigt. Am kommenden Donnerstag werden wir beide von ihr erwartet. Sie freut sich, mich kennenzulernen. Ist doch nett." „Was soll das, ich hab doch gesagt, ich mach es allein." Mutti war sauer. „Mutti, wir machen uns wirklich schon länger Sorgen. Manche Dinge, die du machst, verunsichern uns. Bitte lass uns den Termin wahrnehmen. Hinterher lass ich dich auch wieder in Ruhe. Komm, wat mutt, dat mutt heißt es auf Plattdeutsch. Also los!" Ein paar Überredungskünste meinerseits waren noch notwendig, bis Mutti sich unter leichtem Protest auf den gemeinsamen Arztbesuch einließ. In der

Praxis wurden wir sehr freundlich begrüßt. Während des Gesprächs mit der Hausärztin, das äußerst informativ war, fühlte ich mich zwischenzeitlich unwohl. Obwohl Mutti mit im Raum war, richtete die Ärztin das Wort überwiegend an mich. Auch Mutti schien dies wahrzunehmen, obwohl sie dem Gespräch meiner Meinung nach, nur phasenweise folgen konnte. Darauf angesprochen, entschuldigte sich Frau Dr. Müller bei Mutti und mir. Sie erwähnte uns gegenüber ganz offen, dass sie bislang noch nicht mit Patienten zu tun hatte, die ein ähnliches Krankheitsbild wie Mutti zeigten. Letztendlich erfuhr ich, dass Mutti schon zwei Jahre zuvor, auf Anraten von Frau Dr. Müller, der Hausärztin, bei einer Neurologin gewesen sei. Diese bat ihrerseits nach eingehender Untersuchung darum, dass, sofern Kinder da seien, diese einmal mit zum Gespräch kommen sollten. Es hatten sich Auffälligkeiten bei der Untersuchung gezeigt, die sie gern im Beisein von Angehörigen besprechen wollte. Von dieser Bitte der Neurologin hatten wir bis dato nie etwas erfahren. Augenblicklich fiel mir aber ein, dass es die Ärztin gewesen sein musste, von der Mutti vor ewigen Zeiten berichtet hatte. Es musste die Praxis sein, in der die Frisur bei der Untersuchung total ruiniert worden war. Ja, ich erinnerte mich. Auch hier vereinbarte ich nach Absprache mit Mutti einen Termin. Obwohl ich seit unserem Besuch bei Frau Dr. Müller schon etwas darauf vorbereitet war, verspürte ich einen dicken Kloß im Hals, als Frau Dr. Schäfer, die Neurologin, den Begriff Demenz aussprach.

Mutti und ich schauten uns an. Ich nahm ihre Hand und zuckte mit den Schultern. Mehr fiel mir dazu momentan nicht ein. Für eine nochmalige Untersuchung verabredeten wir einen weiteren Termin und nahmen ihn auch wieder gemeinsam wahr. Flyer zum Thema wurden uns mitgegeben. So hatten wir die Möglichkeit, uns mit Muttis Krankheitsbild vertraut zu machen. Nun verabschiedeten wir uns und verließen die Praxis. Draußen angelangt, nahm ich sie in den Arm. Einen Moment schwiegen wir gemeinsam, bevor ich fragte: „Na, was meinst du, ist es okay, wenn wir jetzt wie verabredet, zu dir fahren?“ Mutti löste sich aus der Umarmung und ging wortlos Richtung Parkplatz. Ich hakte mich bei ihr unter bis wir das Auto erreicht hatten. Schweigend saß sie neben mir auf ihrem Sitz. Ein Gespräch wollte nicht in Gang kommen. Das Schweigen durchbrach ich erst, nachdem wir zuhause ankamen und uns im Wohnzimmer gemütlich niederließen. Mutti erzählte von ihren Unternehmungen der letzten Tage. Ich lauschte aufmerksam. Sofern ich bei einer Erzählpause auf den Arztbesuch und die Diagnose zu sprechen kam, wich Mutti aus: „Ach, was die nur hat, mir geht’s doch gut“. Ich kommentierte die Aussage nicht. Vielleicht brauchte sie, genau wie ich Zeit, um das Gehörte zu verstehen, zu sortieren und das gesamte Ausmaß zu erfassen. Ich jedenfalls brauchte erst einmal etwas Abstand und wollte die neuen Erkenntnisse gern mit Angelika und Wolfgang teilen. Nach einem gemeinsamen Abendessen fuhr ich nach Hause.

Erst war es nur ein Wort und ich ahnte zu dem Zeitpunkt noch nicht, was wir noch alles miteinander erleben sollten. Mit diesem Krankheitsbild hatte ich mich bis dahin nur wenig auseinandergesetzt, war ziemlich ahnungslos. Angelika und ich hatten bislang gedacht, dass die Begleitung unseres Vaters, während seiner Krebserkrankung mit Chemo, Bestrahlung etc. schon ein Akt gewesen sei, den wir jedoch gut bis zum Ende begleitet hatten. Weit gefehlt … die richtig große – viele Jahre dauernde Herausforderung mit Höhen und Tiefen, begann erst jetzt!

Mutti war schon vor langer Zeit mit Auffälligkeiten, die auf eine Demenz schließen ließen, konfrontiert worden. Nun fragte ich mich immer wieder aufs Neue, wie es kam, dass sie das Gespräch mit uns gar nicht gesucht hat. Oder gab es vielleicht doch Versuche, die wir lediglich nicht richtig gedeutet hatten? Mutti und ich hatten stets ein gutes Verhältnis zueinander, was war in der Kommunikation über ihre beginnende Demenz schief gelaufen? Sie musste sich doch in irgendeiner Form mit dem Untersuchungsergebnis auseinandergesetzt haben. Ich verstand das alles nicht. Vielleicht hat sie die Diagnose die ganze Zeit über verdrängt. Jetzt, wo auch wir über Muttis Demenz informiert waren, war es für uns selbstverständlich zu überlegen, wie sich nun ihr Alltag gestalten ließ, welche Veränderungen notwendig seien. Dies gestaltete sich jedoch schwerer als gedacht.

In der folgenden Zeit erlebten wir spektakuläre aber auch bewegende, zu Herzen gehende Momente. Es galt, viel zu organisieren. Oft hatte ich genau wie Angelika das Gefühl, gerade etwas dringend Notwendiges erledigt zu haben und schon reichte die Maßnahme nicht mehr aus. Wir brauchten einen sehr langen Atem und kamen schon manches Mal an unsere Grenzen.

Leben mit der Diagnose Demenz

Nach Gesprächen mit Mutti bei der Neurologin Frau Dr. Schäfer und der Hausärztin Frau Dr. Müller, haben Angelika und ich immer mal wieder das Gespräch mit Mutti gesucht. Im Vordergrund stand die Frage, was diese Diagnose bedeutete und wie wir alle damit umgehen sollten. Für meine Schwester und mich stand die Frage im Vordergrund, welche Möglichkeiten es gab, um eine gute Versorgung zu gewährleisten. Wir stimmten darin überein, dass eine räumliche Nähe zu uns von Vorteil sei. Mehrfach hatten wir, wie schon früher öfter, über einen Umzug nach Bremen-Findorff nachgedacht und versucht, Mutti die Vorzüge schmackhaft zu machen. Die Wege, die bei auftretenden Problemen zurückzulegt werden müssten, wären erheblich kürzer und für uns leichter zu bewerkstelligen. Mutti selbst könnte ohne Auto zu Fuß zu uns kommen. Auch für Angelika wäre der kürzere Weg eine Erleichterung.

Spontane Besuche, gemeinsame Spaziergänge oder Hilfen beim Einkauf wären ohne größeren Aufwand möglich. Da ich bereits seit vielen Jahren hier arbeitete und lebte, war ich gut vernetzt, hätte relativ problemlos Unterstützung organisieren können. Für uns die optimale Lösung. Mit Engelszungen versuchten wir, Mutti zu diesem Schritt zu bewegen. Sie lehnte ihn jedoch kategorisch ab! Ihrer Meinung nach seien die Aussagen der Ärztinnen „Hirngespinste". Starteten wir bei zukünftigen Besuchen erneut den Versuch, über Lösungsmöglichkeiten ins Gespräch zu kommen, wurde sie sehr energisch und wies mit den Worten: „Wenn ihr kein anderes Thema mehr habt, könnt ihr auch gleich wieder gehen", zur Tür. An anderen Tagen verließ sie den Raum mit den Worten: „Wenn Vati wüsste, was ihr hier mit mir macht, er würde sich im Grab umdrehen. Lasst mich einfach in Ruhe! Ich will euch nicht mehr sehen."

Ich war verzweifelt. Es tat mir so leid, bei Mutti kein Gehör zu finden. Obwohl sie so vehement schimpfte, merkte ich auch ihre Verzweiflung, Unsicherheit. „Mutti, wir wollen dir helfen. Hast du vielleicht eine Idee, wie es weitergehen soll? Du bist krank. Nicht krank mit Fieber, sondern dein Kopf spielt dir manchmal einen Streich, lässt dich ziemlich tüdelig sein, daran gibt es nichts zu rütteln. Manche Dinge laufen schief und da brauchst du Hilfe. Nun müssen wir schauen, wie wir damit umgehen. Vati hätte sich gewünscht, dass wir zusammenhalten und uns der Herausforderung stellen. Komm, wir haben immer gesagt, wir sind eine Familie. Mit Zusammenhalt schaffen wir es“, argumentierte ich, hatte die Hoffnung, dass mein Einwand mit Vati etwas bewirkte. Weit gefehlt: „Ach was, papperlapapp. Nun hör auf mit dem Blödsinn. Sei wieder lieb“, war Muttis Reaktion. Ich hatte das Gefühl, gegen eine Wand zu sprechen. Wie sollten wir ihren Starrsinn auflösen? Es gab Tage, an denen wir im Streit auseinandergingen. Dies fühlte sich für uns beide nicht richtig an. Per Telefon nahmen wir dann Kontakt zueinander auf und versuchten den Konflikt zu beseitigen. Oft flossen währenddessen Tränen. Bei solchen Gesprächen hatte ich gelegentlich die Vermutung, dass Mutti bewusst war, dass ihr die Kontrolle über ihr Leben ganz langsam entglitt und ihr ebenfalls bewusst war, nichts dagegen unternehmen zu können. Mutti, die ihr Leben lang gern alles unter Kontrolle hatte, für sich und andere, vieles regelte und gern half, sollte sich nun auf andere verlassen und selbst Hilfe annehmen. Es war schwierig. Wir konnten alle mit der Situation noch nicht so richtig umgehen, konnten wohl die Diagnose schwerlich akzeptieren, es war so neu und fremd.

Irgendwie überschlugen sich in dieser Zeit die Ereignisse. Es war nicht einfach ruhig zu bleiben. Manchmal krachte es – dies brachte uns aber nie weiter. Wo immer sich eine Gelegenheit bot, Informationen über das Krankheitsbild zu bekommen oder sich darüber auszutauschen, nahm ich sie wahr. Nach einigen Wochen nahm ich durch einen Tipp von Frau Dr. Müller Kontakt zur Alzheimergesellschaft auf. Dort lernte ich die Leiterin, Frau Peters kennen, durch die ich erfuhr, welche

Möglichkeiten es gab, sich im Einzelgespräch oder in der Gruppe mit anderen auszutauschen. Dieses Angebot nahm ich dankend an. Es tat mir gut, mehr über Demenz und alltägliche Probleme, die bei Menschen mit diesem Krankheitsbild auftauchen konnten, zu erfahren. Über diesen ersten Kontakt hatten später Mutti, Angelika, Zuzana, eine spätere Rund-um-die-Uhr-Betreuerin und ich an Treffen für Menschen mit Demenz teilgenommen. Der Austausch war für uns alle sehr hilfreich. Ganz wichtig war, dass wir über Frau Peters Betreuungspersonen für Mutti vermittelt bekamen, die sich auf die Versorgung von Menschen mit Demenz spezialisiert hatten. Mutti wurde an fest verabredeten Tagen nachmittags bei Spaziergängen von einer festen Betreuerin begleitet. Ihnen begegnete Mutti auch stets bei den Freizeitangeboten, die von der Alzheimergesellschaft angeboten wurden und für die ich sie angemeldet hatte. Zu den Veranstaltungen wurde Mutti von ihren Betreuerinnen abgeholt und anschließend nach Hause begleitet. Sie hatte Spaß daran. Sie traf fast immer auf die gleichen Teilnehmerinnen und Betreuer, das war besonders wichtig für Mutti, gab ihr Sicherheit. Während meiner Zeit des Austausches in der Gruppe, besuchte Mutti parallel dazu einen Malkurs. Bei den ersten Gesprächsrunden wollte sie mit dabei sein, wollte Zeit mit mir verbringen und nicht mit den ihr fremden Personen. Durch die alleinige Teilnahme an anderen Veranstaltungsangeboten waren ihr schnell die Örtlichkeiten und Betreuer vertraut, sodass sie sich nach zwei, drei Treffen von mir trennen konnte und die Zeit meines Austausches in ihrer Gruppe verbrachte. Gemeinsam nahmen Mutti und ich an Grill- oder Tanzveranstaltungen teil. Die Angebote waren sehr gut auf die Bedürfnisse der Teilnehmerinnen und Teilnehmer mit Demenz ausgerichtet. Gern sind wir dort hingegangen und fühlten uns gut aufgehoben. Fragen, die mit Muttis verändertem Verhalten wegen ihrer Demenz einhergingen, konnte ich bei den Treffen stellen und bekam Anregungen, wie ich möglicherweise darauf reagieren könnte.

Im Kolleginnenkreis sprach ich auch manchmal über Mutti. Meine Kollegin, die vor Jahren in einer ähnlichen Situation mit ihrer Mutter steckte, gab mir ab und an Flyer, in denen es um das Thema Demenz ging: „Dietlind, lies das gerne mal durch, wenn du magst. Mir haben solche Texte geholfen. Sie haben dazu geführt, dass sich meine Sicht auf meine Mutter und ihre Demenz ein wenig veränderte. Vielleicht geht es dir ähnlich.“ Ich nahm die Papiere dankend an und las sie mir in einer stillen Stunde zu Hause durch.

Insel der Geborgenheit

Wenn ich einmal dement werde

Wenn ich einmal dement werde…
soll mein Leben einfach und überschaubar sein.
Es soll so sein, dass ich jeden Tag das gleiche mache-

Jeden Tag zur gleichen Zeit.

Wenn ich einmal dement werde…
musst Du ruhig zu mir sprechen, damit ich keine Angst bekomme
und nicht das Gefühl entsteht, dass Du böse mit mir bist.
Du sollst mir immer erklären, was Du tust.

Wenn ich einmal dement werde…
kann ich vielleicht nicht mehr mit Messer und Gabel essen,
aber bestimmt sehr gut mit den Fingern.

Wenn ich einmal dement werde…
und Panik bekomme – dann bestimmt,
weil ich an zwei Dinge gleichzeitig denken soll.

Wenn ich einmal dement werde…
bin ich meistens leicht zu beruhigen; nicht mit Worten,
sondern indem Du ganz ruhig neben mir sitzt
und meine Hand ganz festhältst.

Wenn ich einmal dement werde…
habe ich das Gefühl, dass andere mich schwer verstehen
und genauso schwer ist es für mich, andere zu verstehen.
Mach Deine Stimme ganz leise und sieh mich an –
dann verstehe ich dich am besten.
Mach nur wenige Worte und einfache Sätze.

Wenn ich einmal dement werde…
Sieh mich an und berühre mich, bevor Du mit mir sprichst.
Vergiss nicht, dass ich oft vergesse.

Wenn ich einmal dement werde…
möchte ich Musik von damals hören, doch ich habe vergessen, welche.
Erinnere Du Dich und lass sie uns zusammen hören.
Ich mag gern singen, jedoch nicht allein.

Wenn ich einmal dement werde…
denke daran, dass ich nicht alles verstehe,
doch mehr als Du manchmal denkst."

Text stammt aus dem Infoflyer der Tagespflege Ohlenhof – Verfasser unbekannt

Beim Lesen der Texte flossen häufig Tränen. Sie berührten mich zutiefst. Ich stellte mir vor, dass Mutti die Verfasserin sei und was sie mir damit sagen wollte. Mir wurde noch einmal ganz klar, dass sie auf unsere Hilfe angewiesen war. Nun lag die Verantwortung für ihr Allgemeinwohl in unseren Händen. War Mutti früher gern diejenige, die die Geschicke der Familie lenkte, waren nun endgültig die Rollen getauscht.
Von der Neurologin Frau Dr. Schäfer bekam ich ebenfalls Informationsmaterial zum Thema Demenz.

Hier sprach mich vor allem eine Broschüre der DIKS – Demenz Informations- und Koordinationsstelle – an. Mit Mitarbeitern der DIKS habe ich häufiger telefoniert. Bei den Telefonaten wurde mir bewusst, dass es für Mutti eine sehr schwierige Zeit war, genauso, wie für uns. Sie merkte häufig selbst, dass irgendetwas nicht stimmte, dass ihr das Leben immer mehr entglitt. Dies rief Ängste bei ihr hervor. In anderen Momenten war wieder alles o.k. Während Muttis Telefonaten mit ihrer Cousine Ingrid oder der Schwägerin Ilsetraut, sprach sie davon, dass sie das Gefühl habe, Angelika und ich würden sie aus dem Haus vertreiben wollen. Sie äußerte das Gefühl, sie falle uns zur Last. Wenn Mutti und ich miteinander telefonierten, kam es manchmal zu unnützen, teils verletzenden Wortgefechten. Mutti meinte, ich hätte etwas über ihren Kopf hinweg entschieden oder etwas nicht gemacht, was wir jedoch verabredet hätten. Ein Wort gab das andere und es kam teilweise soweit, dass eine von uns ärgerlich das Telefonat beendete. Mutti war eigensinnig und ich ratlos.

Bei den Gesprächen mit Mitarbeitern der DIKS wurde mir sehr anschaulich erklärt, wie ich mich in solchen Situationen verhalten sollte, um deeskalierend zu wirken. Ich war diejenige, die etwas falsch verstanden hat. Ich war diejenige, die sich entschuldigte, zurücknahm. Ich sollte validieren, das heißt, Muttis Gefühle widerspiegeln, durch Aussagen wie: „Ja, du hast recht, es ist blöd, dass …“ So fühlte Mutti sich mit ihrem Ärger, ihrer Wut, ihrer Verzweiflung ernstgenommen. Ein Gegenangehen oder Erklärungsversuche kamen aufgrund der Demenz nicht an, verfestigten eher den Disput zwischen uns. Mutti war aufgrund ihrer Demenz immer öfter nicht mehr in der Lage, Schuld oder Verantwortung für ein Missverständnis zu übernehmen. Sie meinte es nicht böse! Das Validieren, widerspiegeln ihrer Ängste, Gefühle hat mir sehr im Umgang mit Mutti geholfen, wobei ich nicht verschweigen möchte, dass es ein längerer Lernprozess war, bis ich mit den Tipps der DIKS ganz selbstverständlich umging.

Anfangs lebte Mutti noch allein in ihrem Haus, versorgte sich weitestgehend selbst. Erledigte kleine Einkäufe, fuhr mit dem Fahrrad zum Friedhof, unterstützte ihre Nachbarin Frau Lührs durch Babysitting, wenn diese ihr schlafendes Kleinkind nicht alleine lassen wollte, um die beiden älteren Kinder vom Kindergarten abzuholen. Gelegentlich trafen Mutti und ich vor dem Haus auf Frau Lührs, die dann mit großer Begeisterung von Muttis Unterstützung erzählte. Das freute mich. In solchen Momenten dachte ich: ‚dann ist es doch noch nicht so schlimm‘ und war wieder ein wenig beruhigt. Ich ließ Mutti gewähren. Verabredete mit ihr, Wocheneinkäufe, Arztbesuche und andere Dinge, die anfielen gemeinsam mit ihr zu erledigen. Es waren Aktionen, die ich stets auf meinen freien Tag legte. Angelika unterstützte Mutti und mich ihren Möglichkeiten entsprechend ebenfalls. Schon zu diesem Zeitpunkt deutete sie an, dass wir einen langen Atem bräuchten, um Mutti zu betreuen. Vermutlich würde es langfristig darauf hinauslaufen, eine Unterbringung in einer entsprechenden Einrichtung für sie zu suchen. Diese Aussage kam zu dem Zeitpunkt noch gar nicht bei mir an. Das Krankheitsbild war mir trotz des Austauschs mit den Mitarbeiterinnen der DIKS und anderen Fachleuten, noch fremd. Ich suchte weiterhin intensiv nach Informationen, über Menschen mit Demenz und Möglichkeiten, wie der Alltag geregelt werden kann, um weitestgehend allein leben zu können. Viel Zeit verbrachte ich mit Telefonaten unterschiedlichster Institutionen. Ich wollte nicht so schnell aufgeben und sie anderweitig unterbringen, sondern dafür Sorge tragen, dass Mutti so lange wie möglich in ihrem Haus leben konnte. Mir war nicht klar, welche Aufgabe ich uns damit gestellt hatte. Momentan war Mutti meinem Empfinden nach ganz gut versorgt. Die Betreuerinnen der Alzheimergesellschaft umsorgten sie zeitweise, ich fuhr regelmäßig zu ihr und sie schien, mit Einschränkungen, noch relativ selbständig. Trotzdem stand immer wieder die Überlegung im Raum, wie es längerfristig mit Mutti weitergehen sollte, es war ein Dauerbrenner.

Ausgebremst

Gegen Ende des Jahres hatten wir noch immer keine

Lösung parat. Es war eine ziemlich zermürbende Zeit. Kein anderes Thema beschäftigte uns so sehr, wie eine gute Versorgung von Mutti. Manch schlaflose Nacht lag hinter mir. Dann zog mein Körper eine Notbremse. Mit einer schweren Lungenentzündung, die nicht frühzeitig erkannt wurde, musste ich für mehrere Tage ins Krankenhaus. Es dauerte Wochen, bis ich mich davon erholt hatte. Während meines Aufenthaltes dort war ich nicht in der Lage, zu telefonieren, bekam nicht genügend Luft, um zu sprechen. Ich war vollkommen geschwächt, wollte nur meine Ruhe haben und gesund werden. Den Kontakt zu Mutti überließ ich dem Rest der Familie. Wolfgang erzählte mir bei seinen Besuchen, dass sie permanent nach mir fragte und sich tüchtig um mich sorgte. Mutti tat mir leid. Ich konnte mir vorstellen, dass es ihr nicht gut ging, wenn sie wusste, dass jemand von ihren Lieben krank war. Dann wollte sie da sein und sich kümmern. So war sie, auch wenn sie bei Wolfgangs Erkrankung ganz anders reagiert hatte. Zu meiner großen Überraschung ging eines Tages die Tür meines Krankenzimmers auf und Mutti kam ganz selbstverständlich herein, um mir einen Besuch abzustatten: „Dietlind, was machst du denn für Sachen. Ich mach mir solche Sorgen. Du hast mir gar nicht gesagt, dass du krank bist. Hast dich nicht mehr bei mir gemeldet." Schon saß sie an meinem Bett, nahm meine Hand und streichelte sie. Ich war vollkommen überrascht, hatte keine Erklärung, wie Mutti auf die Idee gekommen sein könnte, mich zu besuchen. Wie hatte sie den Weg in die

Klinik bis hin zu meinem Zimmer geschafft? Die Fragen die mich beschäftigten stellte ich ihr und Mutti gab mir bereitwillig Auskunft. Es war zwar ein wenig durcheinander, aber im Wesentlichen klang es für mich schlüssig. Mit öffentlichen Verkehrsmitteln hatte sie sich auf den Weg gemacht und sich bis zu mir durchgefragt. Ich freute mich über ihren Besuch. Nachdem wir einige Zeit miteinander geplaudert hatten fühlte ich mich schlapp, bat Mutti sich zu verabschieden und zurück nach Hause zu fahren. Einerseits war ich müde und wollte schlafen, andererseits war mir daran gelegen, Mutti vor Einbruch der Dunkelheit Zuhause zu wissen. Meinen Vorschlag, ein Taxi zu rufen, lehnte sie entschieden ab. Schließlich hätte sie noch Karten für die Straßenbahn, die vielleicht irgendwann verfallen würden. Wieder dachte ich, dann kann es doch noch nicht so schlimm sein. Es war ein ständiges Hin und Her meiner Gefühle.

Nach meiner Genesung, als ich wieder richtig zu Kräften gekommen war, suchte ich nochmals den Kontakt zur DIKS. Ich wollte nach wie vor Informationen, Austausch und Erfahrungen über Menschen mit Demenz.

Gruppentreffen und Müllentsorgung

Durch die DIKS bin ich auf eine Selbsthilfegruppe für Angehörige von Demenzerkrankten gestoßen. 14- tägig wurden Treffen mit Frau Jürgens, der Gruppenleiterin angeboten, an denen ca. acht Personen teilnahmen. Meist waren es die gleichen Leute, die sich hier trafen. Wir lernten einander ein wenig kennen, was dazu beitrug, offen über unsere Sorgen zu sprechen. Innerhalb der Gruppe gab es feste Regeln. So gab jeder Teilnehmer in einer kurzen Begrüßungsrunde Auskunft über das derzeitige Befinden. Jedem stand eine gewisse Redezeit zur Verfügung, um gemeinsam mit den anderen die kleinen oder größeren Probleme zu besprechen. Frau Jürgens stellte gelegentlich Verständnisfragen und gab uns wertvolle Tipps. Einzelne Teilnehmer berichteten von ihren Erfahrungen. Wir halfen uns gegenseitig. Es ging sehr partizipatorisch zu. So konnten wir mit entscheiden, dass evtl. jemand, der einen großen Gesprächsbedarf wegen des Umgangs mit dem demenziell erkrankten Partner, Verwandten oder der Krankenkasse etc. hatte und ‚aufgebaut' werden musste, diese Unterstützung von uns allen bekam. Auch wenn es ein zusätzlicher Termin war, bin ich regelmäßig zu dem Angebot gefahren und ging stets gestärkt aus den Sitzungen. Manche Teilnehmer wurden von ihren demenzerkrankten Partnern schon vor der Tür erwartet. Sie hatten für die Zeit unseres Treffens eine Betreuung für ihre Angehörigen organisiert. Ich empfand es als großes Glück, mich auf mein Fahrrad zu setzen und einfach nach Hause zu meiner Familie zu radeln. Unterwegs konnte ich die Runde mit all ihren Themen Revue passieren lassen. Es kreisten meine Gedanken zwar immer wieder um Mutti und wie oder was zu organisieren und zu händeln sei, damit sie gut versorgt ist, aber, sie war bei sich und ich konnte zu mir nach Hause. Was für ein Glück.

Parallel zu den Treffen mit Frau Jürgens besuchte ich auch weiterhin die Treffen der Alzheimergesellschaft. Dort hatte ich überwiegend die Termine bei Kaffee und Kuchen gemeinsam mit Mutti wahrgenommen. In ihrer Demenz war Mutti recht schwankend. Es gab Tage, an denen viele Dinge, die zur Bewältigung des Alltags gehörten, klappten. Dann folgten aber auch Tage, an denen schlichtweg alles schief ging. Der Wasserkocher brannte durch und es kam ein Anruf von Muttis direktem Nachbarn, dass sie schon mehrfach irgendwelche Sachen im direkt hinter dem Haus fließenden Fluss entsorgt hatte. Es war auch schon der Inhalt einer ganzen Tonne im Wasser verschwunden. Von Werner, dem Nachbarn darauf angesprochen, tat Mutti ihr Handeln mit einer Handbewegung ab: „Das waren nur Kinkerlitzchen, die brauche ich nicht mehr“. Irritiert setzte er sich daraufhin mit uns in Verbindung. Was konnten das für Dinge sein? Wir versuchten es zeitnah zu klären. In solchen Situationen machten wir Mutti immer wieder deutlich, dass wir Angst um sie hatten und uns große Sorgen um ihre Sicherheit machten. Wieder stießen wir bei ihr nur auf Unverständnis. „Na Mutti, was machst du für lustige Sachen, wirfst Müll in den Fluss? Willst du deine Mülltonne schonen?" hakten wir bei unserem nächsten Besuche nach. „Wie kommst du denn auf solch einen Blödsinn?" fragte sie mich. „Werner hat neulich bei mir angerufen und gemeint, du würdest eins nach dem anderen ins Wasser werfen, konnte sich dein Verhalten nicht erklären", antwortete ich. „Ach, was redet der für einen Quatsch. Der soll sich mal lieber um seinen Kram kümmern. Blödsinn, bei dir anzurufen. Woher hat er überhaupt deine Nummer? Die Nachbarn reden doch schnell mal. Erzählen gern mal was. Vielleicht habe ich Gartenabfall hineingeworfen, das machen die anderen auch." Wie schon in anderen Situationen, lenkte Mutti schnell zu einem anderen Thema über, wartete gar nicht auf meine Antworten. Da sie mir gegenüber jedoch öfter davon sprach, aufräumen zu müssen, Ordnung zu machen und unnötige Sachen wegzuwerfen, hatten wir seitdem große Bedenken, dass evtl. Urkunden, Policen oder andere wichtige Dokumente entsorgt werden könnten. Ohne Muttis Einverständnis einzuholen, nahmen wir peu a peu von da an, einen Ordner nach dem anderen in unsere Obhut. Anfangs mit schlechtem Gewissen und kleinem Schuldgefühl, wir hatten sie hintergangen. Mutti hat sie jedoch nicht vermisst, uns niemals darauf angesprochen. Für uns war wichtig, dass die Papiere sicher waren.

Es war eine turbulente Zeit. Schwierig ist es, das in Worte zu fassen, was wir nach der Diagnose der Demenz organisierten und erlebten. Meine Schwester Angelika hatte sich darum bemüht, dass jemand vom Medizinischen Dienst kam, um Mutti einzustufen. Mutti hatte Anspruch auf finanzielle Unterstützung, die wir gern für die Mitarbeiterinnen der Alzheimergesellschaft nutzten.

Zufällig fiel mir erneut ein Flyer mit folgendem Text in die Hände:

Insel der Geborgenheit

Der grüne Winter des Lebens

Meine Kinder kommen mich heute besuchen
sie meinen es gut mit mir.

Sie sind jedoch so besorgt um mich,
sie meinen,
ich sollte im Flur ein Geländer haben,
in der Küche ein Telefon,
dass jemand mir beim Baden helfen sollte.
Sie mögen es nicht, dass ich allein bin.

Hilf mir, für die Besorgnis
meiner Kinder dankbar zu sein
und hilf ihnen zu verstehen,
dass ich allein zurechtkommen muss -
solange ich dies vermag.

Sie haben recht, wenn sie sagen,
dass es Risikomomente gibt.

Ich könnte hinfallen.
Ich könnte vergessen, den Ofen abzustellen.
Aber es gibt keine Herausforderung,
keine Möglichkeit des Sieges,
kein wirkliches Leben – ohne Risiko.

Als sie klein waren und in Bäume kletterten,
Fahrrad fuhren und ins Zeltlager --
war ich entsetzt.

Aber ich ließ sie,
sie daran zu hindern,
wäre ihnen zu schaden.

Jetzt sind die Rollen vertauscht.
Hilf ihnen, dies zu verstehen.

Lass mich nicht schwierig und stur werden,
aber lass mich ihnen nicht erlauben -
mich in Besorgnis zu ersticken.

Unbekannter Verfasser
Text stammt aus dem Info-Flyer der Tagespflege Ohlenhof

Den Text habe ich ganz häufig gelesen. Er hat mich sehr berührt, machte er mir doch deutlich, dass es viele Menschen gibt, die sich in ähnlichen Situationen wie

Mutti befinden und die um Verständnis für ihr Verhalten bitten.

Bankgeschäfte

Seit einiger Zeit besaß Mutti nun kein Auto mehr. Nach wie vor lehnte sie Fahrten mit dem Taxi ab. Begründen konnte sie ihre Ablehnung nicht. War auch nicht so wichtig. Die wöchentlichen Einkäufe erledigten wir zusammen, ebenso Besuche bei der Bank, um Geld für die kommende Woche abzuheben. So konnte Mutti notwendige Kleinigkeiten wie Obst oder Brötchen eigenständig besorgen.

Einige unserer Bankgeschäfte wickelten Wolfgang und ich ebenfalls über die Filiale vor Ort ab, sodass wir persönlich bekannt waren. Mutti suchte jedoch nicht nur mit mir die Bank auf. Besuche zum Geld abheben schienen sich zu häufen. Beim Betrachten ihrer Kontoauszüge war eine rege Kontobewegung zu erkennen. Es wurden teilweise Summen im dreistelligen Bereich abgehoben. Dies wunderte mich. Ich sprach Mutti vorsichtig darauf an. „Sag mal Mutti, es geht mich ja nichts an, aber du scheinst recht häufig in der Bank vorbeizuschauen. Was machst du denn da?“ Sie guckte mich verständnislos an: „Natürlich hebe ich Geld ab, was soll ich sonst da?“, fragte sie mich. „Mutti, wir beide holen doch auch immer Geld ab, dein Haushaltsgeld, reicht das nicht? Magst du mir erzählen, was du mit dem Geld machst, das du zusätzlich abhebst?“ „Naja, Paula oder Franziska kommen zu Besuch und freuen sich, wenn ich ihnen etwas zustecke. Florian freut sich ebenfalls über Benzingeld.“ Damit war das Thema für Mutti erledigt, während es mich noch länger beschäftigte. Bei unseren gemeinsamen Einkäufen überließ sie mir den gemeinsam erstellten Einkaufszettel sowie das Portemonnaie schon seit längerem, somit hatte ich einen Überblick über ihre Finanzen. Das eigenständig abgehobene Geld befand sich offensichtlich nicht darin. Paula, Franziska und Florian hatten in den letzten Wochen meines Wissens weder zusätzliches Taschen- noch Benzingeld bekommen. Bei Einkäufen äußerte Mutti sich dahingehend, sparen zu müssen, gar nicht ausreichend Geld zum Leben zu haben. Die Angst nicht genügend Geld zu haben, ist bei demenziell erkrankten Menschen recht häufig zu beobachten, habe ich bei meinen Gruppentreffen der DIKS erfahren. So erwiderte ich in solchen Situationen: „Mutti, es ist alles gut. Dein Haus ist bezahlt und du hast eine gute Rente. Brauchst dir keine Sorgen zu machen. Am Hungertuch nagst du bestimmt nicht“ und zwinkerte ihr zu. „Ach du, das ist alles so teuer. Ich bekomm gar nicht viel für mein Geld. Die Tasche ist nicht mal voll. Kann ich alles mit einer Hand wegtragen“, entgegnete sie. „Mutti, du bist eine lustige Nudel. Wir haben alles eingekauft, was auf deinem Zettel stand. Klar

ist es ein wenig teuer, aber guck, es ist noch Geld im Portemonnaie. Du kannst also ganz beruhigt sein. Zur Not leihe ich dir etwas.“ „Dumme Jutt“, sagte Mutti und hakte sich bei mir unter. Auf ging‘s nach Hause.
Ein paar Tage später war ich allein bei der Bank. Es sprach mich die Bankangestellte Frau Völkel an, ob ich wohl einen Moment Zeit hätte. Erst druckste sie herum, sagte, dass sie mich nur ansprechen würde, weil sie uns schon über viele Jahre kennen würde. Dann erwähnte sie zögerlich, dass sie das Gefühl hat, Mutti hätte sich merklich verändert. Als langjährige Kundin war Mutti ihr sehr vertraut. Viele Bankgeschäfte hätten sie gemeinsam durchgeführt. In letzter Zeit sei ihr das Verhalten eher fremd. Ihr unsicheres Auftreten, wie auch die immer wiederkehrenden Abbuchungen seien untypisch. Auch hatte sie registriert, dass ich größtenteils die eigentlichen Bankgeschäfte erledigte, während Mutti eher unbeteiligt daneben stand. Frau Völkel konnte ihre Beobachtungen nicht richtig deuten. Ich hatte das Gefühl, es sei eine gute Gelegenheit, mit ihr über Muttis Demenz zu sprechen. Sie bedankte sich für meine Offenheit. Ich meinerseits ging positiv aus diesem Gespräch, mit dem Wissen, dass nicht nur ich ein Auge auf Muttis Finanzen hatte.

Ein paar Wochen später stellte sich heraus, dass es eine richtige, wichtige Entscheidung gewesen war, sie ins Vertrauen gezogen zu haben. Mich erreichte ein Anruf von Frau Völkel. Mutti war vormittags bei der Bank und hatte sage und schreibe 8.000 Euro abgehoben. Auf dezente Nachfrage der Mitarbeiterin, was sie denn mit so viel Geld wolle , antwortete Mutti: „Geschenke kaufen, es ist doch bald Weihnachten.“ „Natürlich, da haben Sie Recht. Aber sagen Sie, ist es nicht eine Menge Geld“, setzte die Mitarbeiterin nach. „Ach, Sie kennen mich doch. Ich bin immer ziemlich großzügig“ erwiderte Mutti, steckte das Geld lose in ihre Handtasche und verschwand. Frau Völkel blieb verdattert zurück. Nach einem Moment des Zögerns entschied sie, sich mit uns in Verbindung zu setzen und über den Vorfall zu informieren. Gleich zu Beginn des Telefonats berief sie sich auf unser Gespräch über Muttis Demenz. Darauf bezugnehmend hielt sie es für ihre Pflicht, uns darüber zu informieren, dass Mutti eine große Summe abgehoben und einfach so in ihre Tasche gesteckt hatte, vollkommen untypisch. Ich konnte kaum glauben was ich da hörte, bedankte mich sehr für den Anruf und besprach mich mit Wolfgang. Wieder einmal sahen wir uns sprachlos an. Oh je, was war nun wieder passiert? Nach kurzer Überlegung entschieden wir, direkt zu Mutti zu fahren. Es lag uns daran zu verhindern, dass das Geld verloren ging, schließlich war es ein großer Betrag. Auf der Fahrt dorthin, überlegten wir, wie wir es am geschicktesten anstellen sollten, Mutti auf das Geld anzusprechen. Letztendlich war es ihr Geld, sie konnte damit machen, was sie wollte. Andererseits hatte Mutti gar keinen Bezug mehr zum Geld. Also lag es in unserer Verantwortung dafür zu sorgen, dass es nicht verloren ging, womöglich in der Wörpe oder sonst wo landete.

Über unseren unvorhergesehenen Besuch freute Mutti

sich tüchtig. Um nicht gleich mit der Tür ins Haus zu fallen und sie auf die enorme Geldsumme, die abgehoben wurde anzusprechen, machten wir es uns erstmal im Wohnzimmer gemütlich. Ich bot an, einen Tee zu kochen und reichte auch noch Kekse dazu. Im Laufe des Gesprächs haben wir irgendwann das Thema auf ihren Bankbesuch gelenkt. Mutti war erstaunt. „Was soll ich mit so viel Geld?“, sagte sie und versicherte uns glaubwürdig, nur spazieren gegangen zu sein. Hm, merkwürdig. Egal, was wir sagten oder fragten, Mutti blieb dabei, kein Geld abgehoben zu haben. Das wüsste sie ganz genau. Augenblicklich erinnerte ich mich an den Zwischenfall mit dem Begrenzungsstein. Auch da haben wir nicht zueinander gefunden.

Wie sollten wir nun aus dieser Situation herauskommen. Schließlich wussten wir definitiv, dass das Geld abgehoben war. Mutti schien nach ihrer Erklärung, keine Abbuchung getätigt zu haben, mit dem Thema abgeschlossen zu haben. Sie wollte ganz offensichtlich unseren überraschenden Besuch mit Plauderei genießen, anders als wir. Unter einem Vorwand verließen Wolfgang und ich kurz das Wohnzimmer, beratschlagten, wie wir nun weiter vorgehen sollten. Es handelte sich immerhin um eine beträchtliche Summe. Wir verständigten uns darauf, dass einer sich weiterhin im Wohnzimmer mit Mutti die Zeit vertrieb, während der andere in Portemonnaie und Handtasche nachschauen sollte, ob das Geld darin sei. Fehlalarm! Das Portemonnaie war leer. Ebenso die Handtasche und auch die Geldkassette in der Mutti sonst ihr Geld verwahrte und die sich im Wäscheschrank befand. Mit gemischten Gefühlen setzten wir die Suche weiter fort. Es ging um viel Geld, das Mutti sicherlich irgendwann einmal brauchen würde. Schließlich wurde Wolfgang fündig! Es lag in einem Briefumschlag neben ihren Pullovern, im Kleiderschrank. Die gesamten 8.000 Euro waren noch da. Ohne Mutti gegenüber an dem Nachmittag von dem Geld etwas zu erwähnen, blieben wir noch einige Zeit, bevor wir uns verabschiedeten. Anderntags wurde die gesamte Summe wieder auf ihrem Konto eingezahlt. Am selben Tag suchte ich abermals das Gespräch mit Frau Völkel, um gemeinsam nach einer zufriedenstellenden Lösung zu suchen, die auch von Seiten der Bank vertretbar war. Da ich schon vor mehreren Jahren von Mutti sämtliche Vollmachten bekommen hatte, machte ich jetzt nach Absprache mit Wolfgang, Angelika und Frau Völkel davon Gebrauch. Mutti sollte die Möglichkeit haben, Geld abzuheben, allerdings in geschütztem Rahmen. So richteten wir ein sogenanntes Taschengeldkonto ein. Darauf kam eine von uns festgelegte Summe. War dieses Konto durch mehrmaliges Erscheinen bei der Bank leer, konnten Frau Völkel oder andere Kolleginnen ihr die Kontoauszüge zeigen. Mutti würde sehen, dass tatsächlich kein Geld mehr vorhanden war. Sie musste auf den nächsten Geldeingang am nächsten ersten des Monats warten. Wir hatten Glück. Es gab nie eine Situation, die für irgendeinen Beteiligten hätte peinlich werden können. Vielen Dank noch einmal an Frau Völkel. Ohne sie hätte das Geld auch weg sein können.

Ui, jui jui, beim Schreiben merke ich, dass sich die Ereignisse in dieser Zeit überschlugen. Es gab ein ständiges Auf und Ab in Muttis Verhalten. Einerseits lebte sie in ihrem Reihenhäuschen und war klar, wusste, was sie tat und dann wiederum gab es diese demenziell bedingten Aussetzer, in denen sie in ihrer eigenen Welt lebte und teilweise Dinge, die sie gemacht hatte, einfach vergaß. Noch immer las ich in dieser Zeit viele Bücher über Menschen, die an Demenz erkrankt waren, fand mitunter kleine Anregungen, die in manchen Situationen hilfreich waren. Ich merkte bei der Lektüre jedoch, dass die Erkrankung unterschiedlich verlief. Es gab zwar Verhaltensweisen und Muster, die sich ähnelten, aber dann auch wieder total unterschiedlich waren. Viele Bücher berührten mich sehr. Es flossen beim Lesen häufig Tränen. Mir wurde bewusst, dass sich Muttis Persönlichkeit immer stärker verändern würde. Manche Dinge würden aus ihrem Gedächtnis verschwinden und Dinge wie z.B. kochen, backen, neue Rezepte ausprobieren, verreisen etc. würden langsam wegfallen, nicht mehr wichtig sein. Irgendwann würde Mutti uns vielleicht gar nicht mehr erkennen. Diese Erkenntnis hinterließ ein Gefühl von Traurigkeit. Dass sich das Verhältnis zwischen Eltern und Kindern im Laufe des Lebens ändert, die Rollenverteilung eine andere Bedeutung erlangt, war mir klar. Diesen natürlichen Rollentausch hatte ich mir aber irgendwie anders, leichter vorgestellt. Unterstützen wollte ich gerne, gemeinsam im Gespräch überlegen, welche Dinge eventuell altersentsprechend verändert werden müssten. Doch durch die Demenz war ich nun gezwungen, für Mutti in Absprache mit Angelika und Wolfgang, Entscheidungen zu treffen. Nun war alles anders. Auf diesen anderen Weg der Betreuung ließ ich mich ein, versuchte immer, mich in ihre Situation hineinzuversetzen und in ihrem Sinn zu entscheiden.

Eis und Krabbenbrötchen

Neben all den Dingen, die uns beschäftigten und die es zu regeln galt, wurden wir nicht müde, so oft es ging etwas miteinander zu unternehmen. Die Zeit, die uns noch blieb, füllten wir mit schönen Erlebnissen.

An manchen Tagen holten wir Mutti zu Tagesausflügen ab. So fuhren wir an einem warmen Sommertag nach Bremerhaven. Nach einem längeren Spaziergang kehrten wir zwecks einer Pause in einer Eisdiele ein. Die Eiskarte wurde uns gebracht. Obwohl sie bebildert war, konnte Mutti nicht sagen, welchen der angebotenen Eisbecher sie gerne haben wollte. „Soll ich etwas Leckeres für dich aussuchen?“ fragte ich. Mutti nickte heftig und freute sich ganz offensichtlich darüber, dass ich für sie eine Entscheidung traf. Also überlegte ich, was sie häufiger schon gegessen hatte. Beim Betrachten der

Eiskarte entdeckte ich einen Mon-Cherie-Becher und erinnerte mich daran, dass Mutti und Vati sich früher stets darauf freuten, wenn im Herbst wieder diese Leckerei im Sortiment war. Beide haben die Süßigkeit mit Genuss verzehrt. „Mutti, weißt du, was ich für dich bestellen möchte? Ich denke, ein Mon Cherie-Becher könnte das richtige für dich sein. Er schmeckt dir bestimmt. Als Vati noch lebte habt ihr diese Leckerei gern gegessen. Was meinst du, wollen wir so einen Eisbecher für dich bestellen?“ Mutti nickte nur. Dies nahm ich als Zustimmung. Also nannten wir unseren Wunsch der herangetretenen Bedienung. Wie sich dann jedoch später herausstellte, war es eine absolute Fehlentscheidung. Mutti hat nur so lange das Eis gegessen, bis ein Mon Cherie auf ihrem Löffel landete. Sie hat es angesehen und dann fragend zu mir geguckt. „Mutti, das ist Mon Cherie, Schokolade mit Kirsche und Schnaps gefüllt. Wirst sehen, du magst es.“ Mir voll und ganz vertrauend, steckte sie den Löffel erwartungsvoll in den Mund und biss beherzt zu. Danach ging alles ziemlich schnell. Sie verzog das Gesicht, schüttelte sich und ehe wir uns versahen, spuckte sie alles aus. „Igitt, pfui Teufel, was ist das denn?“, rief sie und guckte entsetzt auf den Eisbecher, dann auf mich. Der Kirschlikör schmeckte ihr ganz offensichtlich nicht. Kurz war ich irritiert und sah sie mit großen Augen fragend an. Im nächsten Moment musste ich lachen und nahm dann den Eisbecher beiseite: „Upsi Mutti, da habe ich mich wohl tüchtig getäuscht. Ich dachte, du magst es. Oh man, das tut mir leid. Wie schade, es sollte ein leckeres Eisessen werden und nun ist es auf einmal so ekelig für dich. Was nun?" Während ich mit Mutti sprach beseitigten Wolfgang und ich die ausgespuckten Dinge. Nachdem der Platz wieder sauber war, sprach ich Mutti abermals an: „Was meinst du, soll ich dir ein anderes Eis bestellen? Nur Eis, vielleicht Schokolade und Vanille?" Mutti schüttelte sich abermals tüchtig. „Nein, iss du deins", sagte Mutti, dabei zeigte sie mit dem Finger auf mein Eis. Der Appetit auf Eis war ihr wohl vergangen. Dies tat mir leid: „Was hältst du davon, eine Tasse Kaffee zu bestellen, dann wirst du den blöden Geschmack los", hakte ich nach. Ein klares „ja" kam als Antwort. Also bestellten wir ihr den Kaffee, den Mutti zuerst zum Spülen des Mundes nutzte, bevor sie ihn genüsslich trank. Besonders geschmeckt hat ihr der dazugehörige kleine Keks. Mutti drehte ihn mehrmals in der Hand hin und her, schaute ihn von allen Seiten ein wenig skeptisch an, dann verschwand er im Mund. Sie schien zufrieden zu sein. Wolfgang und ich aßen derweil unser Eis. Später setzten wir unseren Spaziergang fort. Das Wetter war traumhaft und Mutti schien noch recht munter zu sein. Wir genossen das maritime Flair der Stadt.

Unser Ausflug fand kurz vor Beginn der Sail, dem größten Windjammertreffen Europas, statt. Es waren schon einige Schiffe anzusehen. Bei einzelnen nutzten wir das Angebot einer Besichtigung, gingen an Bord. Während unseres Bummels blieben wir immer mal wieder vor den Schiffen stehen, bewunderten Gallionsfiguren oder die gehissten Flaggen. Mutti machte ich auf diese verschiedenen Dinge aufmerksam. Das Interesse daran schien nicht besonders groß: „So, nun komm man weiter“, sagte sie und zog mich fort. Was ihr aber sichtlich Spaß bereitet hatte, war das Singen während unseres Spaziergangs. In Erinnerung an Hafenbesuche, schon in frühester Kindheit, fielen mir spontan etliche Lieder ein, die zu unseren maritimen Ausflügen gehörten und begann zu singen. Es war gleich das erste Lied: „Ick heff mol en Hamburger Veermaster sehn…“, bei dem Mutti augenblicklich in den Gesang miteinstimmte. Zu meinem Erstaunen und großen Freude, sprudelte der Text einfach so aus ihr heraus: Wie so oft beim Singen war sie vollkommen klar. Sogleich lag ein Lächeln auf ihrem Gesicht, sie hakte sich fester bei mir unter. „Ist das nicht schön? Wie damals am Hafen von List, Husum oder beim Hamburger Hafen. Weißt du noch, wie wir mit prall gefüllten Taschen die Schiffe mit denen wir Butterfahrten machten, verließen? War doch einfach schön. Und die Seemannslieder von früher können wir beide auch noch trällern, merkst du das?“ Statt einer Antwort strahlte Mutti mich an und nickte tüchtig. Untergehakt schlenderten wir vergnügt weiter. Mittlerweile war es früher Abend. Daher beschlossen Wolfgang und ich, den Tag in Bremerhaven langsam ausklingen zu lassen.

Auf dem Weg zum Parkhaus, kamen wir noch an einem Stand mit Fischdelikatessen vorbei. Augenblicklich bekam ich Appetit, fragte Mutti, ob sie ebenfalls ein Krabbenbrötchen essen wolle. Statt einer Antwort blieb sie stehen, guckte mich an und fragte: „Mag ich das denn?" Sofort hatte ich unser Erlebnis mit dem Eis am Nachmittag vor Augen. Innerlich schmunzelte ich. Wieder einmal nahm ich sie in den Arm. „Mutti, dieses Mal bin ich mir ganz sicher, dass du es magst. Früher hast du Krabben gepult und sie ganz ohne Brot gegessen, das war für dich das ‚I-Tüpfelchen' bei unseren Sonntagsausflügen. Kannst du dich erinnern?" Die Erinnerungen blieben verborgen. Mutti zuckte mit den Schultern und verzog den Mund leicht. So nahm ich ihr Gesicht in meine Hände, schaute sie an und sagte: „Macht nichts. Ist wahrscheinlich ganz nach hinten ins Gedächtnis gerutscht und kommt nicht vor. Kann ja mal passieren. Aber ehrlich, ich weiß noch ganz genau, dass du Krabben liebend gern isst. Schmeckt auf jeden Fall auch anders als die Schokolade mit dem Schnaps vorhin." Bei den letzten Worten zwinkerte ich ihr aufmunternd zu. „Komm, wir beide ziehen los und holen uns ein Brötchen." „Wenn du meinst", entgegnete sie mir, nochmals schulterzuckend. So ganz hatte ich sie noch nicht überzeugt. Diesmal war es wirklich absolut die richtige Entscheidung! Mutti biss ab, kaute erst ein wenig skeptisch. Als sich aber der Geschmack entfaltete, sagte sie „Hmm, wirklich gut." Erneut biss Mutti ins Brötchen. Es freute mich, ihren Geschmack richtig getroffen zu haben. Hier hatte sich nichts an ihrer Vorliebe geändert. Wir blieben am Fischstand stehen, bis Mutti aufgegessen hatte. Brötchen samt Krabben zu essen, erforderte volle Aufmerksamkeit. Sie musste sich aufs Essen konzen-

trieren, damit keine der Krabben zu Boden fiel, sondern dort landete, wo sie hingehörte, in den Mund.
Die Auswirkungen der Demenz wurden immer sichtbarer. So bemerkte ich heute, dass es Mutti offensichtlich schwerfiel, Vorlieben zu benennen, Wünsche zu äußern. Es war zu erkennen, dass die Bewältigung des Alltags manchmal schon bei Kleinigkeiten zu einer Herausforderung für sie wurde. Mutti war in vielen Bereichen auf Unterstützung angewiesen, wobei dies auch von der jeweiligen Tagesform abhängig war. Es war gut, dass Angelika, Wolfgang und ich die Verantwortung für sie und ihr Leben übernommen hatten.

Betreuter Mittagstisch

Muttis Alltag veränderte sich in vielfacher Form. Hat sie früher mit großer Leidenschaft gekocht und stets mit Begeisterung neue Rezepte ausprobiert, nachdem sie mit Sorgfalt die notwendigen Zutaten eingekauft hatte, kochte Mutti nun schon seit längerem nicht mehr. Anfangs haben Angelika und ich vorgekocht und den Gefrierschrank gefüllt, damit sie sich das Essen lediglich aufzuwärmen brauchte. Dies klappte leider nur einige Zeit. Dann registrierten wir, dass der Gefrierschrank gar nicht mehr leerer wurde. Zu unserer Besorgnis nahm

Mutti ab. An manchen Tagen entdeckten wir verschimmeltes Essen im Backofen. Vermutlich hatte sie es dort erwärmt und dann vergessen, ein unhaltbarer Zustand. Da Mutti noch gut zu Fuß unterwegs war, haben wir gemeinsam mit ihr überlegt, ob sie sich vorstellen könnte, zum Mittagessen in geselliger Runde in eine extra dafür vorgesehene Gruppe zu gehen. Dort könnte sie essen und anschließend wieder nach Hause gehen. So hätte sie auf jeden Fall ohne etwas dafür tun zu müssen, eine warme Mahlzeit und bräuchte sich auch um den Abwasch nicht zu kümmern. Mit Glück hatte sie die Chance, interessante Gespräche mit Tischnachbarn führen zu können. Vielleicht traf sie dort auch auf Leute, die sie kannte, Menschen aus ihrer Nachbarschaft. Zu unserem Erstaunen war Mutti gar nicht abgeneigt. Die Aussicht auf ein geselliges Mittagessen schien ihr zu gefallen. Ich fühlte mich ermuntert, diese Möglichkeit der Versorgung voranzutreiben. Bevor ich mit ihr dort hinfuhr, suchte ich erst einmal allein das Gespräch mit der Leiterin des betreuten Mittagstisches, Frau Walther, um mir ein Bild von dem Konzept der Einrichtung zu machen. Zu meinem Erstaunen signalisierte Mutti zwischendurch immer wieder, keine Notwendigkeit für eine Veränderung bezüglich der Versorgung mit Mittagessen zu sehen. Sie war überzeugt gut für sich sorgen zu können, schlug unsere Sorgen in den Wind. Angelika und ich hatten jedoch eine ganz andere Einschätzung und hielten an unserem Vorhaben fest. Hier war Fingerspitzengefühl bei der Vermittlung gefragt. Unser Ziel war es,

Mutti soweit zu bringen, sich auf die neue Situation einzulassen. Skepsis ihrerseits wollte ich durch Informationen über den Mittagstisch zerstreuen. Das Gespräch mit Frau Walther verlief positiv. Wir verständigten uns darauf, dass ich gemeinsam mit Mutti zeitnah vorbeikam, damit auch sie sich ein Bild von der Mittagsrunde machen konnte. Für einen Freitag hatte ich unseren wöchentlichen Einkauf, Bankbesuch und Kennenlerntermin geplant. Nach Bankbesuch und Einkauf erzählte ich Mutti, dass wir nun noch einer Verabredung nachkommen müssten, die ich initiiert hatte. Es sei der Besuch wegen des Mittagstisches. Argumente, die ich schon einmal genannt hatte, wiederholte ich: „Wir haben doch vor kurzem überlegt, dass dies eine gute Idee ist. Du brauchst dir keine Gedanken mehr zu machen, was du kochen sollst. Vielleicht triffst du ja auch jemanden, den du kennst und der genau wie du, nicht allein essen möchte. Wäre doch super, wenn du dann direkt eine Tischnachbarin kennenlernst. Vielleicht jemanden, der in deiner Nähe wohnt? Was meinst du?“ „Bist du verrückt, da gehe ich nicht hin. Fahr sofort nach Hause. Ich hab geguckt, die sind alle “plem plem“. Oh je, an Muttis heftiger Reaktion war klar zu erkennen, dass keinerlei Bereitschaft für ein Gespräch oder einen Besuch dort vorhanden war. „Du hast Recht, da sind auch Mittagsgäste, die Unterstützung brauchen und länger vor Ort bleiben. Mit denen hast du allerdings nichts zu tun. Für dich möchten wir doch nur einen Platz zum Mittagessen in geselliger Runde. So war unsere

Vereinbarung“, entgegnete ich, während ich das Auto auf einem Parkplatz in der Nähe parkte. „Was soll das? Ich will da nicht rein. Fahr jetzt nach Hause“, verlangte Mutti abermals. Mit den Worten: „Schade, dass du so verärgert bist. Den Termin hatte ich mit deinem Einverständnis verabredet. Was machen wir nun?“ „Ich habe gesagt, ich will hier weg“, sagte Mutti und verschränkte die Arme vor der Brust. „Gut, nützt nichts. Ich gehe jetzt dorthin, um Bescheid zu geben, dass wir heute nicht kommen werden. Willst du mit oder wartest du hier auf mich?“ „Was soll der Quatsch? Was hast du dir da wieder ausgedacht?“ war ihre Reaktion. Sie war sichtlich verärgert.

Unbeirrt stieg ich aus. Frau Walther berichtete ich von Muttis nicht vorhandenem Interesse. Sie bedauerte, den missglückten Kennlernversuch, bot mir an, mit mir zum Auto zu gehen, um vielleicht einen ersten Eindruck von Mutti zu bekommen. Die Idee gefiel mir. Zu zweit gingen wir zum Auto. Aber upsi, der Beifahrersitz war leer und das Auto verriegelt. Beim näheren Betrachten entdeckte ich Mutti, die sich hockend vor den Rücksitz gequetscht hatte. Mit den Händen hielt sie sich an den Kopfstützen der Vordersitze fest, ganz so, wie Kinder dies manchmal aus Schabernack machen und hielt den Kopf nach unten geneigt. Vermutlich hatte sie sich den Platz gesucht, um sich einer Begegnung zu entziehen. „Mutti, was machst du denn da? Komm, ich helfe dir heraus.“ Meine Hand streckte ich ihr Hilfe anbietend entgegen. Mutti ergriff sie nicht: „Was macht die hier?

Die soll verschwinden. Soll machen, dass sie wegkommt. Mit der will ich nichts zu tun haben. Komm wir fahren nach Hause“, schimpfte Mutti stattdessen. Frau Walther, die die Szene schweigend verfolgte, stand in der Nähe des Autos, rührte sich nicht von der Stelle. Ihre Anwesenheit ärgerte Mutti offensichtlich, denn sie öffnete die gegenüberliegende Autotür, stieg wütend aus: „Ich gehe jetzt nach Hause! Du kannst ja bei der bleiben, brauchst gar nicht mehr zu kommen.“ Schon machte sie sich zu Fuß auf den Heimweg, stapfte schweren Schrittes davon, ohne sich nochmals umzusehen. Da war ja etwas total schief gegangen. So ärgerlich hatte ich Mutti lange nicht gesehen. Da sie auch sonst noch allein spazieren oder einkaufen ging, ließ ich sie gewähren, unterhielt mich noch kurz mit Frau Walther. Für den Moment hielten wir Muttis Teilnahme an dem Mittagstisch für eher unwahrscheinlich. Ihr Protest war zu massiv. Wir verabschiedeten uns voneinander. Anschließend fuhr ich zu Mutti. Dort angekommen klingelte ich. Da niemand öffnete, schloss ich mit meinem eigenen Schlüssel auf. Mutti saß im Wohnzimmer und schmollte. Sie schien noch ziemlich ärgerlich zu sein, ignorierte mich total. So zog ich mich erstmal zurück, verstaute die Einkäufe und setzte mich danach schweigend zu ihr ins Wohnzimmer. Es verging eine ganze Weile. Schließlich durchbrach ich das Schweigen mit den Worten: „wollen wir ein wenig spazieren gehen, es ist so ein fantastisches Wetter? Ist doch auch doof hier zu sitzen und nicht miteinander zu reden. Da können wir doch lieber zusammen etwas

Schönes unternehmen“. Mutti sah mich skeptisch an. „Aber nicht nochmal zu der alten Schappnell, du spinnst wohl“, kam als Antwort auf meine Frage. Mit den Worten „das war wohl gerade ein bisschen doof“, zog ich Mutti aus ihrem Sessel hoch und nahm sie in den Arm. „Ich dachte, es sei eine gute Idee. Wir möchten, dass du gut versorgt bist:“ „Ach was, das denkst du nur.“ Mutti ging zur Garderobe, zog sich Schuhe und Jacke an und wandte sich mit den Worten: „so nun komm“ an mich. Ihrer Aufforderung folgend gingen wir spazieren. Das Thema ‚Essen außer Haus‘ war für Mutti tabu. Untergehakt gingen wir am Fluss entlang. Mutti genoss unseren Spaziergang. Kam ich jedoch auch nur annähernd auf das Essensthema zu sprechen, löste sie sich sofort und schüttelte heftig den Kopf. So drehten wir teilweise schweigend nebeneinander hergehend unsere Runde. Es gelang uns auch in den nächsten Tagen nicht, Mutti dazu zu bewegen, sich die Örtlichkeit wenigstens einmal unverbindlich anzusehen. Unser Wunsch, sie beim Mittagessen in netter Gesellschaft versorgt zu wissen, wurde nicht erfüllt. Mutti blieb stur. Eine andere Idee musste her. Vielleicht klappte es mit Essen auf Rädern. Mit Mutti zusammen suchten wir einzelne Gerichte für die kommenden Tage aus. Das Essen wurde heiß angeliefert. Lediglich der Deckel musste abgenommen werden und schon konnte sie essen. Schnell merkten wir aber auch hier bei einem Blick in die Mülltonne, dass dies ebenfalls keine Lösung war, denn leider landete das Essen dort. Nun kam die Alzheimergesellschaft wieder ins Spiel. Während unserer Teilnahme an den Treffen kam ich mit Frau Peters ins Gespräch, erzählte ihr von unseren Versuchen, Mutti gut versorgt zu wissen. Auch ihr war Muttis stetig steigender Hilfebedarf aufgefallen. Sie sah ebenfalls die Notwendigkeit, Mutti engmaschiger während des Tages zu betreuen. Eine Versorgung mit Essen und Trinken musste unbedingt sichergestellt sein. Es wurde verabredet, dass Frau Mertens, die Mutti schon vom Malkurs sowie gemeinsamen Spaziergängen kannte, mit einem größeren Stundenumfang bei den Mahlzeiten bei ihr sein sollte. Als wir Mutti unsere Idee unterbreiteten, war sie einverstanden, freute sich auf die Gesellschaft nicht nur bei den Spaziergängen, sondern ebenfalls beim Essen. Mutti war ihr sehr zugewandt. Frau Mertens nahm wie verabredet ihre Arbeit auf. Ein paar Tage ging es gut, dann schimpfte Mutti, dass ständig jemand bei ihr sei: „Immer hockt mir jemand auf der Pelle. Ich bin gar nicht mehr Herr in meinem eigenen Haus. So kann es nicht weitergehen." „Mutti es stimmt, es ist regelmäßig jemand bei dir. Wie kann es sein, dass du so schimpfst. Vor ein paar Tagen warst du noch total begeistert von unserer Idee und jetzt auf einmal soll Frau Mertens nicht mehr kommen? Weißt du, es ist ganz schön schwer mit dir. Du kochst nicht, möchtest nirgendwo anders essen, willst aber auch niemanden im Haus haben. Wir machen uns Sorgen um dich, verstehst du? Manche Dinge schaffst du nicht mehr allein. Darum brauchst du Unterstützung. Ganz allein aus diesem Grund kommt Frau Mertens. Wir wollen dass es dir gutgeht und wir uns nicht ständig um dich sorgen müssen.“ Bei den letzten Worten nahm ich Mutti in den Arm. „Ohne ein wenig Entgegenkommen deinerseits gestaltet sich die Situation als ziemlich schwierig. Du musst bitte Zugeständnisse machen, sonst klappt es nicht“. Mutti löste sich aus meiner Umarmung und verließ wortlos das Zimmer. Frau Mertens, die bei dem Gespräch anwesend war, nutzte die Gelegenheit und erzählte mir von Muttis einzelnen Eskapaden, die sie so im Umgang mit ihr erlebte.

Während ihrer Erzählungen entstand ein Bild von Mutti, das ich so noch gar nicht wahrgenommen hatte. Sie war vermutlich weit mehr auf Hilfe angewiesen, als ich mir eingestehen wollte. Es war ein größerer zeitlicher Aufwand nötig, um Mutti gut versorgt zu wissen. Diesen Mehraufwand konnte Frau Mertens leider aus persönlichen Gründen nicht auffangen. So verpflichtete ich ein paar Tage später gegen Muttis Willen, nach Absprache mit Frau Mertens, meiner Schwester und Wolfgang, Frau Schmidt. Sie gehörte ebenfalls zum Team der Alzheimergesellschaft und war Mutti bekannt. Sie konnte sich vorstellen, Mutti tagsüber mit einem größeren zeitlichen Aufwand zu versorgen. Bevor sie ihrer Aufgabe nachging, sprach ich mit Mutti über die erneut bevorstehende Veränderung: „Mutti, ich hab dir vor kurzem schon einmal versucht zu erklären, dass Angelika und ich uns tüchtig Sorgen um dich machen. Manchmal kann ich gar nicht einschlafen, weil ich immer darüber nachdenke, wie es dir wohl geht“. Mutti hörte mir aufmerksam zu.

„Bislang war Frau Mertens da und hat dich unterstützt, auch wenn du nicht immer einverstanden warst. Unserer Meinung nach ist es aber notwendig, dass jemand bei dir ist, auch mehr Zeit mit dir verbringt, als du vielleicht möchtest. Dir soll es gutgehen.“ Ich machte eine kleine Pause. Mutti sah mich an, wartete darauf, dass ich weiter sprach. „Wir möchten auch, dass du tagsüber nicht so viel allein bist und Gesellschaft hast. Dabei kann Frau Mertens uns leider nicht so ganz unterstützen. Sie muss sich seit kurzem um ihre eigene Mutter kümmern“. „Na dann hab ich ja wieder meine Ruhe“, meinte Mutti. „Hm, nicht so ganz“, erwiderte ich und fuhr fort: „Angelika und ich haben wie gesagt das Gefühl, dass es dir guttut, wenn jemand da ist, der etwas mehr Zeit mit dir verbringt. Ihr könntet zum Beispiel zu zweit das Essen zubereiten und einnehmen, den Abwasch erledigen und vieles mehr. Wenn du magst, machst du einen Mittagsschlaf und danach überlegt ihr, wie der Tag weitergehen soll.“ Muttis Augen wurden immer größer und ihr Gesichtsausdruck verfinsterte sich. Trotzdem fuhr ich fort: „ich habe schon ein wenig herumtelefoniert und Frau Schmidt, die du von den Alzheimertreffen kennst, hat sich über meine Anfrage gefreut und signalisiert, dass sie dir sehr gern zur Hand gehen würde“. Mutti stand empört von ihrem Sitzplatz auf: „spinnt ihr jetzt komplett? Ich mach das alles allein“. Ich blieb sitzen und erwiderte in ruhigem Ton: „du bist gerade richtig ärgerlich, dass verstehe ich gut. Manche Dinge machst du tatsächlich allein, da hast du Recht. Und du möchtest hier in deinem Haus wohnen bleiben, das verstehe ich ebenfalls. Nichts anderes möchten wir auch. Unserer Meinung nach geht es jedoch nicht ohne Unterstützung. Wir wollen, dass es dir gut geht und wir uns nicht immer sorgen müssen". Mutti fand unser Handeln unmöglich. Fühlte sich bevormundet. Egal was ich sagte, es kam nicht an. „Mutti, auch wenn du noch so ärgerlich bist, Frau Schmidt kommt ab Montag zu dir, so habe ich es mit ihr verabredet. Warte mal ab, es wird dir gefallen". Mutti schüttelte nur den Kopf. Trotz unserer Meinungsverschiedenheit haben wir wieder einmal erst noch gemeinsam einen Spaziergang gemacht. Bewegung an der frischen Luft ging immer. Mit jedem Schritt ließen wir unseren Ärger zurück. Später haben wir beide zu Abend gegessen, bevor ich nach Hause fuhr. Da wir momentan keine andere Möglichkeit der Versorgung sahen, ließen wir es, wie verabredet laufen. Muttis Uneinsichtigkeit versuchten Angelika und ich zu ignorieren. Um jederzeit Zugang ins Haus zu haben, vertrauten wir den Betreuerinnen der Alzheimergesellschaft einen Haustürschlüssel an. Sie klingelten und machten nur dann von dem Schlüssel gebrauch, wenn Mutti nicht von sich aus öffnete. Wider Erwarten klappte die Versorgung durch Frau Schmidt super. Mutti akzeptierte sie. Durch diese Regelung trat für einige Zeit etwas Ruhe in unser Leben.

Shoppingtour

Kleidung, die Mutti trug, besaß sie schon seit mehreren Jahren. Dies war einigen Kleidungsstücken auch anzusehen. Mutti, die sonst immer sehr auf ihr Äußeres geachtet hatte, kam gar nicht mehr auf die Idee sich neu einzukleiden. Manche Kleidungsstücke waren so arg zerschlissen, dass sie nach meinem Empfinden, durch neue ersetzt werden mussten. So fuhren wir gemeinsam nach Bremen, um neue Hosen und Oberteile zu erwerben. Bei einem alteingesessenen Geschäft, in dem wir schon über Jahre Kunden waren, suchten wir nach einer Verkäuferin, die uns bei unserem Unterfangen tatkräftig unterstützte. Sie merkte, dass Mutti Hilfe brauchte. Kurz unterrichtete ich sie darüber, wonach wir suchten. Gleich darauf trug sie eifrig Hosen, Pullover etc. für sie zusammen. Wir suchten währenddessen eine freie Umkleidekabine, um die Sachen anzuprobieren. Das Öffnen und Schließen der Knöpfe und Reißverschlüsse bereitete Mutti gelegentlich Schwierigkeiten, sodass ich sie bei Bedarf unterstützte. Die Entscheidung, ob etwas schön und sie darin gut aussah, überließ Mutti der Verkäuferin und mir. Es war ein ganz entspannter Einkauf. Bei einer Hose war die Größe jedoch nicht richtig. Da die Verkäuferin damit beschäftigt war, etwas anderes für sie zu suchen, bat ich Mutti, kurz in der Kabine auf mich zu warten. Der entsprechende Kleiderständer war ganz in der Nähe. Während ich noch nach der richtigen Hose suchte, kam Mutti freudestrahlend in Unterhose auf mich zu. Upsi, was war das? Wo war ihr Schamgefühl? „Hey, was machst du denn hier? Wolltest du nicht mehr auf mich warten? Komm, wir gehen zurück in die Umkleidekabine, du bist ja nur in Unnerbüx unterwegs." Mutti schaute an sich herunter, zuckte mit den Schultern und lächelte. Sie merkte nicht, dass irgendetwas nicht ganz alltäglich war. Ich hakte sie unter und lenkte sie in Richtung Kabine. Auf dem Weg dorthin kamen wir an einem Herrn mittleren Alters vorbei, der uns ein wenig irritiert ansah. In dem Gefühl, mich erklären zu müssen, zuckte ich, genau wie Mutti vor ein paar Sekunden, mit den Schultern: „Kann schon mal passieren, dass jemand gar nicht mehr weiß, dass man in Unterwäsche besser in der Kabine bleibt." „Ja, was soll ich dazu sagen. Es ist nun mal geschehen", entgegnete er freundlich lächelnd. Dann beachtete er uns nicht weiter. Ich glaube, meine Erklärung war für ihn gar nicht von Bedeutung, eigentlich überflüssig.

Noch einige Male sind wir losgezogen, um Mutti neu einzukleiden. Auch in Lilienthal versuchten wir unser Glück. Wurden wir dort nicht fündig, führte uns der Weg erneut nach Bremen. Da nicht alle Geschäfte über Personal verfügte, das sich eingehend um Kunden kümmerte, bat ich Wolfgang, uns bei unserer Shoppingtour zu begleiten. Er half uns beim An- und Ausziehen und verbrachte die Wartezeit gemeinsam mit Mutti in der Umkleidekabine. Nach überstandener Shoppingtour war sie total geschafft, der Kleiderschrank jedoch nach einigen Touren wieder gut gefüllt.

Bewundernswerte Männer

Unsere gemeinsame Zeit an meinen freien Tagen oder auch mal am Wochenende nutzten Mutti und ich gern, um spazieren zu gehen. Mutti und Vati waren in früheren Zeiten ebenfalls stundenlang mit Fahrrädern oder zu Fuß unterwegs. Bewegung an der frischen Luft, in der Natur, tut Leib und Seele gut, war ihr Motto. Diese Einstellung teilte ich, also hielt ich gern daran fest. Selbst bei Regenwetter schlenderten wir kreuz und durch Lilienthal. Es gab in den Schaufenstern immer etwas zu sehen. Bei Sonnenschein hielten wir uns länger draußen auf. Manchmal kehrten wir ins Café ein und ließen uns dort mit leckerem Kuchen und Kaffee verwöhnen, bevor wir anschließend weiter spazierten. Es war ein Beisammensein, das wir beide genossen.

Irgendwann standen Wahlen in Niedersachsen an. Es hingen überall Wahlplakate, teilweise mit jüngeren männlichen Kandidaten. Mehr als einmal blieb Mutti bei einem unserer Spaziergänge vollkommen unvermittelt vor diesen Plakaten stehen und sagte mit strahlenden Augen an mich gewandt. „Den kenne ich, der ist gut!" Schmunzelnd fragte ich: „Hm, wer ist das? Sag bloß, du kennst ihn wirklich? Bist du ihm schon einmal begegnet?“ Mutti schien gedanklich weit weg zu sein. Antwortete dann aber doch: „Der ist gut. Der ist wirklich gut.“ Solche vergnüglichen Situationen haben wir mehrmals mit unterschiedlichen Männern, der verschiedensten Parteien erlebt. Bis heute weiß ich nicht, was Mutti zu diesen Aussagen veranlasste. Ebenfalls versuchte sie mit Männern ins Gespräch zu kommen, die ihrer Arbeit nachgingen. Sie blieb bei Bauarbeitern, Gärtnern oder anderen Personen stehen, richtete ein paar freundliche Worte an sie. Manchmal hatte ich fast das Gefühl, als würde sie zaghaft flirten. Eine Beobachtung, die mich schmunzeln ließ. In der Regel traf Mutti dabei auf Menschen, die ihrerseits ebenfalls freundlich reagierten. Es war aber schon auffällig, dass sie überwiegend den Kontakt zu männlichen Mitmenschen suchte. Den Grund für dieses Verhalten sollten wir nie erfahren, es blieb uns ein Rätsel.

Der Schlüssel passt nicht

Trotz der unserer Meinung nach sehr engmaschigen Betreuung kam es vor, dass Mutti ab und an allein unterwegs war. Nach einem ihrer Spaziergänge passierte es, dass sie von Kurt, ihrem direkten Nachbarn, vor ihrer

Haustür angetroffen wurde. Sie hielt ihr Portemonnaie und einen Geldschein in der Hand. Mit dem Geldschein versuchte sie, die Tür zu öffnen, was leider misslang. Auf die Frage, ob er ihr eventuell helfen könne, hielt sie ihm den Geldschein hin und sagte: „Der Schlüssel passt gar nicht." Oh je… Mutti realisierte nicht, dass sie gar keinen Schlüssel in der Hand hielt. Kurt, der schon seit einiger Zeit im Besitz eines Ersatzschlüssels war, holte diesen, öffnete die Tür und ließ Mutti kurzerhand hinein. „Brauchst du noch etwas? Kann ich dir noch bei irgendetwas behilflich sein", bot er seine Hilfe an. „Nein, nein, danke, jetzt ist alles gut. Nur dass der Schlüssel nicht gepasst hat war schlimm." „Wie gut, dass du mir einen deiner Haustürschlüssel anvertraut hast. Jetzt ist er zum Einsatz gekommen. Wenn nochmal etwas ist, kannst du jederzeit bei mir klingeln. Ich komme und helfe dir gerne. Einen schönen Abend wünsche ich dir." Mit diesen Worten verabschiedete er sich. Anschließend setzte er sich seit langem mal wieder telefonisch mit uns in Verbindung, um die eben erlebte Situation weiterzugeben. Auch er nahm Muttis Veränderung wahr und sorgte sich um sie. Kurt nutzte unser Gespräch, um auch die Ängste der direkten Nachbarn anzusprechen, dass Mutti oder auch ihnen etwas durch ihre fortschreitende Demenz passieren könne. Es könnte ein Feuer ausbrechen, eventuell ausgelöst durch einen Wasserkocher, der sich nicht von allein ausstellte oder durch unachtsamen Umgang mit Kerzen oder dem Herd. Mit solchen Gedanken hatten wir uns ebenfalls schon mehrfach auseinandergesetzt, hörten trotzdem aufmerksam zu und bedankten uns für seinen Anruf. Bevor wir das Gespräch beendeten, erwähnten wir ihm gegenüber, dass der Strom für den Herd schon lange abgestellt und nur mit einem extra Schalter zu benutzen sei. Auch andere Sicherheitsvorkehrungen hatten wir getroffen. Während ich dies sagte, merkte ich, dass wir gar nicht alle Pannen trotz des Einsatzes von Frau Schmidt verhindern konnten. Es gab in Muttis Tagesablauf Lücken, die wir nicht schließen konnten. Nun war auch mir klar, dass es wohl endgültig Zeit wurde, eine für uns alle akzeptable Lösung zu finden. So, wie bisher ging es nicht weiter. Immer wieder tauchten neue Fragen auf. Wie verhielt Mutti sich nachts? Schlief sie durch? Konnte es passieren, dass sich der Tag-Nachtrythmus verschob und sie womöglich bei Dunkelheit spazieren ging? Alles war irgendwie Flickschusterei und nicht wirklich zufriedenstellend. Bedingt durch ihre Arbeit in der häuslichen Pflege, hatte Angelika einen grundsätzlich anderen, vermutlich objektiveren Blick auf die Situation als ich, empfand dies ganze Szenario schon länger recht fragwürdig. Ich glaube, dass sie schon recht früh davon sprach, zeitnah eine Lösung durch die Unterbringung in einer Demenz-WG zu finden. Dort würde Mutti ihren Fähigkeiten entsprechend gefordert und gefördert werden. Auch bräuchten wir uns nicht mehr um ihre Sicherheit zu sorgen. Sie wäre gut versorgt und würde sich mit der neuen Situation arrangieren. Anfangs stieß sie bei mir auf taube Ohren. Angelika und ich hatten schon seit unserer Kindheit vollkommen unterschiedliche Beziehungen zu Mutti. Das Verhältnis zwischen den beiden und parallel dazu das Miteinander zwischen Mutti und mir konnte unterschiedlicher nicht sein. Während Angelika teils auch dadurch die Gegebenheiten mit einer gewissen Distanz betrachtete, war ich gefühlsmäßig sehr eng mit Mutti verbunden. Dies merkten wir deutlich in der kommenden Zeit. Wir lagen mit unseren Einschätzungen weit auseinander. Im Nachhinein betrachtet denke ich, dass meine Wahrnehmung gefühlsmäßig bedingt, stark getrübt war. Das Telefonat mit Kurt, Austausch danach mit Angelika und Wolfgang, veränderte jedoch meine Sichtweise. Mit der Bitte, nun doch für uns beide einen Termin in einer entsprechenden WG zu verabreden, trat ich ein paar Tage später an Angelika heran. Sie war sichtlich erfreut. Zeitnah konnten wir uns die erste Einrichtung anschauen. Im Gespräch mit der Leiterin wurde uns das Konzept der WG vorgestellt und bereitwillig wurden all unsere Fragen beantwortet. Obwohl wir sehr freundlich aufgenommen wurden, verließ ich die WG mit zwiespältigen Gefühlen. Die Besichtigung hatte zwar auf meinen Wunsch hin stattgefunden, aber es sträubte sich alles in mir, diese WG als neues Zuhause von Mutti zu sehen. Ich merkte, dass ich mich noch intensiver mit dem Gedanken vertraut machen musste, sie aus ihrem Zuhause zu holen, an dem sie so hing. Sie dann in einer ihr fremden Umgebung unterzubringen, in der sie keine Rückzugsmöglichkeit haben würde, widerstrebte mir. Mutti, die es genoss, die Tür hinter sich zu schließen und für sich allein zu sein, sollte das Zimmer mit einer anderen Bewohnerin teilen. Dass dies von Erfolg gekrönt sein sollte, überstieg meine Vorstellungskraft. Es war noch nicht die richtige WG.

Ebenso wenig wurde ich durch den Besuch einer weiteren Demenz-WG, in der mir das gesamte Umfeld nicht zusagte, davon überzeugt, dass es zu dem jetzigen Zeitpunkt richtig sei, Mutti dort unterzubringen. Das Gefühl zwischen den Stühlen zu sitzen beschlich mich. Auch wenn ich eigentlich die Notwendigkeit sah, konnte ich nicht über meinen Schatten springen und sie in einer der beiden WGs unterbringen. Trotz ihrer Demenz bekam sie noch mit, wo sie sich aufhielt und auch ihren Willen konnte sie kundtun. Es war für mich schwer vorstellbar, dass sie das neue Zuhause ohne Rückzugsmöglichkeiten akzeptierte. Auch in dieser Einrichtung sollte sie das Zimmer mit einer anderen Bewohnerin teilen. Mich plagte die Angst, dass sie die Einrichtung bei jeder sich bietenden Gelegenheit verlassen würde, um wieder nach Hause zu kommen, um dort ihre Ruhe zu finden. Nach einigen schlaflosen Nächten und Rücksprache mit Wolfgang, verwehrte ich meine Zustimmung. Angelika versuchte abermals mich davon zu überzeugen, dass ein Umzug zum jetzigen Zeitpunkt richtig sei: „Mutti bekommt noch mit, was vor sich geht, wird zwar vermutlich einige Zeit brauchen, um die neue Situation zu tolerieren. Danach hat sie aber ein Zuhause, in dem sie gut versorgt ist, es wird ihr gut gehen“. Den Ausführungen hörte ich aufmerksam zu, merkte jedoch sofort, dass in meiner Brust weiterhin zwei Seelen kämpften. Angelikas Sichtweise konnte ich nachempfinden, spürte aber mein Unbehagen bei dem Gedanken an die beiden besichtigten WG. Mir fehlte für Mutti ein gewisser Freiraum, die Möglichkeit sich zurückziehen zu können. Mutti war kein ‚Gruppenmensch'. Sie genoss es, allein sein zu können. Ich redete mir ein, dass Muttis Alltag mit entsprechender Unterstützung noch händelbar sei. So argumentierte ich Angelika gegenüber. Bei ihr stieß ich mit meinem Einwand auf wenig Verständnis. Sie gab mir zu verstehen, dass sie sich aufgrund ihrer Berufstätigkeit sowie der privaten Situation nicht in der Lage sähe, sich regelmäßig um Mutti zu kümmern, und daher nach wie vor eine sofortige Unterbringung für eine notwendige und optimale Lösung hielt. Sollte ich an meiner Entscheidung festhalten, müsste sie einen großen Teil der Verantwortung an mich übertragen. Die WG waren sauber und ordentlich, es gäbe keinen vernünftigen Grund, den freien Platz nicht zu nutzen. Das waren klare Worte. Trotz allem hielt ich an meiner Einstellung fest. Wenn Mutti schon in einer neuen Umgebung ein Zuhause finden sollte, sollte es in einer schönen Atmosphäre sein, in der sie sich heimisch fühlen konnte. Für ein paar Tage trennten sich unsere Wege, ich brauchte Bedenkzeit, Zeit mich nochmals mit Wolfgang auszutauschen und meine Gefühle zu sortieren. Angelika bat ich, die beiden reservierten Plätze frei zu geben, nachdem ich ihr abermals meine Bedenken offengelegt hatte. Die Notwendigkeit einer Veränderung war auch mir klar, daher wollte ich gern Zeit investieren, um mir noch weitere Einrichtungen in der näheren Umgebung anzuschauen, die für Mutti als neues Zuhause in Betracht kämen. Einrichtungen, die auch bei mir ein gutes Gefühl hervorriefen. Ich hatte Glück, Angelika stimmte meinem Vorschlag nach einigem Hin und Her in dem sie mir nochmals verdeutlichte, dass sie mich nicht unterstützen könne, zu. So machte ich mich auf den Weg. Unterschiedlichste Häuser und deren Konzepte lernte ich kennen. So richtig überzeugte mich jedoch erstmal keins. Bei meinen Bemühungen stieß ich nach etlichen Besichtigungen dann auf eine relativ neu eingerichtete Demenz-WG in der Nähe von Muttis Wohnort. Alles war hell und freundlich und sehr geschmackvoll eingerichtet. Hier war ich mir sicher: Das würde ihr gefallen. Ich konnte mir vorstellen, dass sie sich nach einer gewissen Eingewöhnungszeit dort wohl fühlen würde. Das Konzept war ähnlich, wie das der von uns gemeinsam besichtigten Wohngemeinschaften. Allerdings waren momentan alle Zimmer belegt. So blieb uns nur die Möglichkeit, Mutti auf die Warteliste setzen zu lassen. Sie stand an erster Stelle, sodass wir mit Glück nur noch eine kurze Zeit überbrücken mussten, in der sie in ihrem Zuhause versorgt werden sollte. Ich war frohen Mutes, hoffte darauf, dass in absehbarer Zeit ein Umzug stattfinden könnte. Auch Angelika war nach meinen Erzählungen ganz zuversichtlich. Für den Moment blieb allerdings erstmal alles beim Alten. Mit Mutti über die Möglichkeit eines Umzugs ins Gespräch zu kommen, schlug jedes

Mal fehl. „Hast du denn kein anderes Thema? Lass mich mit diesem Quatsch in Ruhe“, war ihre Reaktion sofern ich einen kleinen Vorstoß versuchte. Auch Angelika hatte diesbezüglich keine Chance. Bei Telefonaten mit ihrer Cousine Ingrid, oder Schwägerin Ilsetraut, beschwerte Mutti sich über uns. Wieder sprach sie davon, dass wir sie aus ihrem Haus vertreiben wollten. Wir würden permanent einfach über ihren Kopf hinweg Entscheidungen treffen. Ich konnte Mutti verstehen. Das Haus war ihr ein und alles. Sie hatte es mit viel Liebe eingerichtet, Haus und Garten gehegt und gepflegt und nun sollte sie sich davon trennen. Die Notwendigkeit einer Veränderung sah sie nach wie vor nicht. Mutti merkte, dass in ihrem Leben etwas anders war, es glitt ihr regelrecht aus den Händen. Das machte ihr Angst und sie gleichzeitig wütend. Wir konnten anstellen was wir wollten, erreichten sie leider nicht mit unseren Worten. Unsere Argumente, Erklärungen kamen nicht bei ihr an. Es nützte nichts. Da wir jederzeit mit einem freien Platz rechneten, galt es nun zu klären, was es für uns zu berücksichtigen gab, sollte Mutti sich auf Dauer gegen einen Umzug sträuben. In einem Gespräch mit einer Richterin des Amtsgerichts erfuhr ich, dass die Vollmacht, die das Aufenthaltsbestimmungsrecht beinhaltete, ausreichte, um auch gegen ihren Willen, einen Umzug in eine Demenz.-WG zu veranlassen. Eine Entmündigung musste dank der Vollmachten nicht beantragt werden. Die regelmäßigen Nachfragen in der Einrichtung meiner Wahl, verhalfen uns leider nicht zu einem freien

Platz für Mutti. Es galt, ihre Versorgung weiterhin durch das Engagement von Frau Schmidt und mich zu regeln, bis zu ihrem hoffentlich baldigen Umzug.

Ankündigung einer unumgänglichen Veränderung

Immer mehr Zeit verging, ohne Hoffnung auf eine baldige Änderung der augenblicklichen Situation. Frau Schmidt kümmerte sich intensiv um Mutti. Obwohl sie mehrere Stunden täglich kam, wurden Wolfgang und ich noch sehr gefordert. Unsere Kräfte ließen merklich nach. Nach einigen Überlegungen, Rücksprache mit Angelika und Frau Schmidt, fassten wir den Entschluss, nach einer Rund-um die Uhr-Betreuung zu suchen, die bei Mutti einziehen sollte. Wir sahen es als eine weitere Möglichkeit, die Zeit bis zu einem Umzug zu überbrücken. Wolfgang und ich könnten uns bei solch einer Lösung etwas stärker zurücknehmen. Unsere Idee wollten Angelika und ich in ruhiger Atmosphäre mit Mutti besprechen.

Mutti, die zu den Kräften der Alzheimergesellschaft, die sie unterstützen, ein teils inniges, teils abweisendes Verhalten zeigte, war empört: „Ihr mit euern dusseligen Ideen, immer schleppt ihr jemanden an. Es ist mein Haus, wie oft soll ich euch das noch sagen?“ Eine fremde Person in ihr Haus zu lassen, die dann auch noch dort schlafen sollte, käme überhaupt nicht in Frage. Wir seien wohl plemplem. Noch immer war sie davon überzeugt, den Alltag allein regeln zu können. Sie allein im Haus, zwar betreut mit großem zeitlichem Umfang von Frau Schmidt, reichte einfach nicht mehr aus. Den Ärger über die ständigen Veränderungen konnte ich nachempfinden, sie ließen sich jedoch nicht vermeiden, hatte ich doch dem Umzug in eine der ersten besichtigten WG nicht zugestimmt. Mehrmals suchten wir das Gespräch, wollten Mutti mit unserer Entscheidung nicht übergehen. Die Notwendigkeit zu vermitteln gelang aber absolut nicht. Unser Ziel, sie ihrem Wunsch entsprechend, in ihrem Haus wohnen zu lassen, konnten wir nicht verdeutlichen. Wegen der kontinuierlich fortgeschrittenen Demenz, war es Mutti nicht mehr möglich, ihre Situation real einzuschätzen. So lag die Entscheidung bei uns.

Nach zwei bis drei schlaflosen Nächten, engagierten wir über einen Pflegedienst trotz heftigsten Widerstandes, eine entsprechende Person für die Rund um die Uhr Betreuung. Mutti informierten wir gemeinsam kurz vor Einzug der Dame über die sich abermals verändernde Situation. „Ihr seid ja wohl verrückt geworden. Dass könnt ihr mit mir nicht machen. Hier kommt keiner rein. Verschwindet". Mutti war vollkommen aufgebracht. Ihr Unbehagen einer fremden Person gegenüber nahmen wir sehr ernst. Versuchten mit einfachen Sätzen zu erklärten, dass wir trotz reiflicher Überlegung zu keiner anderen Lösung gefunden hätten. „Mutti, du bist ganz aufgeregt, richtig verärgert, das kann ich verstehen.

Merkst du aber, dass wir alles tun, damit du weiterhin in deinem Zuhause wohnen bleiben kannst. Ständig sorgen wir uns um dich. Komm uns ein bisschen entgegen. Probiere es doch wenigstens mal aus". Mutti blickte abwechselnd zu Angelika und mir, äußerte sich jedoch gar nicht. „Ich kann verstehen, dass du nicht begeistert bist. Es geht aber nun mal nicht anders. Wir wollen dir damit helfen" setzte Angelika nach. „Na, wenn das eure Hilfe ist, mir einen Fremden ins Haus zu setzen, dann pfeife ich darauf. Ihr werdet sehen, in mein Haus kommt kein Fremder". Mutti erhob sich aus ihrem Sessel und lief im Wohnzimmer auf und ab. Sie war verärgert. Nochmals wendete ich mich an sie: „Mutti, ich merke, dass du mit unserem Vorhaben absolut nicht einverstanden bist. Du ärgerst dich über unser Verhalten. Kann ich alles verstehen. Nützt jedoch nichts. Es wird jemand kommen, der rund um die Uhr hier sein wird und nur für dich da ist. Die Dame kommt morgen. Und wir sind auf jeden Fall bei dir, wenn Frau Dworcek ankommt. Wir lassen dich auf keinen Fall allein mit ihr", entgegnete ich. „Ich hab gesagt, hier kommt mir keiner ins Haus. Jetzt lasst mich zufrieden." Es brachte nichts, weiter auf ihr Verständnis zu hoffen. Das Thema ließen wir ruhen. Wir blieben noch ein paar Minuten, in denen wir über belanglose Dinge sprachen. Bei unserer Verabschiedung war Mutti noch immer aufgebracht. „Tschüssi, bis morgen", sagte ich und wollte sie wie immer, in den Arm nehmen. „Lass mich bloß in Ruhe", entgegnete sie. Auch Angelika konnte nichts ausrichten. Obwohl es kein gutes Gefühl war, ließen wir sie allein zurück und fuhren nach Hause, gespannt, welchen Herausforderungen wir uns morgen stellen sollten.

Ankunft von Frau Dworcek

Angelika und ich fanden uns wie verabredet, am Tag des Eintreffens von Frau Dworcek bei Mutti ein. Für nachmittags war die Ankunft angekündigt. Mit Engelszungen haben wir bis zum Schluss versucht, sie auf die neue Situation vorzubereiten. Ohne Erfolg. Als es klingelte, ging ich los, um die Tür zu öffnen, gefolgt von Mutti. Vor uns stand eine Frau mit rotem Rollkoffer. „Guten Tag, mein Name ist Dworcek, ich wurde von ihnen als Begleitung gebucht“, sagte sie und schaute uns erwartungsvoll an. Mutti stand nur da und sah sie von Kopf bis Fuß an. Da sie erwartungsgemäß nichts sagte, stellte ich mich ebenfalls vor und bat sie ins Haus. „Ja seid ihr verrückt geworden? Hier kommt keiner in mein Haus. Die soll sehen, dass sie wegkommt“, waren Worte, die aus Mutti heraussprudelten. Danach drehte sie sich um, stapfte wütend ins Wohnzimmer und schlug die Tür mit Schwung hinter sich zu. Angelika und ich waren kurzfristig sprachlos, um uns dann für Muttis Verhalten mit dem Hinweis auf ihre Demenz zu entschuldigen.

Doch die Situation wurde noch viel schlimmer: Frau Dworcek war nach einer derartigen ‚Begrüßung' vollkommen entsetzt: „Die spinnt ja komplett", meldete sie sich zu Wort.

Noch immer vor der Haustür stehend versuchten wir zu erklären, dass Mutti dement sei und sie niemanden als Betreuerin in ihrem Haus dulden wolle. Sie war der Meinung, den Haushalt alleine regeln zu können. Diese Einschätzung sei definitiv falsch und daher hätten wir sie zur Unterstützung engagiert. „Ich will sofort mit meinem Arbeitgeber sprechen. Mir wurde gesagt, dass ich als Gesellschafterin für eine ältere Dame eingesetzt werde. Hier bleibe ich nicht. Das ist eine Zumutung." Oh je, was war denn nun los? Wir waren während des Gesprächs ins Haus gegangen. Zu allem Unglück kam Mutti dazu: „Die ist ja immer noch hier. Ich habe doch gesagt, die soll verschwinden. Jetzt lege ich mich hin und wenn ich wiederkomme ist sie weg." „Ihre Mutter ist doch irre, rufen sie jetzt bitte sofort meinen Arbeitgeber an. Hier bleibe ich nicht!" Ich fühlte mich wie in einem Albtraum, aus dem ich hoffentlich gleich erwachen würde. Dem war leider nicht so. Wir baten Frau Dworcek ins Wohnzimmer, dort stand momentan das Telefon. In der Zeit, in der ich Kontakt zum Arbeitgeber aufnahm, ging Angelika nach oben, zu Mutti.

Bei ihrer Vermittlungsstelle erreichte ich sofort die zuständige Mitarbeiterin, schilderte unsere Situation. Zu meinem Erstaunen wurde mir gesagt, dass Frau Dworcek sehr wohl wisse, dass sie sich um eine demenzerkrankte Person kümmern und diese im Alltag versorgen solle. Sie hatte auch eine entsprechende Qualifikation. Ich war verwirrt. Noch einmal schilderte ich kurz, welche Szene sich gerade abgespielt hatte und was Frau Dworcek uns gegenüber geäußert hatte. Es entstand eine kleine Pause. Danach bat die Mitarbeiterin, um das direkte Gespräch mit Frau Dworcek. Ihr wurde, genau wie mir vorher gesagt, dass es bei diesem Einsatz tatsächlich um die Betreuung einer demenziell erkrankten Dame ginge. Darüber sei sie vor Vertragsabschluss aufgeklärt worden. „Ich bleibe auf jeden Fall nur einen Monat hier. Keinen Tag länger. Das ist doch unzumutbar." Danach kam das große Schweigen.

In dieses Schweigen hinein, kam Angelika völlig aufgelöst und mit den Worten: „Auf mich kannst du heute nicht mehr zählen, ich fahre nach Hause. Mutti hat mir gerade bei dem Versuch, sie zu beruhigen und ihr die Situation zu erklärten, eine geknallt. Ich bin weg." Sie verabschiedete sich und fuhr nach Hause. Kaum war die Haustür ins Schloss gefallen, kam Mutti die Treppe herunter, steckte kurz den Kopf zur Wohnzimmertür hinein, sah die ihr fremde Frau und mich dort sitzen, zog die Tür geräuschvoll zu und verschwand. Auch sie hatte das Haus verlassen! Vollkommen durcheinander sah ich mich Frau Dworcek gegenüber und wusste absolut nicht, wie es nun weitergehen sollte. Was nun? Mir saß eine wildfremde Frau gegenüber, die aus Polen angereist war. Es war klar, dass sie hier bei Mutti schlafen müsse. Der Bus mit dem sie angereist war, war längst weitergefahren. Außerdem hatten wir sie als Betreuerin angeheuert. Sie ihrerseits hatte einen Vertrag für mindestens vier Wochen abgeschlossen. Diesen sollte sie laut Vermittlungsbüro erfüllen, ansonsten hätte sie keinerlei Anspruch auf ihr Gehalt. Was für eine verzwickte Situation. Wir saßen uns schweigend gegenüber, machten uns vermutlich beide Gedanken darüber wie es weitergehen könnte. In meinem Kopf drehte sich alles. Mir wollte einfach nichts einfallen, was zu einer Entspannung der Situation beitragen könnte. Ich bot erst einmal etwas zu trinken an und kochte uns Tee.

„Es nützt gerade nichts, wir müssen jetzt irgendwie mit der Situation umgehen“, eröffnete ich nach einiger Zeit das Gespräch. „Wir müssen uns jetzt irgendwie arrangieren. Fakt ist, dass wir für die kommenden Wochen aufeinander angewiesen sind. Wir müssen schauen, das wir das Beste daraus machen“. Nach einer Pause fuhr ich fort: „Erst einmal heiße ich sie willkommen, bei meiner Mutter. Das heftige Verhalten hat mich tüchtig erschreckt. Mit dieser Intensität habe ich nicht gerechnet. Zwar weiß ich, dass ihr neue Situationen suspekt sind. Es fällt ihr schwer, sich auf fremde Menschen einzulassen. Sie merkt, dass ihr ihr bisheriges Leben entgleitet. All dies verunsichert sie, macht ihr Angst und lässt sie zwischenzeitlich, so wie vorhin, sehr ärgerlich sein.“ Nach kurzem Zögern setzte ich noch hinterher: „Meine Mutter ist eigentlich ganz liebenswert. Sie muss merken, dass ihr Gegenüber ihr nichts Böses möchte. Geben sie uns allen eine Chance“.

Was mochte in dieser Frau vor sich gehen, nach solch einem Ankommen am neuen Wirkungskreis. Wieder herrschte Stille im Raum. Nach einer Weile reagierte sie: „Wie gesagt, das mache ich nur vier Wochen mit, dann bin ich weg und auf keinen Fall bleibe ich mit ihrer Mutter alleine hier“. Puh, die erste Hürde war genommen. Ich versicherte, auf jeden Fall bis zum nächsten Abend im Hause zu bleiben. Mal schauen, wie sich Mutti in der Zeit verhielt. Ebenfalls wollte ich beobachten, wie Frau Dworcek nach einer hoffentlich ruhigen Nacht, Mutti gegenüber begegnete. Danach wollte ich Schritt für Schritt überlegen, wie es weitergehen könnte. Jetzt zeigte ich ihr aber erstmal ihr Zimmer, Bad und die Küche, setzte uns einen Tee auf und erzählte ein wenig von Mutti. Auch versuchte ich etwas aus der Biografie von Frau Dworcek zu erfahren. Trotz meiner Bemühungen, war die Stimmung nach wie vor recht angespannt. Um Mutti machte ich mir während der ganzen Zeit nur kurz Gedanken. Schließlich ging sie ab und an auch sonst noch allein durch den Ort. Nach gut 1 ½ Stunden kam sie zurück. Mit den Worten: „Hey Mutti, schön dass du wieder da bist. Ich habe mir schon Sorgen um dich gemacht. Schau mal, ich habe Tee gekocht, möchtest du auch etwas trinken“, begrüßte ich sie. Mutti stand abwartend im Raum. Sah Frau Dworcek an. Ich fuhr fort: „Mutti, wir haben ein Problem. Komm setz dich zu mir. Vielleicht kannst du mir helfen“. Ich begab mich auf sehr dünnes Eis. Es konnte sein, dass sie gleich wieder ihren Unmut äußerte. „Was ist los, die ist ja immer noch da“ sagte sie. „Genau das ist ja unser Problem. Das ist Frau Dworcek. Sie kommt von ganz weit her, ist mit dem Bus aus Polen angereist“. Mutti guckte mich kopfschüttelnd an: „Ja, was habe ich damit zu tun? Ich habe sie nicht gerufen“. „Da hast du Recht. Angelika und ich sind dafür verantwortlich. Aber nützt nichts, nun haben wir das Problem, dass ihr Bus weg ist. Sie kann nicht mehr zurück. Kannst du dir das vorstellen? Geht es wohl, dass sie heute bei dir im Haus im kleinen Zimmer schläft? Ich bleibe selbstverständlich auch hier, wir beide schlafen zusammen im Ehebett, so wie früher“. Mein Herz pochte vor lauter Aufregung bis zum Hals. „Ach macht doch was ihr wollt. Ich bin jetzt müde“ entgegnete Mutti und ging nach oben ins Schlafzimmer. Ich ließ sie ziehen. Es war ihr gutes Recht sauer zu sein. Sie wehrte sich gegen den Eingriff in ihre Privatsphäre. Frau Dworcek und ich tranken Tee. Ich bereitete eine Kleinigkeit für das Abendessen. Wir nutzten die Zeit, uns ein wenig zu beschnuppern, was unter den gegebenen Umständen recht schwierig war. Die Atmosphäre blieb ein wenig kühl. Nach einigen Versuchen im Small Talk einigten wir uns darauf, den für uns alle aufregenden Tag zu beenden.

Diese und auch die nächste Nacht verbrachte ich in Lilienthal. Durch gemeinsame Mahlzeiten und Spaziergänge entwickelte sich ein ganz zartes Band zwischen den beiden. Mutti beobachtete Frau Dworcek sehr aufmerksam. Nach diesen gemeinsamen Tagen fuhr ich nach Rücksprache, mit relativ gutem Gewissen nach

Hause. Es würde schon klappen zwischen den beiden. Letztendlich war unsere Telefonnummer bekannt und wir konnten zur Not innerhalb kürzester Zeit vor Ort sein. Auch verließ ich mich auf ihre angeführte Qualifikation. Frau Dworcek blieb wie am Ankunftstag geäußert, nur einen Monat. Des Öfteren ließ sie während dieser Zeit durchklingen, dass sie sich auf einen vollkommen anderen Einsatz vorbereitet und gefreut hatte. Sie sah sich als Gesellschafterin. Mutti mit ihrer Demenz war für sie eine große Herausforderung. So gut es ging versuchte ich sie zu unterstützen. Im gegenseitigen Einvernehmen beendeten wir das Arbeitsverhältnis. Zurück blieb Ratlosigkeit und das Wissen, dass nun direkt eine neue Betreuungskraft her musste.

Wieder allein

Noch bevor der Einsatz von Frau Dworcek endete, wandten wir uns abermals mit der Bitte um Vermittlung einer anderen Betreuerin, an den Pflegedienst. Postwendend bekamen wir die Bewerbung bzw. den Personalbogen einer möglichen Nachfolgerin. Hier scheiterte es schon an der fehlenden Qualifikation. Mit dem deutlichen Hinweis auf Muttis Demenz bat ich erneut um Unterlagen einer möglichen Betreuerin. Eine weitere freie Mitarbeiterin stand momentan nicht zur Verfügung. Oh je, was nun? Mutti brauchte doch Unterstützung. Den Alltag konnte sie nun einmal nicht mehr allein bewältigen. Und auch wir brauchten Entlastung. Wo sollten wir nun einen Ersatz finden? In unserer Not wandten wir uns abermals an die Alzheimer Gesellschaft. Wir baten darum, wieder kurzfristig Unterstützung zu bekommen, bis wir eine andere Lösung gefunden hatten. Ein Platz in der WG war noch immer nicht frei. Aber wir hatten Glück, Frau Schmidt, die Mutti bis vor kurzem schon einmal mit großem Stundenkontingent betreut hatte, war frei und war bereit uns ein weiteres Mal zu helfen, bis eine neue Rund-um-die-Uhr-Kraft einziehen sollte. Sie allein konnte jedoch nicht die Versorgung abdecken. Es musste noch jemand mit ins Boot geholt werden. Frau Mertens war leider anderweitig eingesetzt. Nun nahm Frau Bauer ihren Platz ein. So war auf jeden Fall einen Großteil des Tages die Versorgung garantiert. Über Nacht war Mutti trotzdem allein im Haus. Frau Schmidt bot an, abends noch einmal bei ihr reinzuschauen und darauf zu achten, dass sie bettfertig war. Für diese schnelle unbürokratische Lösung war ich unendlich dankbar. So hatten wir die Gelegenheit, uns einen Plan ‚B' zu überlegen. Mutti freute sich über das Wiedersehen mit Frau Schmidt: „Ja die, die ist gut. Verschwindet auch immer wieder" strahlte Mutti mich an, als ich mit Frau Schmidt eintraf. Bei einem meiner nächsten Besuche erwähnte ich nebenbei, dass wir erneut versuchten, eine Rund um die Uhr Kraft zu finden. Mutti reagierte sofort:

„Fang nicht schon wieder mit diesem Blödsinn an. Du weißt, dass ich niemanden in meinem Haus dulde". Vorwurfsvolle Blicke trafen mich. Da aktuell noch keine Veränderung ins Haus stand, ging ich gar nicht auf die Äußerung ein.

Die Plätze in den Wohngemeinschaften, die Angelika und ich uns gemeinsam angesehen hatten, waren mittlerweile anderweitig vergeben. Vielleicht hätte ich aus der momentanen Situation heraus einer Unterbringung dort gegen meine Überzeugung zugestimmt. Ich weiß es nicht. Andererseits dachte ich: dann sollte es eben nicht sein. Aussicht auf einen freien Platz in der WG meiner Wahl gab es zu diesem Zeitpunkt allerdings noch immer nicht. In was für einen Schlamassel hatte ich uns durch meine Uneinsichtigkeit, meinen Tunnelblick, gebracht? Mit Recht lag es nun wieder in meiner Hand, die Einsätze der unterschiedlichen Kräfte zu koordinieren und diese schriftlich festzuhalten, um die finanzielle Seite regeln zu können. Hierbei unterstützte Wolfgang mich. Er war mein Finanzbuchhalter.

Wie lange würde es dauern, bis eine neue Lösung gefunden war? Es war eine zermürbende Situation. Während sich das Jahr dem Ende neigte, ließen wir nicht nach, eine für uns alle akzeptable Lösung zu finden. Ich war dankbar, dass Wolfgang mir bei den Bemühungen, Mutti gut versorgt zu wissen, uneingeschränkt zur Seite stand. Um mich endlich wieder vermehrt unserem Alltag mit Kind, Arbeit und allem was dazugehörte, widmen zu können, musste schnellstmöglich eine Veränderung her.

Runder Geburtstag

In diese turbulente Zeit fiel Muttis 80ster Geburtstag. Bisher hatte niemand aus der Familie dieses stolze Alter erreicht, daher wollten wir das Ereignis in gebührendem Rahmen feiern. Angelika und ich beschlossen, auch Verwandtschaft aus Schleswig-Holstein einzuladen. Dazu zählten, Muttis Cousine Ingrid mit ihrem Sohn Oliver und Muttis Schwägerin Ilsetraut, mit ihrem Ehemann Karl-Heinz. Sie freuten sich über die Einladung und kamen ihr gerne nach. Zur Feier des Tages brachten sie Geschenke und wunderschöne Blumensträuße mit, die wir in die Vasen stellten, bevor wir mit den Gästen ins Restaurant fuhren. Dort ließen wir uns bei einem von uns zusammengestellten Menü in angenehmer Atmosphäre verwöhnen. Später fuhren wir zu Mutti, genossen den Nachmittag bei Kaffee und Kuchen und ließen den Tag abends nach einer leckeren Suppe ausklingen. Mutti war super gut gelaunt, genoss es offensichtlich, im Mittelpunkt zu stehen. Bevor auch Florian sich verabschiedete, forderte er seine Oma zu einem Tänzchen auf dem Flur auf. Sie wiegten sich langsam im Walzertakt. Mutti strahlte, schien auf Wolken zu schweben. Es war ein unvergessliches Beisammensein, auf das wir immer wieder gerne zu sprechen kamen.

Abends kam Frau Schmidt, die sich zu diesem Zeitpunkt um Muttis Wohlergehen kümmerte. Wir hatten sie ebenfalls zur Feier eingeladen. Aus persönlichen Gründen hatte sie jedoch abgelehnt. Nach ihrem Eintreffen verabschiedeten wir uns von Mutti, mit dem Versprechen, am nächsten Tag wiederzukommen.

Tags darauf traf Angelika als erste bei Mutti ein, sprach sie auf das gestrige Fest und die wunderschönen Blumen an: „Was für ein Blumenmeer. In deinem Wohnzimmer fühle ich mich wie in einem Blumenladen". „Ja, die sind alle hübsch. Die da gefallen mir besonders gut, wo kommen die denn her", erkundigte sich Mutti. „Ingrid und Oliver haben ihn mitgebracht, um dir eine Freude zu bereiten", beantwortete Angelika die Frage. „Ach, warum haben sie mich dann nicht besucht?", Mutti zeigte sich empört. Kurz fehlten Angelika die Worte: „Mutti, die beiden haben doch gestern deinen Geburtstag mit dir gefeiert, waren mit uns zusammen beim Essen." „Ach was, was erzählst du denn für einen Quatsch", entgegnete Mutti und schüttelte heftig den Kopf: „Das hätte ich doch gemerkt". Der gestrige Tag schien nicht mehr so ganz in ihrem Gedächtnis verankert zu sein. Angelika ging nicht näher darauf ein.

Hilfreiche Erleuchtung

Kurz vor Weihnachten kam mir eine glorreiche Idee. Ich erinnerte mich daran, dass Susanne, meine langjährige Kollegin, vor einigen Jahren für ihre demenzerkrankte Mutter eine polnische Betreuerin hatte, mit der sie sehr zufrieden war. Susannes Mutter war mittlerweile verstorben. Ich hegte die leise Hoffnung, dass die damalige Betreuerin bereit wäre, sich um Mutti zu kümmern und hoffentlich momentan keine anderen Verpflichtungen hatte. Leider war dem nicht so. Zwar hatte sie einen anderen Einsatzort, half uns aber, indem sie uns die Telefonnummer von Zuzana nannte, die genau wie sie, Menschen mit Demenz in deren Zuhause versorgen würde. Ich setzte mich direkt mit ihr in Verbindung, versuchte am Telefon auf ihren Wunsch hin, in kurzen Sätzen ein wenig über Mutti zu erzählen und wie weit die Demenz schon fortgeschritten sei. Auch nach etwaiger Medikamentengabe erkundigte sie sich. So konnte sie sich ein vages Bild von ihr machen. Nach einem Tag Bedenkzeit telefonierten wir abermals miteinander. Zuzana war nicht abgeneigt, konnte sich vorstellen, diese Aufgabe zu übernehmen. Nun galt es noch einige Dinge zu klären. Arbeitsrechtliche Themen waren Inhalt unseres Telefonates. Im Prinzip wurden wir uns zu meiner großen Erleichterung relativ schnell einig. Nach einem weiteren Tag Bedenkzeit, wollte sie sich bei mir melden. Wir hatten Glück. Im Gespräch mit ihrer Familie hatte Zuzana entschieden, die Arbeit bei Mutti anzunehmen. Da sie keine anderen Verpflichtungen hatte, wollte sie gleich im neuen Jahr ihren Dienst bei Mutti antreten.

Mein Glück konnte ich kaum fassen. Nun galt es, die Zeit bis zu Zuzanas Eintreffen zu überbrücken. Frau Schmidt ebenso wie Frau Bauer war über die Feiertage nur mit sehr minimierter Stundenzahl einsatzbereit. Kurzerhand quartierten wir Mutti mit ihrem Einverständnis bei uns ein. Das gefiel ihr sehr.

Weihnachten mit Hund

Angelika und ich planten die vor uns liegenden Tage so, dass es für alle einige relativ ruhige und besinnliche Zeit werden konnte.

Heiligabend sowie den ersten Feiertag verbrachte Mutti bei uns. Für den zweiten Feiertag hatte Angelika zum Festessen bei sich eingeladen. Gemeinsam fuhren wir dort hin. Nicht nur von Angelika und ihren erwachsenen Kindern wurden wir begrüßt. Es waren natürlich auch Scott und Sunny, ihre zwei Hunde vor Ort, die wir durch vorherige Besuche kannten. Einen von ihnen fanden wir ganz knuffig. Der andere Hund war eigentlich ebenfalls ganz harmlos, flößte uns aber jedes Mal, vielleicht schon allein wegen der Größe und Farbe des Fells und stürmischen Begrüßung, Angst ein. Bis auf Mutti hatten wir drei einen großen Respekt vor ihm, ließen still stehend zu, dass er uns zur Begrüßung beschnupperte. Im Umgang mit Hunden, vor allem großen Hunden waren wir ungeübt. Bei uns zu Hause gab es lediglich Max und Moritz, zwei Wirbelmeerschweinchen. Nach der allgemeinen Begrüßung zogen wir unsere Mäntel aus und suchten zuerst einen Platz für Mutti. Kaum dass sie saß, lief Scott, der große Hund zu ihr, setzte sich neben sie. Wie selbstverständlich begann Mutti ihn zu streicheln. Huch, was war denn da los, so hatte sie sich noch nie verhalten. Durch ihre Demenz veränderte sich immer wieder etwas in ihrem Verhalten. Dies hatten wir schon mehrmals beobachtet. Mutti und Hund hatten an diesem Tag auf Anhieb ihr Herz füreinander entdeckt. Es war schön zu beobachten, mit welcher Selbstverständlichkeit sie ihn liebkoste. Bislang hatte sie ihm bei anderen Zusammenkünften eigentlich gar keine Beachtung geschenkt, wollte eher, dass er sie in Ruhe ließ. In geselliger Runde genossen wir das Essen mit Ente, Rotkohl und anderen Köstlichkeiten bei einer sehr harmonischen Stimmung. Zu späterer Stunde, Angelika und ihre Kinder waren gerade nicht im Raum, wollte ich ins Bad. Kaum war ich aufgestanden, kam der Hund zu mir, knurrte mich an. Ein Unbehagen breitete sich blitzschnell in mir aus und ich ließ mich zurück auf den Stuhl fallen. Mit Blick zu Wolfgang sagte ich: „Da warte ich doch lieber, bis Angelika wieder hier ist“. Im gleichen Moment wandte Mutti sich dem Hund zu, streichelte ihn liebevoll und sagte ganz selbstbewusst: „Du kannst ruhig gehen, der tut doch nichts. Ich pass auch auf.“ Tatsächlich setzte sich Scott wie selbstverständlich wieder zu ihren Füßen. Er ließ sich die Ohren kraulen und hörte augenblicklich auf zu knurren. Offensichtlich genoss er die Streicheleinheiten und auch Mutti hatte einen ganz weichen Gesichtsausdruck, schien die Nähe des Hundes zu genießen. Angelika, die zurück in den Raum kam kommentierte die Szene mit den Worten: „Na Mutti, nun wirst du auf deine alten Tage noch zur Hundefreundin". „Ach was", meinte Mutti und streichelte Scott weiterhin mit voller Hingabe. Nun, da Angelika wieder im Raum war, startete ich erneut den Versuch, ins Bad zu kommen. Diesmal mit Erfolg.

Spaziergang mit Pferd

Die freien Tage bis zur Ankunft von Zuzana nutzten wir für ausgiebige Spaziergänge. Hierbei berücksichtigten wir, dass es Mutti große Freude bereitete, mit Paula, Wolfgang und mir am See spazieren zu gehen, in dessen Nähe sich der Reitverein befand, in dem Paula ihr Pferd untergebracht hatte. Häufig sah es dann folgendermaßen aus: Paula putzte erst ihr Pferd, einen Tinka namens Milow und bereitete ihn für den Ausritt vor. Währenddessen hielt Mutti die Zügel und begann, ihn am Kopf zu liebkosen. Sie schmiegte sich dicht an ihn, unterstützte Paula mit ihrem Tun, bis kurz bevor es losging. Muttis Hilfe war eigentlich gar nicht notwendig. Milow war ein ausgebildetes Therapiepferd und lammfromm. Er wartete geduldig, bis die Reiterin aufgestiegen war. Mutti jedoch schien es zu gefallen, Paula bei ihrer Vorbereitung des Pferdes behilflich zu sein. Sie wurde in dem Moment gebraucht und schien die Situation zu genießen. „Ja, du bist lieb. Bist ganz warm“, redete sie auf das Pferd ein. Paula ließ sie gerne gewähren. Schon bei vorherigen Besuchen am Stall hatte Paula beobachtet, dass Mutti die Nähe zu den Tieren genoss. Sie streichelte und liebkoste sie und hatte ein zufriedenes Lächeln im Gesicht. Für unseren heutigen Spaziergang hatte Paula sich daher etwas Besonderes überlegt. Mit meiner Unterstützung durfte Mutti Arabella an einem Führstrick mit um den See nehmen. Arabella war ein Pony, das aus Altersgründen nicht mehr geritten werden konnte. Es war für sie eine willkommene Abwechslung als Begleitpferd mitgehen zu dürfen, genauso wie Shalom, der zu einem Spaziergang an einem anderen Tag von uns mitgenommen wurde. Während Paula langsam im Schritt los ritt, trotteten Mutti und ich langsam nebenher. Zwischendurch blieb Mutti stehen, legte den Arm um den Hals des Ponys, schmuste mit ihm und lächelte. An anderer Stelle blieb sie erneut stehen: „Das ist aber ein großes Pferd, oha, du reitest das ganz allein. Halt dich bloß gut fest, damit du nicht runterfällst“, wandte sie sich an Paula. „Omi, brauchst dir keine Sorgen zu machen. Wenn ich reite, trage ich immer einen Reiterhelm, siehst du“ gab Paula zurück, wobei sie mit einer Hand Richtung Helm zeigte. „Oh ja, das ist gut. Aber halt dich jetzt schnell wieder fest. Mach nicht solche Sperenzchen“. Mutti war um das Wohlbefinden ihrer Enkelin besorgt.

Kaum hatte Paula beide Hände am Zügel, setzte Mutti ihren Spaziergang mit dem Pony im Schlepptau fort. Diese Spaziergänge genossen wir alle sehr. Daher versuchten wir, sie des Öfteren zu ermöglichen. Früher hatte Mutti immer einen großen Bogen um Pferde und auch Ponys gemacht. Sie waren ihr nicht so geheuer. Vor etlichen Jahren erzählte sie von schlechten Erfahrungen, die sie im Umgang mit einem Pferd gemacht hatte. Irgendwie ist sie unvorbereitet auf das Pferd gesetzt worden und dies setzte sich gleich zügig in Bewegung, begann zu traben. Mutti konnte sich nicht festhalten und rutschte dabei einfach runter. Passiert ist damals nichts weiter, aber zu den Lieblingstieren gehörten Pferde seitdem nicht mehr.

Durch die Demenz veränderte sich ihr Verhalten in dieser Hinsicht jedoch ganz wesentlich. So kam es sogar dazu, dass sie sich eines Tages darauf einließ, mit Hilfe von Paula eine kleine Runde in der Halle auf dem Pferderücken zu erleben. Wolfgang und Paula unterstützten tatkräftig beim Aufsteigen. Auch waren sie zur Sicherheit beim Ritt an ihrer Seite. Mutti hat sich intuitiv auf die Bewegung des Pferdes eingelassen und sie sichtlich genossen. Sie waren eine Einheit, der Gesichtsausdruck total entspannt. Vor Aufregung bekam sie ganz rote Wangen. Auch wenn sie voller Stolz auf dem Pferderücken saß, haben wir dieses Abenteuer aus Sicherheitsgründen nicht wiederholt. Das Auf- und Absteigen war für alle Beteiligten sehr mühsam. Wohler haben wir uns gefühlt, wenn die neu erwachte Pferdeliebe beim

Führen des Ponys sowie beim Schmusen ausgelebt wurde.

Zuzana

In den ersten Tagen des neuen Jahres war es dann soweit. Zuzana, Muttis neue Betreuerin, Mitbewohnerin, reiste wie verabredet an. Bei Angelika und mir wuchs die Anspannung. Hatten wir doch keine Vorstellung, was uns diesmal erwartete. Zwar hatten wir wieder versucht, Mutti auf das Eintreffen vorzubereiten, doch leider waren unsere Bemühungen auch diesmal nicht von Erfolg gekrönt. „Was soll das nun wieder. Es ging doch die ganze Zeit ohne jemand Fremden", argumentierte Mutti. Irgendwie hatte sie recht: „Ja, das stimmt. Du hast die letzten Tage aber auch bei uns verbracht. Ich glaube, dass wir alle die Zeit genossen haben. Wir waren zuhause. Niemand musste arbeiten oder zur Schule. Nun aber hat uns der Alltag wieder. Alles geht seinen geregelten Gang. Du bist wieder in deinem Zuhause und wir sind hier". Mutti hörte aufmerksam zu. „Damit es dir und uns gutgeht, kommt aber wieder jemand zu dir. Sollst mal sehen, sie heißt Zuzana und freut sich darauf, dich kennenzulernen". Mutti schaute uns nur skeptisch und kopfschüttelnd an.

Das Ankommen gestaltete sich ähnlich desaströs wie bei Frau Dworcek. Angelika und ich waren selbstverständlich anwesend, um Zuzana zu begrüßen, ihr beim Ankommen zur Seite zu stehen. Dieses Mal, so dachten wir, waren wir auf einen Unmutsausbruch vorbereitet. Wir hatten uns dahingehend verständigt, dass diesmal Angelika auf jeden Fall die erste Nacht in Lilienthal übernachtete, um Mutti mit der neuen abermals ungewohnten Situation und der ihr fremden Frau nicht allein zu lassen. Zu dritt saßen wir im Wohnzimmer als es klingelte. Angelika erhob sich um die Haustür zu öffnen, gefolgt von Mutti und mir. „Was ist denn jetzt los? Wer klingelt denn nun?", fragte Mutti. Bevor eine von uns antworten konnte, war die Tür geöffnet und vor uns stand Zuzana. „Guten Tag. Ich bin die Zuzana. Und diese Blumen habe ich für Sie mitgebracht". Mit diesen Worten streckte sie Mutti einen Blumenstrauß entgegen. Mit solch einer Geste hatte keiner von uns gerechnet. Mutti war wohl genauso überrascht wie wir und griff zu. Zuzana schenkte Mutti ein Lächeln und fuhr fort: „Ich bin gekommen, um ihnen behilflich zu sein. Leckeres Essen kochen und saubermachen. Vielleicht können wir auch gemeinsam spazieren gehen" redete sie aufgeregt weiter. Oh je, trotz der freundlichen Worte begann Mutti augenblicklich zu schimpfen. „Was ihr schon wieder habt. Ich brauche niemanden in meinem Haus. Wie oft soll ich das noch sagen". Sprachs und verschwand im Haus.

Diesmal kümmerte sich Angelika um den Neuankömmling. Sie blieb im Gespräch mit ihr. Während der Unterhaltung vernahm ich ein paar Worte, die mir eine Gänsehaut machten und gleichzeitig die Hoffnung in mir weckten, dass hier jemand ankam, der uns eine wirkliche Hilfe sein könnte: „Oh mein Gott, was ist los? Ihre Frau Mutter ist ja ganz aufgebracht, möchte mich gar nicht bei sich haben." Sie guckte zwischen Angelika und mir hin und her. Gerade wollte Angelika zu einer Erklärung ansetzen, als Zuzana weiterredete: „Oh mein Gott, das macht bestimmt diese Krankheit. Ich weiß, ich habe gelernt, sie macht den Kopf ganz krank. Ihre Frau Mutter meint es bestimmt nicht so. Aber jetzt schimpft sie, will alleine sein. Was sollen wir nun machen?" Durch Muttis heftiges Auftreten schien sie ein wenig verunsichert zu sein. Auch Angelika und ich atmeten erst einmal kräftig durch. Dann baten wir Zuzana ins Haus. Samt Reisegepäck gingen wir ins Wohnzimmer, stellten uns vor, fragten, wie die Fahrt hierher gewesen sei und boten etwas zu trinken an. Anfangs wohnte ich dem Gespräch bei, doch dann ging ich zu Mutti, die hinauf ins Schlafzimmer gegangen war. Ich wollte versuchen, mit ihr ins Gespräch zu kommen, ihr die neue Situation erklären und ihr deutlich machen, dass wir ihre Ablehnung verstehen. Auch wollte ich ihr signalisieren, dass wir verstehen, dass eine fremde Person im eigenen Haus etwas Unbehagen verursacht. Die Notwendigkeit einer Unterstützung benannte ich aber ebenfalls. Dass ich direkt hinterher gegangen bin, war ein Fehler, wie ich schnell merkte. Mutti war noch sehr aufgebracht, konnte ihren Ärger über unser Verhalten gar nicht in Worte fassen, musste ihrer Empörung Luft machen. Genau wie beim Eintreffen von Frau Dworcek, kam es zu einer Ohrfeige. Diesmal traf sie mich. Upsi, damit hatte ich überhaupt nicht gerechnet. Reflexartig schubste ich sie weg von mir. Mutti verlor das Gelichgewicht und fiel - zu unserem Glück - rücklings aufs Bett.

Erschreckt über meine heftige Reaktion, tat es mir sofort leid. Mutti lag auf dem Bett und guckte mich mit großen Augen an. Sie schien ebenfalls total überrascht. Mit einem Schritt war ich bei ihr und half ihr auf die Beine. „Oh Mutti, es tut mir so leid, dass ich dich geschubst habe. Das wollte ich gar nicht. Hast du dir wehgetan?“ Mutti schüttelte nur den Kopf und sah mich an. Nun fragte ich, ob sie mit mir spazieren gehen wolle. „Der Streit und die Schubserei waren ziemlich doof, stimmt's“, setzte ich hinzu. Mutti, immer noch sichtlich aufgewühlt durch unseren Zusammenprall, stimmte einem Spaziergang zu, nicht ohne zu sagen: „Die ist dann aber weg, wenn ich wiederkomme.“ Dazu sagte ich nichts. Ich hielt es für besser jetzt erst einmal zu schweigen.

Wir zogen uns an und verabschiedeten uns von Angelika und Zuzana. Leise teilte ich Angelika noch kurz mit, was Mutti bezüglich Zuzana gesagt hatte. Dann ging ich Mutti hinterher, gespannt was der Tag noch für uns bereithielt. Wir streiften kreuz und quer durch Lilienthal. Nach einiger Zeit lenkte ich das Gespräch behutsam auf Zuzana. Es war unumgänglich. Augenblicklich fing sie an zu schimpfen. „Die soll verschwinden, hingehen wo der Pfeffer wächst!" Mutti war sofort wieder ärgerlich. Ich ließ das Thema fallen. Schweigend gingen wir weiter. Bei einem neuerlichen Versuch hatte ich Glück. Es ist mir irgendwie gelungen, sie auf der Mitleidsschiene zu erreichen. Ich erzählte ihr davon, dass Zuzana mit dem Bus aus Polen gekommen sei und momentan nicht zurückfahren könne. „Ja und … ich hab die doch nicht hergeholt, soll sie sehen, wie sie wegkommt", war Muttis abermalige Reaktion. Nun erzählte ich ihr, dass Angelika und ich Zuzana gebeten hatten zu kommen. Sie sollte als Unterstützung vor Ort sein, damit Mutti weiterhin in ihrem Haus leben konnte. „Was soll der Quatsch, ich sag immer wieder, dass ich das alleine kann. Kapiert ihr das denn nicht", entgegnete sie prompt.

Jetzt war Fingerspitzengefühl gefragt: „Mutti, es stimmt, dass du immer sagst, wie gut du allein zurechtkommst. Daran kann ich mich sehr wohl erinnern". „Na siehst du, dann sind wir uns einig", kommentierte Mutti im Weitergehen. „Hm, nicht so ganz. Du weißt auch, dass Angelika und ich anders darüber denken". Mutti blieb bei meinen Worten stehen und sah mich an. Ebenfalls stehen bleibend fuhr ich fort: „Es nützt aber auch nichts, jetzt darüber zu diskutieren. Wir haben momentan nämlich ein anderes Problem. Eines, bei dem wir unbedingt deine Hilfe benötigen". Da Mutti mir weiterhin ihre Aufmerksamkeit schenkte, wagte ich einen Vorstoß: „Zuzana ist nun einmal hier und kann nicht sofort zurück. Da haben Angelika und ich wohl etwas zu forsch gehandelt, das tut mir leid. Kannst du uns aber vielleicht aus diesem Schlamassel helfen und sie so lange bei dir wohnen lassen, bis sie eine Mitfahrgelegenheit hat, um zurück nach Polen zu kommen?“ Gespannt wartete ich auf eine Reaktion. Statt einer Antwort grummelte sie noch ein wenig vor sich hin, äußerte sich ansonsten nicht. Dies nahm ich als stillschweigendes Einverständnis, hatte Mutti doch so wie ich, das ‚Helfersyndrom‘ in den Genen. Fürs erste waren die Wogen geglättet und ich beschloss, mich langsam mit ihr auf den Rückweg zu begeben.

Bei unserer Rückkehr ins Haus kam uns Zuzana entgegen. In der Hand hielt sie eine geöffnete Pralinenschachtel. „Frau Margarete, sie müssen doch vom Spaziergang ganz hungrig sein. Wissen sie noch, ich bin die Zuzana. Diese Pralinen habe ich als Geschenk für sie mitgebracht. Bitte nehmen sie sie.“ Sie stellte die Schachtel auf den Tisch. Dann setzte sie sich zurück auf die Couch. Ihre Stimme klang leicht unsicher. Abwartend blieb sie mit Mutti in Blickkontakt. Angelika und ich beobachteten die beiden stillschweigend. Konnten kaum glauben was sich zwischen ihnen tat. Liebe geht bekanntlich durch den Magen. Leckere Schokolade, freundliche Worte, eine gewisse Zurückhaltung, ein Lächeln und zwischendurch verschmitztes Gekicher seitens Zuzana, waren eventuell ein guter Start für eine Zeit trauter Zweisamkeit. Mutti nahm tatsächlich von den Pralinen. Aß sie mit Genuss und nahm noch mehr von der Leckerei. Sie setzte sich sogar auf einen Stuhl, ein wenig abseits von Angelika und Zuzana. „Mutti, es ist schon spät geworden. Was hältst du davon, dass wir jetzt das Abendessen vorbereiten und gemeinsam essen. Angelika und Zuzana sind sicherlich ebenfalls hungrig. Wie sieht es aus? Hast du auch Appetit?“ fragte ich. „Frau Margarete, darf ich meine polnische Wurst mit auf den Abendbrottisch legen? Sie ist so lecker“, fragte Zuzana mit einem kleinen Lächeln. „Na ja“ antwortete Mutti.

Gemeinsam deckten wir den Tisch und aßen zusammen zu Abend. Die Stimmung während des Essens war gut. Ich war angenehm überrascht, wie positiv die Atmosphäre war. Zuzana war Mutti sehr zugewandt. Der erste Eindruck war einfach super gut. Zuzana gab freundlich Auskunft über ihre bisherigen Arbeitsstellen. Angelika und ich erzählten etwas über Mutti und uns, versuchten Mutti mit ins Gespräch einzubeziehen. Dies schlug allerdings fehl. Wie es schien, verfolgte sie unsere Unterhaltung jedoch mit Interesse. Trotz der netten Atmosphäre und der lockeren Konversation war unterschwellig eine gewisse Anspannung bei Zuzana zu spüren. Verständlich, denn zu diesem Zeitpunkt war ihr alles noch ziemlich fremd. Nach dem Abendessen wandte ich mich an Zuzana: „Ich werde jetzt nach Hause fahren. Meine Schwester übernachtet hier und wird ihnen alles Notwendige zeigen und erklären. Kommen sie erstmal langsam hier an. Ich wünsche ihnen alles Gute. Auf eine gute Zusammenarbeit“. „Dankeschön. Ich freue mich, dass ich nicht gleich allein bin mit Frau Margarete", erwiderte sie in etwas gebrochenem Deutsch. An Mutti gewandt setzte sie nach: „Wir müssen uns erst noch kennenlernen, nicht wahr Frau Margarete?" „Kann die nicht vernünftig reden", grummelte Mutti statt einer Antwort. „Mutti, Zuzana spricht deutsch, allerdings mit einem Akzent, meinst du das?" „Die soll richtig reden" sagte Mutti. „Frau Margarete, ich komme aus Polen, ich lerne immer mehr die deutsche Sprache. Wollen sie mir dabei helfen?" „Ach was. Wie soll das gehen?" „Ich helfe ihnen beim Kochen und Saubermachen und dann lerne ich vielleicht ihre Sprache ganz leicht", schlug Zuzana vor. Darauf erwiderte Mutti nichts, sah Zuzana einfach nur kopfschüttelnd an. Sie schien sich über das Gehörte Gedanken zu machen. „Mutti, ich verschwinde jetzt. Wolfgang und Paula warten bestimmt schon auf mich. Euch dreien wünsche ich eine gute Nacht. Schlaft schön." Bei diesen Worten nahm ich Mutti in den Arm und verabschiedete mich mit einem Küsschen von ihr. Auch von Angelika verabschiedete ich mich mit einer herzlichen Umarmung. „Toi toi toi, mach's gut. Ich drücke euch die Daumen. Der Anfang ist doch gar nicht mal so schlecht gewesen", sagte ich beim Hinausgehen. „Jo, du kannst an uns denken. Ich bin gespannt wie es wird", war Angelikas Antwort.

Die Nacht war ruhig. Morgens staunte Mutti, als sie Zuzana sah: „Die ist ja immer noch da. Wie lange will die noch bleiben?" „Mutti, das ist Zuzana, die bleibt hier, um dich zu unterstützen", erklärte Angelika „Frau Margarete, ich bin extra aus Polen gekommen. Ich möchte sie verwöhnen, für sie kochen und sauber machen. Ich kann leckere Sachen kochen." Zuzana kicherte verschmitzt bei der Aussage. Mutti schüttelte wieder nur schweigend den Kopf. Die beiden frühstückten nun erst einmal zusammen. Zuzana ließ es sich später nicht nehmen, das Mittagessen für alle vorzubereiten. Mutti, die die ganze Zeit über in der Küche zugegen war, beobachtete aufmerksam, was da passierte. Sie wurde einfach von Zuzana in die Vorbereitung mit einbezogen. „Was soll das?" fragte Mutti, als ihr eine Banane und ein Messer hingelegt wurden. „Frau Margarete, bitte können sie die Banane schneiden. Wir essen Obstsalat als Nachtisch. Bitte können sie mir vielleicht helfen?" Kopfschüttelnd kam Mutti der Aufforderung nach. Sie schien Zuzanas Anwesenheit zu akzeptieren. Es wurde gemeinsam gegessen und der Abwasch erledigt. Angelika beantwortete Zuzanas auftretende Fragen. Hierbei ging es um Muttis Gewohnheiten, Vorlieben und alles, was sie wissen musste, um Mutti gut versorgen zu können. Die Basis für ein gutes Miteinander war augenscheinlich geschaffen. Nachmittags fuhr Angelika nach Rücksprache mit Zuzana guten Gewissens nach Hause.

Zuzana ging mit Mutti spazieren, ließ sich von ihr die nähere Umgebung ebenso wie die Einkaufsmöglichkeiten zeigen. Mutti war weiterhin freundlich und Zuzana sehr zugewandt. Abends erkundigte ich mich telefonisch nach dem Befinden der beiden. Ich war schon ein wenig neugierig und gespannt, was ich zu hören bekommen würde. Den Tag hatten sie ganz harmonisch miteinander verbracht, es sei alles okay, erzählte Zuzana mit einer gewissen Zufriedenheit in der Stimme. Den Abend wollten sie gemeinsam vor dem Fernseher verbringen. Später würde Zuzana Mutti dabei unterstützen, sich bettfertig zu machen. Zuzana klang ziemlich zuversichtlich. Nachdem Mutti versorgt war, ging auch Zuzana schlafen. Die Tür zu ihrem Zimmer schloss sie hinter sich ab. Sie schaffte dadurch eine gewisse Distanz, war aber jederzeit für Mutti ansprechbar. Es gab ihr auch einfach ein gutes Gefühl, hatte sie doch noch im Kopf, dass Mutti mich geohrfeigt hatte. Dadurch war sie verunsichert und konnte ihr Verhalten nicht einschätzen. Die Nacht verlief ruhig.

Gegen 6.00 Uhr wurde sie durch heftiges Klopfen an der Zimmertür geweckt. Mutti rüttelte kräftig an der Klinke und trat sogar mit dem Fuß gegen die Tür. Zuzana öffnete. Mutti starrte sie an: „Was machen sie hier? Das ist mein Haus. Gehen sie sofort weg." Zuzana schossen Tränen in die Augen. Mit solch einer Reaktion hatte sie nicht gerechnet: „Oh, Frau Margarete, bitte entschuldigen sie, ich bin doch Zuzana und komme weit her aus Polen. Wissen sie? Erst in ein paar Tagen kann ich zurück. Sie haben doch gesagt, ich darf bleiben bis der Bus kommt, der mich nach Hause bringt". „Was willst du", fragte Mutti barsch. Zuzana kullerten Tränen über die Wange, die sie sich verstohlen wegwischte. Diese heftige Reaktion traf sie vollkommen unvorbereitet. Durch die Tränen in ihrem Gesicht veränderte sich etwas in Muttis Verhalten. Sie streichelte behutsam über Zuzanas Gesicht, sah sie dabei an. Zuzana, etwas irritiert durch die Berührung, bemerkte die Veränderung. Beherzt sagte sie spontan: „Frau Margarete, vielen Dank dass sie mich trösten. Das ist sehr freundlich. Ich ziehe mich schnell an und dann bereite ich uns erst einmal ein Frühstück. Wissen sie noch, ich habe besonderes Brot und Wurst von meinem Zuhause mitgebracht. Es wird ihnen bestimmt schmecken.“ Mutti ließ sich darauf ein. Zuzana schlüpfte schnell in ihr Zeug. Anschließend deckte sie mit Muttis Hilfe den Frühstückstisch.

Damit nahm eine innige Freundschaft zwischen Zuzana, Mutti und unserer gesamten Familie hier ihren Anfang. In den folgenden Wochen gewöhnte Zuzana sich langsam ein.

Theaterbesuch und andere Erlebnisse

Ein paar Tage nach Zuzanas Ankunft verabredeten wir uns für ein Gespräch, in dem einige wesentliche Dinge geklärt wurden. Wir tauschten uns über ihre ersten Erfahrungen mit Mutti aus. Damit es nicht nur Mutti, sondern auch Zuzana gut ging, erkundigten wir uns, was ihr den Aufenthalt, weit weg von zuhause, erleichtern könnte. Gern wollte sie Kontakt zu ihrer Familie halten, was für Wolfgang und mich nachvollziehbar war. Einen Laptop wollten wir ihr zur Verfügung stellen, damit sie per Skype Kontakt zu ihrer Familie halten konnte, schlug Wolfgang vor. So konnte sie ihre Lieben beim Gespräch sehen. Sie konnte ihr Glück kaum fassen. Wieder kullerten Tränen über das Gesicht, diesmal vor Freude. Zwei Tage später war der Laptop vor Ort und Zuzana nutzte meist abends diese Möglichkeit der Kontaktaufnahme. Wie sie uns gegenüber irgendwann beiläufig erwähnte, hat sie sich aber auch manchmal in ihrer Pause bei geöffneter Zimmertür an den Laptop gesetzt. Mutti hat sich dann gelegentlich dazugesellt: „Was machst du da? Wer ist das", wollte sie dann wissen. „Frau Margarete, das ist der Bernard, mein Mann". „Was macht der da, der soll kommen", forderte Mutti. „Frau Margarete, das geht nicht. Er ist weit weg in Polen. Wir können nur miteinander telefonieren und uns dabei sehen", erwiderte Zuzana. „Ach, Kokolores", kommentierte Mutti Zuzanas Äußerung und verließ das Zimmer. So neumodischen Kram hatte sie vorher noch nie gesehen.

Am gleichen Tag, an dem wir das Thema mit dem Laptop ansprachen, tauschten wir uns darüber aus, wie die Einkäufe erledigt werden konnten und dass es selbstverständlich sei, dass Lebensmittel sowie die zubereiteten Speisen für beide reichen sollten. Obst, Gemüse, einfach alles, was eingekauft wurde, konnte jederzeit von beiden gegessen werden. Sie waren in unseren Augen schließlich eine kleine Wohngemeinschaft. Wöchentlich bekam Zuzana daraufhin Haushaltsgeld. Schnell stellte sich heraus, dass sie ein Sparfuchs war, stets darauf bedacht, gut und vor allem günstig einzukaufen. Anfangs zeigte sie mir alle Bons, wollte genau aufzeigen, wofür sie das Geld ausgegeben hatte. Die vorgelegten Zettel habe ich nur überflogen. Schon nach kurzer Zeit merkte ich, dass die wöchentliche Abrechnung nicht nötig war. Das ihr anvertraute Geld gab sie nur für Lebensmittel und Dinge für den täglichen Gebrauch aus. Sie kam grundsätzlich mit der ihr zur Verfügung gestellten Summe aus. War nicht alles ausgegeben, verlangte sie in der folgenden Woche etwas weniger Haushaltsgeld, um nicht über den vereinbarten Betrag zu kommen. Sie war darin sehr genau. Die kleineren Einkäufe erledigte Zuzana des Öfteren mit Mutti oder mit deren Fahrrad. Da Mutti es nicht mehr nutzte, konnte Zuzana damit unterwegs sein, auch in ihrer Freizeit. Einmal in der Woche erledigten wir gemeinsam mit dem Auto einen Großeinkauf. Obwohl Zuzana täglich vor Ort war, nahm Mutti weiterhin regelmäßig an den Treffen der Alzheimer-Gesellschaft in Lilienthal teil. Diese Regelung war ebenfalls Gegenstand unseres Gesprächs, kurz nach Zuzanas Einzug. So hatte sie an fest vereinbarten Tagen ein wenig freie Zeit, die nicht durch mich abgedeckt werden musste. Es gab allerdings auch Veranstaltungen, bei denen Kaffee und Kuchen oder auch Grillen für Angehörige angeboten wurde. Hierzu begleiteten Zuzana oder ich Mutti – teils allein, teils auch zu zweit. Angelika besuchte die Treffen, sofern es ihre Zeit erlaubte.

Einmal im Monat wurde Mutti zusätzlich von Frau

Schmidt ins Theater abgeholt. Gemeinsam mit Frau Kruse, einer weiteren Demenzpatientin, wurden die beiden von ihr während der Vorstellung betreut. Diesem Theaterabonnement haben wir zugestimmt, als Mutti den Aufführungen noch ganz gut folgen konnte. Über viele Jahre hatten sie und Vati mit großer Begeisterung den unterschiedlichsten Aufführungen beigewohnt. Das Angebot von Frau Schmidt, Mutti mitzunehmen, empfanden wir daher als eine willkommene Abwechslung, die ein wenig mit ihrem bisherigen Leben zu tun hatte. Zum Ende der Spielzeit war es sowohl für sie als auch für Frau Schmidt schon eine kleine Herausforderung, Mutti die gesamte Zeit über auf ihrem Platz zu halten. Manchmal stand sie auf, um das Theater zu verlassen. Sie kommentierte auch gern das Geschehen auf der Bühne. Teilweise dauerte die Vorstellung zu lang. Es fiel ihr zusehends schwerer, den Inhalt der Aufführung zu verstehen. Frau Schmidt signalisierte mir jedoch, dass Mutti trotzdem größtenteils Spaß an dem geselligen Nachmittag hatte. So wurde sie bis zum Ende der laufenden Spielzeit zu dem Spektakel abgeholt. Mutti freute sich auf die Unternehmungen und das Zusammentreffen mit Frau Kruse. Seit Abonnementbeginn galt die Verabredung, nach der Veranstaltung erst noch in eine nahegelegene Gaststätte zu fahren, um dort gemeinsam zu essen, bevor der Heimweg angetreten wurde. Meist gab es Bock- oder Bratwurst mit Kartoffelsalat und dazu eine Apfelsaftschorle. Eine nette Idee für einen gemeinsamen Ausklang des Nachmittags. Ich freute mich, dass Mutti trotz ihrer Demenz am gesellschaftlichen Leben mit Unterstützung teilnehmen konnte. Die Theaterbesuche mit anschließendem Essen, Hin- und Rückfahrt nahmen einen großen Teil des Tages in Anspruch. Dies bedeutete ebenfalls freie Zeit für Zuzana. Nach Absprache mit Frau Schmidt sahen wir von einem Abonnement für die kommende Spielzeit ab. Zwar fiel dadurch das gesellige Miteinander mit Frau Kruse ebenfalls weg, was mir für Mutti ein wenig Leid tat. Nun mussten wir an einer anderen Möglichkeit des Zusammentreffens der beiden Frauen basteln. Hierbei half uns der Besuch der Treffen von der Alzheimergesellschaft. Mutti und Frau Kruse belegten schließlich den gleichen Malkurs.

Um Zuzana auch nach Beendigung des Theaterabonnements weiterhin ihre freien Tage zu ermöglichen, waren nun wieder Angelika und ich in der Verantwortung. In der Regel holte ich Mutti daher einmal die Woche für den ganzen Tag zu uns. Angelika handhabte es ähnlich, sofern es ihre Zeit zuließ. Zuzana hatte somit den Tag zur freien Verfügung. Den Kontakt zu ihrer Familie und Freunden pflegte sie häufig an diesen Tagen. Wir dagegen machten lange Spaziergänge, schauten Paula bei der Arbeit mit ihrem Pferd zu und unternahmen allerlei Dinge, die Mutti gefielen. Während einer meiner Aufenthalte bei Mutti erzählte Zuzana freudestrahlend, dass sie herausgefunden hatte, dass noch eine weitere polnische Kraft, die sie kennen würde, in Bremen ihrer Arbeit nachging. Die beiden verabredeten sich, um den freien Tag gemeinsam zu verbringen. Zum ersten Treffen habe ich sie mit dem Auto gefahren. Mutti verbrachte die Zeit der Verabredung bei uns. Abends habe ich sie dann wieder wie vereinbart, eingesammelt und beide zurück nach Lilienthal gebracht. Die beiden polnischen Frauen verstanden sich gut miteinander. Zuzana tat es offensichtlich gut mit jemandem Kontakt zu haben, der die gleiche Sprache spricht. Wie sie mir erzählte, tauschten sie ihre Erfahrungen mit den ihn zu betreuenden Personen aus und hatten sich auch sonst einiges zu erzählen. Dank Alinas Unterstützung, so hieß die Bekannte und deren umsichtiger Erklärungen, gelang es Zuzana, sich in Bremen mit Bus und Bahn zurechtzufinden. So war sie unabhängiger und auch ich hatte die Möglichkeit, an Zuzanas freiem Tag mit Mutti etwas in Lilienthal zu unternehmen, brauchte nicht mit dem Auto zu pendeln. Solange Alina sich in Bremen aufhielt, trafen sich die beiden relativ regelmäßig. Es passierte auch, nach Rücksprache mit mir, dass Alina nach Lilienthal kam um dort mit Zuzana und Mutti den Nachmittag zu verbringen. Gemeinsam haben die drei dann Kaffee getrunken und einen Spaziergang unternommen. Bei solchen Besuchen konnte es passieren, dass Mutti während des Kaffeetrinkens plötzlich: „Was soll das? Was faselt ihr da? Ich verstehe nichts“, sagte. Das waren Situationen, in denen Zuzana und Alina in ihre Muttersprache verfallen sind. „Oh Frau Margarete, bitte entschuldigen sie, das war polnisch, das ist doch meine Sprache. Aber jetzt reden wir wieder deutsch miteinander. Dann können sie uns auch verstehen". „Na ja, wenn du meinst", entgegnete Mutti und widmete sich ihrem Teller mit Kuchen. Zuzana hatte sich entschuldigt. Was aber in dem Moment viel wichtiger für Mutti war, war die Aufmerksamkeit, die sie ihr dabei zukommen ließ. Mutti merkte, dass sie wahrgenommen wurde. Sie war zufrieden.

Nicht immer gelang es Zuzana, kleine Unstimmigkeiten oder Missverständnisse sofort zu klären. Das Miteinander wurde gelegentlich auf eine harte Probe gestellt, manchmal flossen auch Tränen. Es gab immer mal wieder Situationen, in denen Mutti ihre Selbständigkeit forderte und nur schwer mit sich reden oder andere Sichtweisen gelten ließ: „Du hast mir doch erzählt, dass du nur so lange hier bleibst, bis der Bus dich holt. Was ist, du bist immer noch da. Nimm deine Sachen und verschwinde", polterte es manchmal aus ihr heraus. „Oh Frau Margarete, was ist passiert? Habe ich etwas falsch gemacht?" Irritiert blickte sie Mutti an, unterbrach die Vorbereitung für das Mittagessen. „Frau Margarete, dass stimmt, so habe ich es gesagt. Ich habe aber nicht gelogen. Sehen Sie, ihnen schmeckt mein Essen so gut, wir gehen spazieren und lachen miteinander. Und wissen Sie, ich mache alles für Sie sauber Frau Margarete. Ich dachte, es gefällt Ihnen", versuchte Zuzana zu erklären. Muttis schroffe Art hatte sie vollkommen unvorbereitet getroffen. „Darf ich noch ein bisschen bei Ihnen bleiben? Ich wollte gerade für uns beide kochen. Sehen Sie, ich habe schon etwas vorbereitet. Damit möchte ich

Sie heute verwöhnen. Können Sie mir bitte helfen, die Kartoffeln zu schälen? Ein Messer habe ich schon bereitgelegt", fragte sie Mutti und hakte sich mit leisem Kichern bei ihr unter. „Na wenn du meinst" entgegnete Mutti und war auf einmal wieder ganz umgänglich.

Nach solchen teils unschönen Erlebnissen schüttete Zuzana im Laufe des Tages oder bei einem der nächsten Besuche ihr Herz bei mir aus. Ähnliche Situationen hatte ich ebenfalls schon mit Mutti erlebt. Aus heiterem Himmel ließ sie einen Satz los, der verletzend wirkte. Es war schwer damit umzugehen. Ich hörte Zuzana aufmerksam zu, versuchte herauszufinden, was ihr helfen könnte. Manchmal war es mein offenes Ohr, andermal eine Umarmung. Ich war sehr beeindruckt, dass sie nach solchen Äußerungen von Mutti spätestens tags darauf wieder zu ihrer freundlichen, zugewandten Art zurückgefunden hatte. Ihr humorvolles Gemüt war bewundernswert. Woher nahm sie diese Energie? Der Einsatz bei Mutti verlangte ihr sehr viel ab. Mit viel Liebe, Empathie und Geduld war sie für Mutti da. Sie erledigte ihre Arbeit in einer Art, die kaum mit Geld zu bezahlen war. Dies äußerte ich Zuzana gegenüber des Öfteren.

Auszeit

Circa alle drei Monate fuhr Zuzana für etwa drei Wochen zu ihrer Familie – so war es verabredet. Irgendwie war mir diese Vereinbarung gar nicht mehr präsent. Eines Tages erinnerte sie mich daran, dass sie in den nächsten Tagen nach Hause fahren wollte. Mir wurde ganz mulmig, als ich mir vorstellte, wieder eine neue Kraft bei Mutti einziehen zu lassen.

Aber, Zuzana war ein Engel. Sie hatte sich schon Gedanken gemacht, wie eine Versorgung aussehen könnte. So fragte sie, ob sie sich selbst um eine Urlaubsvertretung kümmern dürfe. Joanna, eine Verwandte von ihr, die ebenfalls mit der Betreuung und Pflege von Menschen mit Demenz vertraut war, konnte sich vorstellen die Vertretung zu übernehmen. Ich hörte mir ihren Vorschlag an und stimmte ihm bereitwillig zu.

Zuzana und Joanna hatten zwei Tage eingeplant, in denen beide im Haus sein wollten, um Mutti an die neue Situation zu gewöhnen und Joanna grob über Muttis Vorlieben, Gewohnheiten, Einkaufsmöglichkeiten etc. zu informieren. Mutti war irritiert, wollte absolut nicht, dass nun noch jemand da war und dann auch noch dort schlafen wollte. „Das geht zu weit. Sie können nicht machen, was sie wollen. Verschwinden Sie aus meinem Haus“, wandte sie sich an die für sie fremde Frau. „Frau Margarete, das ist doch Joanna. Ich habe von ihr erzählt. Sie kocht ab morgen für Sie und verbringt die Zeit mit

Ihnen. Ich mache Urlaub, fahre zu meinem Mann. Später komme ich zurück zu Ihnen.“ „Ach was, was soll der Kokolores. Du erzählst Quatsch. Dann fahrt doch beide“, brachte Mutti ärgerlich hervor. Sie war verunsichert, verstand nicht, was da passieren sollte. Urlaub machen, wegfahren und dann zurückkommen, jemand anderen im Haus haben, all das überstieg ihre Vorstellungskraft, es war zu viel Veränderung. Unsere Erklärungen kamen nicht an. In solchen Situationen verließ Mutti häufig den Raum, blieb aber im Haus. Wir taten gut daran, ihr nicht zu folgen. Zuzana wünschte Mutti am Tag vor ihrer Abreise eine gute Nacht, bevor sie morgens in aller Frühe zur verabredeten Zeit abgeholt wurde. Joanna hatte in den vergangenen zwei Tagen, versucht, ein wenig Kontakt zu Mutti aufzunehmen. Es sollte die Basis für die kommenden drei Wochen sein. Zuzana hatte eigentlich für eine gute Übergabe gesorgt.

Als Mutti jedoch morgens auf Joanna traf, guckte sie erstaunt. „Was machst du hier? Wo ist die andere?“, fragte sie verärgert. „Frau Margarete, Zuzana ist zu ihrem Mann gefahren. Kommt aber bald wieder. Solange bin ich bei Ihnen. Ich bin doch die Joanna, die Cousine von Zuzana.“ „Ach papperlapapp, die soll jetzt kommen“, sagte Mutti, während sie in das Zimmer ging, in dem Zuzana sonst zu finden war. „Wo ist sie“, fragte Mutti abermals. „Zuzana ist heute nicht da. Frau Margarete, bitte kommen Sie. Ich unterstütze Sie bei der Morgentoilette und dann frühstücken wir“, entgegnete Joanna und lenkte Mutti ins Badezimmer.

Trotz des holprigen Starts baute Mutti zu unser aller Zufriedenheit relativ schnell ein gutes Verhältnis zu Joanna auf. Sie freute sich, dass jemand da war, sie freundlich umsorgte, mit ihr aß, sie bei der Vorbereitung der Mahlzeiten mit einbezog, mit ihr spazieren ging oder auch andere Dinge mit ihr unternahm. Durch die fortschreitende Demenz war Mutti nicht mehr so rebellisch, sondern wurde friedlich und umgänglicher. Das half uns in manchen Situationen. Auch wir – also der Rest der Familie – kamen gut mit Joanna klar. Bei Zuzanas Rückkehr gab es einen fliegenden Wechsel. Das heißt: Zuzana kam und Joanna reiste ab. So wurde es auch bei den nächsten Wechseln gehandhabt.

Immer wieder war ich begeistert von dem freundlichen, sehr wertschätzenden Ton und Umgang Zuzanas und Joannas, mit Mutti. Es war so ein Glück, dass wir Zuzana für die Versorgung von Mutti gewinnen konnten. Zuzana selbst schien sich ebenfalls sehr wohl zu fühlen. War die ständige Präsenz unvorstellbar kräftezehrend, zeigte sie trotz allem immer wieder großen Arbeitseifer. Ich signalisierte ihr häufig, wie sehr ich ihren Umgang mit Mutti, ihre Empathie schätzte und bewunderte. Ich glaube, dass solche Äußerungen meinerseits sie in ihrem Wirken motivierten. Von Haus aus ist sie eine begeistere Köchin und Bäckerin. Diese Leidenschaft lebte sie bei Mutti aus. Sahne, gute Butter und andere gehaltvolle Lebensmittel verwendete sie bei der Zubereitung der Speisen gerne. Es waren Geschmacksträger, erzählte sie mit einem Augenzwinkern.

Viele Rezepte hatte sie von ihrer Mutter übernommen. Mutti freute sich über das lecker zubereitete Essen, nahm gern noch einen Nachschlag und genoss das tägliche Kaffeetrinken mit köstlichem Süßkram. So dauerte es nicht lange und Mutti nahm deutlich an Gewicht zu. Die schönen vor nicht allzu langer Zeit gekauften Hosen fingen an zu kneifen und es fiel schwer, die Knöpfe zu schließen. Schließlich blieb mir nichts anderes übrig, als die Hosen zum Schneider zu bringen. Er ließ die Nahtzugabe raus. Somit wurden ein paar Zentimeter Stoff gewonnen. Fürs erste war uns damit geholfen.

Essen war Muttis große Leidenschaft. Nachts stand sie manchmal auf und „plünderte" den Kühlschrank. Manchmal fand sie Rosinenbrotscheiben, schon mit Butter bestrichen, die Zuzana speziell für Muttis nächtliche Exkursionen bereitgestellt hatte. Andermals aß sie Frikadellen oder andere Dinge, die für den nächsten Tag vorbereitet waren, auf. Zuzana nahm es mit Humor und sagte: „Es ist gut. Frau Margarete schmeckt mein Essen! Ich koche einfach neu… kein Problem." Bei solchen Bemerkungen musste ich schmunzeln. Ich erinnerte mich daran, dass Mutti während des Krieges und auch noch die ersten Jahre danach, manche Tage mit knurrendem Magen und ständigem Hungergefühl verbringen musste. Es gab einfach nichts oder es war nicht genügend Geld vorhanden, um für alle Familienmitglieder ausreichend Lebensmittel zu beschaffen. So ein Gefühl sollte Mutti nicht noch einmal begleiten. Sollte sie doch jetzt nach Lust und Laune das Essen genießen.

Im Laufe der anderthalb Jahre ist Mutti von Kleider-/Hosengröße 38/40 auf Größe 44 geklettert. So moppelig war sie ihr ganzes Leben lang nicht. Auch der vom Schneider rausgelassene Keil reichte irgendwann nicht mehr aus. So mussten neue Hosen her. Mutti weigerte sich, mit ins Geschäft zu gehen, um sie anzuprobieren. So ging ich allein los und nahm gleich mehrere der ihr vertrauten Marke zur Auswahl mit. Zuhause ließ Mutti sich auf die Anprobe ein. Nicht passende Hosen gab ich zurück. Dies war für mich mit einiger Lauferei verbunden, dafür ersparten wir Mutti den Gang ins Kaufhaus, der für sie eine immer größer werdende Herausforderung wurde. Das äußerte sich in großer Unruhe. Also war mein alleiniger Einkauf die einfachste Lösung.

Freitags war nach wie vor mein freier Tag und fest eingeplant für Mutti. Bei manchen meiner Besuche hatte Zuzana schon alleine die Besorgungen für die kommende Woche erledigt. So gab es für mich nicht viel zu tun. An solchen Tagen schickte sie Mutti und mich gern raus aus der Küche. Wir gingen dann spazieren oder machten es uns im Wintergarten gemütlich. Ließ es das Wetter zu, saßen wir dort gern bei offenen Türen.

Nackedei…

Vermutlich durch das sommerliche Wetter hatte ich das Kinderlied „Nackedei…“ im Kopf und begann fröhlich an zu singen:

„Der Eber sagt zu seiner Frau
Hör zu, du süße kleine Sau.
Wir machen heut ‚ne Schweinerei
und gehen mal wieder nackedei.
Refrain:
Nackedei, Nackedei, alle sind heut nackedei
nackedei, nackedei und keiner findet was dabei.“

Weiter kam ich nicht. Bei „Nackedei“ fing Mutti an zu kichern, legte den Finger vor den Mund und sagte: „Hör auf … Hör auf … die Nachbarn!!! Sonst hört es noch jemand und denkt…“ Es war ihr sichtlich peinlich! Ich musste schmunzeln, habe sie liebevoll in den Arm genommen. In dieser Situation wurde mir ihre Demenz wieder einmal sehr bewusst. Ihr war nicht klar, dass es nur der Text eines Liedes war. Mutti veränderte sich in ihrem Verhalten, ihren Reaktionen immer mehr. Mir sind in dem Moment Tränen gekommen. Mutti, sah es, guckte mich erstaunt an und sagte: „Dir läuft ja Wasser aus den Augen.“ „Stimmt, da kommen Tränen“, war meine Antwort. Ohne ein weiteres Wort nahm Mutti meine Hand und drückte sie. „Mutti, du bist echt goldig.

Meinst du, dass die Nachbarn uns hören? Weißt du was, ich mach einfach die Tür zu und sing so leise, dass nur du mich verstehen kannst." Sie guckte mich an, kicherte und sagte: „Ja". Mehrmals hat sie mich aufgefordert, die Strophe erneut zu singen. Mit sichtlichem Vergnügen lauschte sie meinem Gesang. Ich fand es putzig, wie sie reagierte. Diese Reaktion war vermutlich mal wieder der Demenz geschuldet. In früheren Jahren haben wir mit der Familie auf Sylt gewohnt. Dort waren Mutti und Vati meist am FKK-Strand zu finden. Nahtlose Bräune war chic. Auch im späteren Leben gab es keinen Grund, sich für das Nacktsein zu schämen.

Beim gemeinsamen Singen habe ich auch zu anderen Gelegenheiten noch lustige Sachen erlebt. Zum Beispiel bei dem Lied „Auf einem Baum ein Kuckuck…".

Der Kuckuck ist tot …

Gesungen haben Mutti und ich immer gern zusammen. Wir waren dabei stets auf einer Ebene. Total begeistert sang sie mit, wenn ich Kinderlieder anstimmte. Es waren überwiegend Lieder, die sie in unserer Kindheit mit uns gesungen hatte und die in meinem großen bebilderten Liederbuch zu finden waren, das schon lange bei ihr Einzug gehalten hatte.

Häufig waren wir beide zu hören. Mich erstaunte immer wieder, dass Mutti bei einigen Liedern relativ textsicher war. Bei anderen wiederum lauschte sie einfach aufmerksam oder hatte ihren Einsatz beim Refrain. So auch bei dem Lied: „Auf einem Baum ein Kuckuck…“. Fröhlich sang sie bei „Sim sala bim bam ba…“ mit. Kam aber die Strophe, in der der Kuckuck erschossen wurde, passierte es immer wieder aufs Neue, dass Mutti mich mit großen Augen entsetzt anguckte, sich die Hände vor den Mund hielt und ein „Oh nein“, herausbrachte. Das schreckliche Ende des Vogels gefiel ihr nicht. Sie litt mit ihm. In solchen Momenten nahm ich ihre Hand oder umarmte sie. „Warte Mutti, das Lied ist doch noch gar nicht zu Ende. Alles wird gut.“ Dann sang ich die Strophen, in denen der Kuckuck nach einem weiteren Jahr wieder da war. Während des Singens hielt ich Blickkontakt zu ihr. Sie zog die Augenbrauen hoch und begann über das ganze Gesicht zu strahlen. Obwohl Mutti jedes Mal, wenn ich dieses Lied sang, an dem Schicksal des Kuckucks großen Anteil nahm und sichtlich betroffen war, schlug sie immer wieder die Seite mit diesem Lied auf, wenn es darum ging, zu schauen, was wir gemeinsam singen könnten.

Mutti und ich verbrachten nicht nur Zeit mit Singen, sondern fanden auch andere Beschäftigungen. Bei meinen wöchentlichen Besuchen achtete ich stets darauf, dass Zuzana Gelegenheit bekam sich zurückziehen zu können. Sie suchte dann gern per Skype den Kontakt zu ihrer Familie. Während Zuzanas Pause waren es ganz alltägliche Situationen, in denen Mutti und ich viel Gemeinsamkeit erlebten.

Bei einem meiner wöchentlichen Besuche saßen Mutti und ich wie so oft im Wintergarten. Irgendwie sind wir auf das Thema Sterben und Tod zu sprechen gekommen. In früheren Jahren waren dies keine Dinge, über die Mutti sprechen wollte. Das Thema Tod wurde ausgeklammert. Selbst während Vatis Krebserkrankung wurde dieses Thema Tod tabuisiert. Unser Gespräch im Wintergarten war sehr emotional. Es war ein Moment, in dem wir uns ganz besonders nah waren. Bei uns beiden kullerten reichlich Tränen. Auf einmal nahm Mutti ein Taschentuch, wischte damit über die Wangen und sagte: „Bei mir läuft das Wasser." „Tatsächlich, bei mir auch. Mutti, das sind Tränen", sagte ich. „Weiß ich auch nicht, warum …" erwiderte Mutti. Sie schien verwirrt. Diese Nässe im Gesicht, die sie spürte, irritierte sie. Sie brachte die Tränen offensichtlich nicht in Verbindung mit unserem Gespräch.

Für mich war die Zeit mit Mutti immer ein Erlebnis. Es war interessant zu erleben, was sie erzählte, wie sie sich verhielt und immer auch spannend herauszubekommen, was sie von meinen Erzählungen verstand und in welcher Zeit sie sich gerade befand, wenn sie selbst etwas erzählte.

Mittagessen mit anschließendem Abwasch

In vielen Bereichen des täglichen Lebens war zu beobachten, dass die Demenz Muttis Verhalten veränderte. Dies fiel mir unter anderem bei unseren gemeinsamen Mahlzeiten auf. Anfangs hat Mutti sich den Teller noch allein gefüllt. Später hat sie sich lediglich das Essen aufgetan, sofern ihr jemand den entsprechenden Löffel gereicht hat. Dann gab es aber auch immer häufiger Tage, an denen Zuzana oder ich ihr das Essen auflegten. Messer und Gabel hielten wir der entsprechenden Hand hin. Mutti griff zu, um gleich mit dem Essen zu beginnen. Im Laufe der Zeit ging allerdings die Handhabung von Messer und Gabel zwischenzeitlich verloren. Mutti reichte eine Gabel, um Kartoffeln, Gemüse oder auch das kleingeschnittene Fleisch zu sich zu nehmen. Trotzdem achteten wir darauf, dass ein Messer bereit lag. So hatte sie die Möglichkeit allein zu entscheiden, welches Besteckteil sie nutzen wollte. Dadurch konnte es schon mal passieren, dass das Essen mit dem Messer zum Mund geführt wurde. Damit sie sich nicht verletzen konnte, habe ich in solchen Situationen Muttis Hand, in der die Gabel war, kurz geführt um sie mit Essen zu füllen. „Guck Mutti, nun kannst du wieder allein essen", kommentierte ich mein Handeln. „Hm, ja ja", sagte Mutti und konzentrierte sich aufs Essen.

Entsprechend unserer Verabredung, zog Zuzana sich nach der gemeinsam eingenommenen Mahlzeit zurück.

Mutti und ich erledigten dann den Abwasch. Die Aufgaben teilten wir untereinander auf. Teller und alles, was wir benutzt hatten, habe ich von Hand abgewaschen. Mutti war für das Abtrocknen des Geschirrs zuständig. Anfangs nahm sie Teller für Teller, trocknete sie, um sie danach in dem entsprechenden Geschirrschrank zu verstauen. Mit fortschreitender Demenz war zu beobachten, wie sie das Geschirrtuch in seiner vollen Größe auf der Arbeitsplatte ausbreitete. Anschließend legte sie einen Teller darauf, klappte die Ecken hoch und fing an, das Geschirrtuch hin und her zu rubbeln. Dies tat sie voller Hingabe mit allen Tellern, Schalen sowie Besteck. Ganz intensiv hat sie sich mit dieser Tätigkeit beschäftigt. Das Wegräumen des Geschirrs erledigten wir gemeinsam. Die entsprechenden Schubladen und Schränke öffnete ich und gab einen Tipp, wo was hinzuräumen war. Danach bedankte ich mich aufrichtig für die Hilfe. Auf meine Frage, ob wir die Rollen vielleicht tauschen wollen, also sie wäscht und ich trockne ab, ging sie gar nicht ein oder sagte: „Ach lass mal …“. Ob sie vielleicht unbewusst merkte, dass ihr manche Handgriffe des täglichen Lebens wie zum Beispiel die Handhabung der Spülbürste nicht mehr vertraut waren? Wie passten Bürste und schmutziges Geschirr zusammen? Was sollte sie damit machen?

Egal. Wir behielten also unsere Arbeitsteilung bei. Mir war einfach nur wichtig, Muttis vorhandene Fähigkeiten so lange wie möglich zu erhalten, sie aktiv an der Hausarbeit teilhaben zu lassen. So war ich auf jeden Fall zufrieden, dass sie das Abtrocknen weiterhin übernahm und dies mit sichtlicher Zufriedenheit tat.

Im Alltag wurden oft Kleinigkeiten zu wahren Herausforderungen für Mutti, aber auch für mich. Zuzana bezog Mutti ebenfalls in die immer wiederkehrenden Arbeitsschritte mit ein. Auch hier bewies sie eine Engelsgeduld.

Unser Abend mit André Rieu

Mutti war nicht nur für alte Kinderlieder zu begeistern, sondern war ein Fan der klassischen Musik. Früher besuchte sie derartige Konzerte in den verschiedensten Theatern. In der letzten Zeit hatte ich eine gewisse Vorliebe für Übertragungen der Konzerte von André Rieu beobachten können. Als ich eines Tages zufällig beim Einschalten des Fernsehers gesehen hatte, dass direkt eine Aufzeichnung in der Art zu sehen war, informierte ich Zuzana darüber und erzählte, dass Mutti solch eine Art Musik sehr mochte.

Sie bedankte sich für die Information. Meine Anregung, die Übertragung eventuell anzuschauen, wurde begeistert von ihr aufgenommen. Zuzana schaltete direkt das entsprechende Programm ein. Durchs Telefon hörte ich noch die ersten Klänge, wünschte beiden einen schönen Abend und legte auf. Keine fünf Minuten später klingelte unser Telefon. Zuzana war am Apparat: „Dietlind, ihre Mutti möchte etwas sagen“. Sie übergab den Hörer an Mutti. „Hör mal, guck mal, ist das nicht schön“, schwärmte Mutti. „Oh ja, das klingt schön. Die Musik kenne ich. Das ist Musik, wie du sie gerne hörst.“ Einen Moment lauschten wir gemeinsam den Walzerklängen. Dann wünschte ich ihr weiterhin viel Vergnügen und verabschiedete mich. Einige Minuten später klingelte abermals das Telefon: „Hallo Dietlind, ich bin es wieder, die Zuzana. Frau Margarete ist so aufgeregt. Sie hört so wunderschöne Musik und möchte dir das sagen.“ Kaum hatte sie den Hörer übergeben, schwärmte Mutti mir erneut von der herrlichen Musik vor. Wieder lauschte ich kurze Zeit, trällerte sogar ein wenig mit und verabschiedete mich erneut. „Ihre Mutti strahlt vor Begeisterung“, erzählte Zuzana kichernderweise, bevor sie auflegte.

„Wolfgang, da habe ich ja wohl einen Volltreffer gelandet, mit meinem Programmhinweis“, lachte ich und machte es mir gerade wieder auf unserem Sofa gemütlich, als unser Telefon tatsächlich noch einmal klingelte. Wieder war Zuzana am Apparat: „Oh Dietlind, bitte entschuldigen Sie. Ihre Mutti ist so aufgeregt. Sie möchte unbedingt, dass sie auch diese schöne Musik hören. Frau Margarete steht vor dem Fernseher und tanzt, kommt wieder zum Telefon, um anzurufen. Immer hin und her. Ich weiß gar nicht, was ich machen soll.“ Im Hintergrund hörte ich Mutti: „Dietlind, Dietlind hör mal … „ dann war sie wieder verschwunden. Zuzana war es merklich unangenehm, uns mehrmals telefonisch am Sonntagabend zu kontaktieren. Sie entschuldigte sich mehrfach. „Zuzana, du brauchst dich gar nicht zu entschuldigen. Schließlich habe ich doch selbst den Tipp gegeben. Nun muss ich kurz überlegen wie es weitergehen kann“. Ursprünglich war meine Idee, Mutti einen wunderschönen Abend bei toller Musik erleben zu lassen. Meine Zeit am Sonntagabend hatte ich mir eigentlich anders vorgestellt. Durch Muttis Begeisterung und ihr Bemühen, mich ebenfalls an der Darbietung teilhaben lassen zu wollen, wurde ich allerdings emotional so sehr angesprochen, dass sich meine Augen mit Tränen füllten. Zuzana bat ich, Mutti noch einmal ans Telefon zu holen. „Dietlind, das musst du sehen. Der … ach du weißt schon … der ist hier, macht Musik. Hör dir das an“. „Ja Mutti, ich höre die Musik. Ich kann die Musiker auch sehen – hier bei mir im Fernseher“. „Ach nein, das ist so schön. Der ist hier.. hör doch“. Es gelang mir nicht, Mutti davon zu überzeugen, dass ich die gleiche Sendung bei mir sehen konnte. Oh man, wie sollte ich mich nun verhalten, ohne sie zu enttäuschen. Zuzana ihrerseits hatte ebenfalls mit Engelszungen versucht, Mutti davon zu überzeugen, dass ich die schöne Musik hören kann, wenn der Hörer aufgelegt sei. „Ach was, lass das“, entgegnete Mutti, während sie den Telefonhörer in die Hand nahm und sich dabei im Takt hin und her wiegte. Zuzana hatte keine Idee und auch mir wollte nicht so richtig etwas einfallen. Nach kurzer

Rücksprache mit Wolfgang, der anwesend war, richtete ich mich wieder an Zuzana: „Ach Zuzana, es ist alles gut. Lass Mutti das Telefon. Wir schauen mal, wie es weitergeht.“ Nun schaltete ich das entsprechende Programm bei uns ein und konnte somit das Konzert mit Mutti nicht nur am Telefon verfolgen. Zuzana, die in der Nähe des Telefons bleiben wollte, bot ich an, dass Mutti und ich uns amüsieren und sie, sofern sie die Zeit lieber anderweitig nutzen wolle, dies gerne machen könne. Sie wusste ja, wann die Übertragung endete und dann wieder gebraucht wurde. So kam ich unerwartet in den Genuss eines Konzertes. Während Mutti zwischen Fernseher und Telefon hin und her wechselte, ließ ich mir von Wolfgang Bügelbrett und Bügelwäsche ins Wohnzimmer bringen, schaltete das Telefon auf mithören und rief Mutti zwischendurch ein paar freundliche Worte zu, wenn sie ihre Begeisterung lautstark zum Ausdruck brachte. Es war irgendwie eine skurrile Situation, die uns beiden jedoch einen vergnüglichen Abend bereitete. Ich für meinen Teil habe übrigens etliche Hemden bei den Walzerklängen weggebügelt. -

Wolfgang war anfangs „not so amused“ wegen der mehrfachen Anrufe. Er hatte sich auf einen ruhigen Sonntagabend mit dem obligatorischen „Tatort“ gefreut. Später hat er die Situation aber trotzdem mit einer gewissen Portion Humor nehmen können. Mit sehr viel Gelassenheit hat er mich machen lassen. Wie schon des Öfteren war ich auch diesmal dankbar, dass Wolfgang sooo viel Verständnis aufbrachte. Das war für mich großes Glück.

Badetag mit Haare waschen und Zahnpflege

Wieder einmal war es Freitag und ich fuhr nach Lilienthal. Mit Zuzana hatte ich verabredet, dass dies weiterhin der Tag bleiben sollte, an dem ich Mutti duschte und auch die Haare wusch. Bis vor ein paar Monaten nahm Mutti mehr oder weniger regelmäßig einen Termin bei ihrem Frisör gleich gegenüber wahr. Vielfach vergaß sie jedoch den Termin trotz Erinnerung oder war absolut nicht zu bewegen mit mir zusammen dort hinzugehen. Selbst die Überredungskünste des Frisörs erzielten ihre Wirkung nicht. Die Haarpflege bei ihm entfiel somit.

Haare über dem Waschbecken separat waschen, so wie sie es früher allein gehandhabt hatte, mochte Mutti ebenfalls nicht mehr. Also habe ich Duschen in Kombination mit Haare-Waschen erledigt.

Dies war aber auch nicht immer so einfach, da Mutti es nicht mochte, wenn Wasser über ihr Gesicht lief. Manchmal ließ es sich aber nicht vermeiden.

Es war also Freitag und diesmal war auch Wolfgang mitgekommen. Unter der Dusche gab ich Mutti den eingeseiften Lappen, damit sie sich waschen konnte.

Anschließend schäumte ich die Haare ein, gab ihr einen trockenen Lappen für die Augen und begann den Schaum auszuspülen. Bislang hatte das Haare-Waschen auf diese Weise geklappt. Heute jedoch nicht. Vollkommen unvorbereitet nahm sie den Lappen weg und prompt lief ihr Wasser über das Gesicht. Ich konnte gar nicht schnell genug reagieren um den Lappen auszudrücken und wieder vor das Gesicht zu halten, da rief sie wohl in größter Not: „Hilfe, Hilfe, Polizei!“ Ehe ich mich versah, klopfte es im nächsten Moment an der Badezimmertür. Wolfgang, der zufällig auf der gleichen Etage war, steckte nach dem Anklopfen mit den Worten: „Du hast gerufen? Hier ist die Polizei“, den Kopf zur Tür herein. Mutti war kurz irritiert. Die unangenehme Situation des Schaumauswaschens und Wasser im Gesicht haben war sofort vergessen. Mutti strahlte Wolfgang mit den Worten: „Ach Du…“ an, während ich noch den letzten Schaum ausspülte. Für diesmal war sie fertig. Das Badehandtuch habe ich mir geschnappt, um sie darin einzukuscheln und abzutrocknen. Danach war alles gut.

Allgemein hatte sich die Körperpflege verändert. So auch das Zähneputzen. Vor ein paar Wochen machte Mutti sich noch allein die Zahnbürste fertig und putzte Zähne, sofern sie dazu aufgefordert wurde. Als wir mitbekamen, dass sie „Rei in der Tube“ statt Zahnpasta auf die Bürste gab, sofern sie allein im Bad war, legten wir ihr die richtigen Dinge zurecht.

Mit der Zeit brauchte sie Unterstützung dahingehend, dass sie die Bürste mit Zahncreme in die Hand bekam, erst dann begann sie das Putzen. Anschließend sollte der Schaum ausgespült werden. Dies klappte jedoch nicht immer.

Aber auch dieser Automatismus des Zähneputzens ging zwischenzeitlich verloren, setzte aber irgendwann wieder ein. Um die Zähne sauber zu halten, bereitete ich meistens die Zahnbürste vor, hielt sie ihr entgegen: „Du weißt ja Mutti, Zähne putzen ist wichtig. Wer putzt heute? Du oder ich?“ Immer öfter kam es vor, dass sie es mir überließ, die Zahnbürste entsprechend zu bewegen. Mutti öffnete den Mund, ich putzte die Zähne. „Du musst doch nicht immer machen, was ich gar nicht mehr aushalten kann“, beschwerte sie sich anschließend. Den Umstand, dass eine andere Person ihre Zähne putzte, empfand sie als unangenehm. Nach dem Putzen trank Mutti das Wasser, das ursprünglich zum Ausspülen gedacht war aus und schüttelte sich: „Igitt igitt, was ist das? Das schmeckt ja gar nicht.“ „Das glaube ich gerne, dass das Wasser nicht schmeckt. War eigentlich zum Ausspülen gedacht.“ Ich musste schmunzeln. „Mutti, ich kann nicht ahnen, dass du so durstig bist. Sonst hätte ich dir ein anderes Getränk gereicht.“ Mutti guckte mich an, schmunzelte ebenfalls, nickte mit dem Kopf und sagte „Ja.“ Damit war das Zähneputzen für diesmal beendet.

Wiederum einige Wochen später gab es im Badezimmer eine ähnliche Situation. Mutti beobachtete wie ich die Zahnbürste wie immer fertig machte. „Du weißt, dass jetzt deine Zähne geputzt werden müssen“, sagte ich. Sie sah mich mit bösem Blick an, schlug meine

Hand samt Bürste weg, warf mir ein: „Du Sau", entgegen und verließ das Badezimmer. Zahnpflege fiel heute aus. Sobald sie das Bad verlassen hatte, war der Vorfall für sie vergessen und einem unbeschwerten Miteinander stand nichts im Wege. Das Verhalten bei der Zahnpflege veränderte sich im Laufe der Monate immer wieder. Da wir Karies verhindern wollten, versuchten wir stets erneut, die Zähne irgendwie sauber zu halten. Mal benutzten wir Kinderzahnbürsten oder elektrische Zahnbürsten, die Mutti selbst halten konnte. An Ideen mangelte es uns nicht. Teils amüsiert, teils ratlos tauschten Zuzana und ich uns über unsere Erfahrungen aus. Hierbei stellten wir immer wieder fest, dass sich bestimmte Verhaltensmuster wiederholten.

Tage mit Zuzana und Mutti

Zuzana war eine Seele von Mensch und hatte im Umgang mit Mutti wirklich eine Engelsgeduld. In der ersten Zeit ging sie häufig mit ihr für das Mittagessen einkaufen. Zuhause angekommen, bezog sie Mutti in die Vorbereitung des Essens mit ein. Legte vielleicht Kartoffeln und ein Kartoffelschälmesser bereit. Zwar kam es vor, dass die Schale recht dick abgeschnitten statt dünn geschält wurde. Das war egal, denn hauptsächlich ging es darum, Mutti beteiligt zu haben. Irgendwann waren die Kartoffeln fast viereckig, aber auch das war okay. Für einen Obstsalat legte Zuzana ihr eine geschälte Banane hin und unterstützte beim ersten Schnitt, damit Mutti einen Eindruck davon bekam, was von ihr verlangt wurde. Ab und an verschwand ein wenig Obst direkt im Mund.

Manchmal backten die beiden gemeinsam Kuchen. Sie hatten Freude daran, das Backwerk zu genießen. Gern wurde es auch mit dem Nachbarn Werner und dessen Sohn geteilt.

Auch Paula, Wolfgang und ich kamen in den Genuss, das Essen und den Kuchen von Zuzana genießen zu dürfen, wenn wir dort waren. Sie kicherte vergnügt, wenn wir ihr Komplimente wegen ihrer Kochkünste machten und nach den Rezepten fragten. Bei allem, was sie kochte oder machte, ging sie vorher mit Mutti ins Gespräch:

„Frau Margarete, was halten sie davon?“ „Frau Margarete, heute mach ich uns…“ „Frau Margarete,…“

So hatte Mutti die Möglichkeit, ihren Fähigkeiten und der Tagesform entsprechend, zu entscheiden. Immer wieder war ich begeistert von Zuzana. Sie kümmerte sich mit so viel Liebe um Mutti. Auch zeigte sie großes Einfühlungsvermögen bei deren Stimmungsschwankungen.

Es war für Zuzana anfangs nicht immer leicht. Manchmal ließ sie während eines Telefonates ihrem Kummer freien Lauf: „Oh Dietlind, Frau Margarete ist heute gar nicht zufrieden. Das Essen schmeckt nicht. Ich soll nicht in mein Zimmer. Frau Margarete möchte nicht mit mir spazieren gehen. Sitzt im Wintergarten, schimpft, ich kann ihr gar nichts recht machen. Alles ist falsch.“ „Zuzana, soll ich kommen sobald es meine Zeit erlaubt? Dann kümmre ich mich um Mutti und du hast die Möglichkeit einer Verschnaufpause. Kannst vielleicht mit deiner Familie skypen. Was hältst du davon?“ „Ach nein Dietlind, es ist schon wieder gut. Ich musste nur einmal jemandem von diesem Tag erzählen. Ich war voll Traurigkeit, aber jetzt geht es mir wieder gut. Danke, dass du zugehört hast.“ „Zuzana, bist du sicher, dass es reicht? Ich könnte nachher wirklich für eins zwei Stunden kommen“, bot ich ihr nochmals an. Sie lehnte dankend ab. An solchen Tagen meldete ich mich meist abends noch einmal bei Zuzana. In der Regel bat sie mich dann, erstmal mit Mutti zu sprechen, damit sie sich nicht zurückgesetzt fühlte, eifersüchtig wurde. Dieser kleine Trick klappte sehr gut. Telefonieren wurde allerdings für Mutti immer mehr zu einer Herausforderung, da sie ihr Gegenüber nicht sah, sich ausschließlich auf die Stimme konzentrieren musste.

Es kam auch vor, dass Zuzana mir ihr Herz ausschüttete und dabei weinte. Vom Aufstehen bis zum Schlafengehen mit Mutti zusammenzuleben, die immer wiederkehrenden gleichen Fragen zu beantworten, Geduld und Verständnis bei Stimmungsschwankungen aufzubringen und vieles mehr, war eine riesige Aufgabe. Ich weiß gar nicht genau, woher sie die Energie für diese Arbeit nahm.

Allerdings habe ich ein wenig die Vermutung, dass unsere immer mal wieder erwähnte Wertschätzung ihrer Arbeit, wie auch das Gefühl in gewisser Weise zur Familie dazu zu gehören, wesentlich dazu beigetragen hat, dass sie bei Mutti und uns geblieben ist, nicht aufgab. Bei vielen Gelegenheiten gaben wir ihr zu verstehen wie zufrieden wir mit ihr sind, wie wichtig sie für uns war. Unser Vertrauen in das, was sie tat, sowie unser offenes Ohr für ihre Sorgen, halfen ihr beim täglichen Miteinander mit Mutti. Sie wusste, dass wir jederzeit für sie ansprechbar waren. Auch tat es ihr gut, bei den Treffen der Alzheimer-Gesellschaft Anerkennung von Frau Peters zu bekommen, nicht nur was den Umgang mit Mutti betraf.

Mutti hatte immer noch mit dem Verlust ihrer Eigenständigkeit durch die Demenz zu kämpfen. Zwischendurch merkte sie immer mal wieder, dass sie die Kontrolle über ihr Leben verlor, dass ihr Dinge, die eigentlich selbstverständlich waren, nicht mehr gelingen wollten. Die Feinmotorik ließ nach: das Zuknöpfen einer Bluse, eines ihrer Lieblingskleidungsstücke, bereitete ihr schon seit Längerem Schwierigkeiten. Die kleinen Knöpfe wollten einfach nicht in das dafür vorgesehene Loch. Mutti schimpfte dann lautstark „Verflixt, wieso geht das schon wieder nicht. Was soll das, es funktioniert nicht. So ein Mist.“ „Frau Margarete, kommen Sie, ich helfe Ihnen“, bot Zuzana in solchen Situationen an. Mutti lehnte jedoch manchmal die angebotene Hilfe erst einmal ab und versuchte das Zuknöpfen allein zu schaffen, bevor sie sich später von Zuzana helfen ließ. Sie merkte, wie sich alles veränderte und sie nichts dagegen tun konnte. Es war eine schwierige Zeit. Mit fortschreitender Demenz wurde Mutti dann aber umgänglicher und das Zusammenleben mit ihr dadurch teilweise leichter.

Je länger Zuzana bei Mutti wohnte, desto mehr wuchsen die beiden trotz gelegentlicher Differenzen zu einer Einheit zusammen. Zuzana gehörte tatsächlich mehr oder weniger zur Familie. Sie war uns eine große Hilfe. Beim Spaziergang ging Zuzana mit Mutti auch gern zum Friedhof zu Vatis Grab, stellte Blumen in die Vase. Zuhause hatte sie Spaß daran, Mutti zu frisieren. Mit viel Liebe verhalf sie ihr zu einer schicken Frisur. Nur zum Schneiden der Haare wurde gelegentlich ein Termin verabredet.

Abends schauten sich die beiden meist irgendwelche Filme an. Es kam aber auch vor, dass Zuzana nur den Fernsehapparat für Mutti anstellte und sich für einige Zeit in ihr Zimmer zurückzog. Der Kontakt zur Familie wollte gepflegt werden. Immer wieder erwähnte sie uns gegenüber, wie sehr sie sich über die Bereitstellung des Laptops freute. Ihre Lieben zu sehen, der regelmäßige Kontakt zu ihnen, verhalf ihr vermutlich auch zu der Kraft und Zuversicht die sie brauchte, um die Arbeit mit Mutti zu schaffen.

Inkontinenz und Denkanstöße aus der Selbsthilfegruppe

Momentan hatte ich das Gefühl, es sei alles geregelt. Der Alltag schien relativ entspannt. Ich ging meiner Arbeit in der Kita nach. Regelmäßig fuhr ich zu Mutti. Auch bei uns zuhause herrschte eine gute Stimmung. Meinetwegen hätte es also gut noch länger so weitergehen können. Es kam jedoch anders.

Als ich bei einem meiner Besuche Zuzana fragte, wie die letzten Tage gewesen seien, druckste sie merkwürdig herum. Es war ein eher untypisches Verhalten, das ich so noch nicht an ihr wahrgenommen hatte. Ihr schien meine Frage unangenehm zu sein. Auf nochmalige Nachfrage erzählte sie, dass sie neuerdings häufiger das Bett beziehen müsse, da es morgens nass sei. Auch nachts war sie schon einige Male wach geworden, weil Mutti auf der Etage herumwanderte. Bei der Begleitung zurück ins Bett merkte sie, dass alles nass war. Also wechselte sie das Bettzeug und half Mutti einen frischen Schlafanzug anzuziehen. Obwohl Mutti vor dem Zubettgehen zur Toilette gegangen war, war das Bett nass. Dies bedeutete nicht nur Mehrarbeit für Zuzana, sondern auch, dass sie nicht genügend Schlaf bekam. In manchen Nächten musste sie Mutti auch erst noch von der Notwendigkeit eines frischen Schlafanzugs überzeugen. Nicht immer nahm sie die Nässe wahr.

Wir besprachen uns und kamen zu dem Entschluss,

einen Schutz für die Matratze zu kaufen, fanden unsere Idee erst einmal ausreichend. Bedachten anfangs aber nicht, dass ein Matratzenschutz allein nicht reichte. Schlafanzug und Zudecke waren ebenfalls nass. Auch kam hinzu, dass nicht nur die Nächte problematisch waren. Vermehrt kam es vor, dass Mutti tagsüber einnässte, obwohl sie regelmäßig von Zuzana zum Toilettengang angehalten wurde. Die Kontrolle über die Blase klappte fast gar nicht mehr. Inkontinenzmaterial war nun ein Thema mit dem ich mich auseinandersetzen sollte. Die notwendigen Vorlagen bekam ich in der Apotheke. Es dauerte einige Zeit, bis Mutti sich daran gewöhnt hatte. Sie brachte das nasse Bett gar nicht mit sich in Zusammenhang – es war eben einfach nass…. Selbst durch das häufige Wechseln der nassen Kleidung tagsüber konnte sie nicht so schnell davon überzeugt werden, die Benutzung einer Vorlage zu akzeptieren. Mutti von der Notwendigkeit zu überzeugen war schwierig. Sie konnte es einfach nicht verstehen. „Was soll der Quatsch?“ schimpfte sie manchmal und entfernte die Vorlage kurzerhand. Wieder einmal war zu erkennen, dass Mutti eine ganz andere Wahrnehmung hatte als wir.

Wieder einmal war es der Engelsgeduld von Zuzana zu verdanken, dass Muttis ablehnende Haltung nach ein paar Tagen nachließ. Sie versorgte Mutti unbeirrt mit den Vorlagen, nicht ohne dabei die Vorzüge der Nutzung zu erwähnen: „Frau Margarete sehen Sie, wir müssen gar nicht Hose und alles umziehen, weil sie nass ist. Ich wechsle schnell die Vorlage und schon haben Sie wieder

Ihre Ruhe." „Ach was", sagte Mutti zuerst, dann wurde der Widerstand langsam weniger. Anfangs holte ich kleine Mengen per Rezept aus der Apotheke. Merkte allerdings ziemlich schnell, dass der Vorrat nicht lange reichte. Ständig war ich unterwegs, um für Nachschub zu sorgen. So setzte ich mich dank eines Tipps, den ich in der Apotheke bekam, mit Muttis Krankenkasse in Verbindung und bat um andere Lösungsmöglichkeiten. Fortan konnte ich mich direkt mit dem Lieferanten des Inkontinenzmaterials in Verbindung setzen und entsprechend große Mengen ordern.

Das Kaufen des Matratzenschutzes, Telefonate mit der Ärztin, der Krankenkasse, dem Lieferanten des Inkontinenzmaterials sowie Besorgungen aus der Apotheke etc. nahmen eine Menge Zeit in Anspruch – es waren manches Mal einige Anläufe notwendig, um die gewünschten Ansprechpartner ans Telefon zu bekommen – ein mühsames Unterfangen.

In der Selbsthilfegruppe berichtete ich davon, dass nach einer Zeit des Stillstands nun wieder viel zu organisieren sei und ich immer häufiger das Gefühl hatte, stets hinterherzuhinken. Hatte ich etwas Unumgängliches organisiert und alles lief in geregelten Bahnen, kam schon nach kurzer Zeit eine neue Herausforderung. Ich wollte allen gerecht werden – unserer Tochter, meinem Mann, meiner Mutter, Zuzana wollte ich entlasten und hatte auch noch den beruflichen Alltag zu regeln. Kino-Theaterbesuche, soziale Kontakte, all dies wollte ich natürlich auch weiterhin genießen… Mein Leben sollte doch nicht nur aus Arbeit, Organisation und anderen notwendigen Dingen bestehen. Ich wollte Spaß, Ablenkung haben. Meine Kräfte ließen nach und leider war noch immer kein freier Platz in der Demenz WG in Aussicht.

Bei einem der nächsten Treffen in der Selbsthilfegruppe der DIKS redete ich mir erst einmal alles unsortiert von der Seele. Frau Jürgens hörte aufmerksam zu, hakte an einigen Stellen nach, um mich richtig zu verstehen und herauszufinden, worin mein eigentliches Problem bestand. Es tat gut, meinen Frust, meine Hilflosigkeit in der Gruppe zu thematisieren. Schließlich kannten alle Anwesenden Situationen, von denen ich berichtete. Nachdem ich geendet hatte, stellte Frau Jürgens die Frage in unsere Runde, eine kurze Geschichte erzählen zu dürfen, in der sie meine Mutter und mich als Beispiel nehmen wollte. Dem stimmten wir zu. „Frau Schöppner, ihre Mutter ist dement. Aber: sie sind nicht für diese Demenz verantwortlich. Es ist eine Krankheit. Die Krankheit ihrer Mutter." Einen Moment später fuhr sie fort: „Stellen sie sich vor, ihre Mutter ist in einen reißenden Fluss gefallen. Sie reichen ihr die Hand und halten sie fest. Doch der Fluss wird immer reißender. Sie finden für sich keinen Halt am Ufer. Es gibt nur die Möglichkeit, dass sie ihre Mutter festhalten und unweigerlich mitgerissen werden… oder sie lassen sie los…" Frau Jürgens schwieg einen Moment, bevor sie ruhig fortfuhr: „Denken Sie in aller Ruhe über mein Beispiel nach. Lassen Sie die Geschichte auf sich wirken. Bei einem unserer nächsten Treffen frage ich vielleicht, wie es Ihnen damit ergangen ist, ob sie etwas mit Ihnen gemacht hat. Vielleicht ändert sich Ihre Sichtweise auf einige Dinge? Horchen Sie in sich hinein und achten Sie darauf, welche Gefühle meine Geschichte bei Ihnen auslöst." Im Raum war es ganz still. Bei anderen Teilnehmern und mir flossen an diesem Nachmittag viele Tränen. Nach einer kurzen Abschiedsrunde gingen wir auseinander. Dieses Beispiel mit dem reißenden Fluss hatte uns alle sehr aufgewühlt.

Tagelang habe ich mich weiterhin mit der Geschichte auseinandergesetzt. Ich erzähle sie auch heute noch liebend gern Menschen, die ebenfalls einen Angehörigen haben, der an Demenz erkrankt ist.

In Gesprächen mit Wolfgang habe ich irgendwann die Botschaft, die in der Erzählung mit dem reißenden Fluss steckte, verstanden und akzeptiert. Zwei Möglichkeiten habe ich für mich darin gesehen, wie es weitergehen kann. Ich reibe mich in der Verantwortung und Fürsorge für Mutti auf und gehe mit ihr gemeinsam in dem Fluss unter, setze eventuell sogar mein Familienleben aufs Spiel. Niemand konnte wissen, wie lange die Pflege, Betreuung dauern würde. Mutti konnte mit der Demenz noch lange leben… und meine Kräfte schwanden zusehends. Eine andere Möglichkeit bestand darin, professionelle Hilfe anzunehmen und somit Verantwortung abzugeben. Es musste nicht alles von mir geregelt werden, damit es Mutti gut ging. Ich musste lernen, loszulassen. Ein längst überfälliger Abnabelungsprozess begann nun auch bei mir. Parallel dazu erinnerte ich mich daran, dass bei einem unserer vorherigen Treffen über das Thema „Tagespflege“ gesprochen wurde. Vermutlich ein nächster sinnvoller Schritt – für uns alle.

Tagespflege

In der Selbsthilfegruppe der DIKS wurde über Demenz-WG, Pflegeheime allgemein, aber auch Tagespflegeeinrichtungen gesprochen. Die Tagespflege im Stiftungsdorf Hollergrund wurde mehrfach genannt und sehr positiv beschrieben. Ich war damals schon hellhörig geworden. Nun überlegte ich, ob ich für Mutti dort einen Platz bekommen konnte, sofern mir das Haus zusagte. Erst nach Rücksprache mit Wolfgang und Angelika, verabredete ich einen Termin mit der Leiterin, Frau Romberg. Die Einrichtung machte einen sehr guten, ansprechenden, sauberen, offenen Eindruck auf mich. Der Eingangsbereich war sehr einladend. Mitarbeiter und Bewohner, die mir auf meinem Weg zum Büro begegneten, erwiderten meinen Gruß sehr freundlich, fragten ob sie mir helfen könnten. Anscheinend war für sie zu erkennen, dass ich dort fremd war. Es wirkte beinah familiär.

Nach einer äußerst freundlichen Begrüßung kamen

Frau Romberg und ich schnell ins Gespräch. Ich schüttete ihr mein ganzes Herz aus. Wie lange wir miteinander gesprochen haben, weiß ich gar nicht mehr. Aber, am Ende war klar, dass Mutti 2 x die Woche zur Tagespflege mit dem hauseigenen Bus abgeholt und auch zurückgebracht wurde. Von ca. 08.30 Uhr bis 16.30 Uhr war Mutti versorgt und Zuzana hatte diese Zeit zur freien Verfügung. Ich hatte bei der Terminabsprache nicht zu hoffen gewagt, dass wir so schnell einen der begehrten Plätze in der Tageseinrichtung bekommen sollten. Mein Glück konnte ich kaum fassen. Dass sich der Wohnort gleich hinter der Ortsgrenze Bremen/Lilienthal (Niedersachsen) befand, stellte aus Sicht von Frau Romberg kein Problem dar.

Schon kurz nach unserem Gespräch ging es los: Mutti wurde an den vereinbarten Tagen abgeholt, verbrachte den Vormittag in der Gruppe, nahm an den Angeboten teil. Mittags wurde sie mit Essen versorgt und machte anschließend einen Mittagsschlaf. Danach nahm sie an den Nachmittagsveranstaltungen teil, bevor es dann nach Hause ging. In der Regel machte Zuzana sie morgens fertig und begleitete sie zum Bus. Es gab aber auch Tage, an denen sie sich keine Jacke anziehen ließ und auf keinen Fall mitgehen wollte. In solchen Situationen kam der Fahrer, Herr Bauer zu Hilfe. Männer übten nach wie vor eine für uns nicht nachvollziehbare Faszination auf Mutti aus. Dies war in solchen Situationen von Vorteil. Mit freundlichen Worten ging er auf Mutti zu: „Schönen guten Morgen, Frau Bünz. Ich wollte Sie heute wieder abholen. Der Bus steht vor der Tür. Sie wollen mich doch jetzt nicht einfach wegschicken? Sie brauchen nur noch Jacke und Schuhe und dann nichts wie los. Die anderen Herrschaften warten schon.“ Und kaum zu glauben, Mutti himmelte Herrn Bauer förmlich an. Ihr Widerstand verflog. Ohne mit der Wimper zu zucken, ließ sie sich von Zuzana anziehen, hakte sich bei Herrn Bauer unter und stieg wohlgelaunt zu den anderen Fahrgästen in den Bus. Muttis Sinneswandel, sofern ein Mann ihr Aufmerksamkeit schenkte, konnten wir uns nie so richtig erklären.

Anfangs war ich mal zu Besuch in der Tagespflege, um mir einen Eindruck zu verschaffen. Mutti war in ihrer Kommunikation schon sehr eingeschränkt. Ein Austausch über das, was sie erlebt hatte, war nicht mehr richtig möglich. Ein Besuch bei Frau Romberg, der Heimleitung, gehörte dann auch dazu.

Wir unterhielten uns über Mutti, sind dann aber schnell über unsere unterschiedlichen Arbeitsbereiche, auf unsere Haltung den Menschen gegenüber gekommen. Ich merkte, dass sie viele meiner Ansichten teilte, was sich auch sehr in der wertschätzenden Haltung der Arbeit der Mitarbeiter widerspiegelte. Wir hatten schnell ein gutes Verhältnis zueinander. Gern suchte ich den Kontakt zu ihr. Es tat gut, mich mit ihr auszutauschen. Da die Betreuung von Mutti noch immer fünf Tage die Woche von Zuzana und mir abgedeckt wurde, fanden sich stets Themen, über die wir uns austauschen konnten. Manchmal flossen dabei Tränen. Teils, weil mein Energiehaushalt tüchtig geschrumpft war, vielleicht aber auch, weil ich deutlich spürte, dass Mutti sich immer mehr aus ihrem bisherigen Leben zurückzog und dadurch unweigerlich Veränderungen auf uns zukamen. Mit meinen Gefühlen und Ängsten fühlte ich mich bei Frau Romberg stets gut aufgehoben.

Abschied und Umzug

Mutti war nun schon einige Wochen in der Tagespflege. Für Zuzana war es eine Entlastung, ebenso wie für mich. Trotzdem konnte es nicht ewig so weitergehen, dies war uns klar. Anfang Mai 2012 kündigte Zuzana ihren Urlaub für Mitte Juni an. Es sollte wieder eine Vertretung kommen. Der neuerliche Wechsel war wieder gut vorbereitet. Dann erlebte ich jedoch zweimal kurz hintereinander, dass Mutti die Kontrolle auch über den Darm verlor. Bei solch einem Missgeschick war ich turnusmäßig in Lilienthal. Es war Freitag. Zuzana und ich hatten tüchtig damit zu tun, Mutti ins Bad zu bringen, um sie dort zu waschen und umzuziehen – leider hatte Mutti vor uns das Malheur in der Vorlage gesehen und wollte es allein beseitigen. Dies verursachte eine riesengroße Schweinerei. Oh je. Sie hatte keine Ahnung wie DAS dahingekommen war und sagte nur „Oh Gott…

mach DAS bloß weg."

Der Schweiß stand uns auf der Stirn, nachdem alles erledigt und wieder sauber war. In einer ruhigen Minute räumte Zuzana ein, dass sie auch schon ein paar Mal allein vor solch einer Situation stand, wollte mich jedoch damit nicht behelligen. Oh je, was mutete Zuzana sich zu. So konnte es nicht weitergehen, es musste sich etwas ändern. Ziemlich deprimiert verabschiedete ich mich an dem Nachmittag von Mutti und Zuzana. Dachte ich doch, die Versorgung von Mutti durch Zuzana, die Tagespflege und mich sei relativ gesichert, musste ich hier und heute wieder einmal erkennen, dass dies eine glatte Fehleinschätzung war. Auf der Fahrt nach Hause bog ich kurzerhand ab und suchte intuitiv das Gespräch mit Frau Romberg. Ich musste meinem Kummer Luft verschaffen. Sie hatte auch heute ein offenes Ohr für mich. Schon allein ihre ruhige aber bestimmte Art gab mir das Gefühl, dass es für meine Probleme noch eine Lösung gab. Während ich von dem heutigen Tag berichtete flossen meine Tränen plötzlich wie Rinnsale über mein Gesicht. Ich war kaum zu beruhigen, fühlte mich vollkommen überfordert. Es brauchte einige Zeit, bis ich mich wieder einigermaßen gefangen hatte. Frau Romberg, der ich bei einem unserer Gespräche von dem Vergleich „Demenz – reißender Fluss" erzählt hatte, den ich nach wie vor sehr gut fand, fragte nach einer Weile des Zuhörens, ob ich mir vorstellen könnte, dass vielleicht jetzt der Zeitpunkt des Loslassens gekommen sei. Ich verstand nicht sofort, was sie mir damit signalisieren wollte. „Was halten Sie davon, dass Ihre Mutter zu uns in die Kurzzeitpflege kommt und von dort in die Tagespflege gebracht wird. Sofern ich dann im oberen Stockwerk ein schönes Zimmer frei habe, kann Ihre Mutter dort einziehen. Vielleicht ist das nun der nächste Schritt. Schlafen Sie drüber, überlegen Sie in aller Ruhe, ob Sie es sich vorstellen können. Wir sehen uns sicherlich in den nächsten Tagen. Mein Angebot steht. Wann ein Zimmer frei wird, kann ich nicht sagen. Es klappt aber auf jeden Fall mit der Kurzzeitpflege." Mit diesen Worten verabschiedeten wir uns voneinander. In der Tür hörte ich sie noch sagen: „Frau Schöppner, von Ihren Erzählungen weiß ich, dass Sie noch eine junge Tochter haben. Sie werden noch eine ganze Weile von ihr gebraucht, bevor sie das sichere Nest verlässt. Nehmen Sie sich jetzt Zeit für sie." Mehr als „Hm", brachte ich nicht heraus. Ein dicker Kloß saß mir im Hals. Noch immer sehr aufgewühlt machte ich mich auf den Weg nach Hause. Dort angekommen erzählte ich erst Wolfgang und später Angelika von meinem Tag und berichtete von Frau Rombergs Vorschlag. „Na endlich", sagte Angelika, „dem hast du doch hoffentlich gleich zugestimmt?" Sie hatte schon viel Positives über das Stiftungsdorf gehört und war froh, dass Mutti nun endlich professionell versorgt und ihren Fähigkeiten entsprechend gefordert und gefördert werden konnte. Auch Wolfgang fiel ein Stein vom Herzen. Er hatte schon lange gemerkt, dass ich mich übernommen hatte. Dem Umzug Muttis schauten die beiden freudig entgegen.

Nun nahm ich nochmals Kontakt zum Amtsgericht in

Osterholz-Scharmbeck auf. Dort schilderte ich Muttis augenblickliche Situation und unterrichtete die Richterin von Frau Rombergs Vorschlag, fragte nach, ob noch irgendwelche gesetzliche Vorgaben zu beachten seien. Durch die dem Gericht vorliegenden Vollmachten waren alle Voraussetzungen erfüllt. Mit dieser Auskunft fuhr ich zu Frau Romberg, um die entsprechenden Papiere zu unterzeichnen. Ich wollte, dass alles offiziell geregelt war. Nachdem die Verträge unterzeichnet waren, besprachen wir noch am gleichen Tag Muttis Umzug in die Kurzzeitpflege. Ich konnte mir nicht vorstellen, dass sie freiwillig dort bleiben würde. Auch stellte sich mir die Frage, wie ich die notwendigen Sachen einpacken sollte, ohne dass sie etwas merkte? Ich malte mir die absurdesten Szenen aus, wie es gehen könnte und ein leichtes Unwohlsein machte sich in mir breit.

Auf Frau Romberg war auch in dieser Situation Verlass. Sie nahm mir meine Angst durch einen genialen Lösungsvorschlag. Zuzana sollte Mutti am Tag des Umzugs wie immer zur Tagespflege abholen lassen. Am Ende des Tages würde sie dann mit Frau Garrels, die schon ein Zimmer auf der oberen Etage hatte und Mutti vertraut war, von Frau Romberg in das Zimmer für die Kurzzeitpflege gebracht werden. Mir wurde die Aufgabe des Kofferpackens zugeteilt. Den lieferte ich auf Station ab, während Mutti in der Tagespflege war.

Zuzana hatte ich selbstverständlich frühzeitig über unsere Pläne informiert. Auch für sie war es sehr emotional. Eine anstrengende, aber auch wunderbare Zeit fand nun bald ein Ende. Die Notwendigkeit der Unterbringung im Stiftungsdorf sah auch sie. Gemeinsam terminierten wir den Beginn der Kurzzeitpflege so, dass Zuzana Mutti morgens wie gewohnt an ihrem letzten Arbeitstag, zur Tagespflege verabschiedete. Den Koffer mit den notwendigsten Sachen für die kommenden Wochen hatten wir schon gepackt und im Stiftungsdorf abgegeben. Mit Zuzana und Mutti hatte ich gemeinsam einen Tag vorher ein gemütliches Kaffeetrinken organisiert. „Frau Margarete, ich fahre wieder nach Polen. Mache Urlaub mit Bernard, meinem Mann“, erzählte sie Mutti. Tränen kullerten über ihre Wange. Ob Mutti intuitiv merkte, dass etwas anders war als sonst, weiß ich nicht. Sie streichelte an diesem Tag öfter als gewöhnlich Zuzanas Wange, sah sie dabei schweigend an. Den Abend verbrachten die beiden allein. So hatte Zuzana es sich gewünscht. Am nächsten Morgen ging alles wie verabredet.

Zuzana ließ es sich nicht nehmen, das Haus noch einmal gründlich zu säubern, bevor sie uns verließ. Wolfgang, Paula und ich hatten mit Zuzana verabredet, ebenfalls noch ein paar Stunden bei leckerem Essen miteinander zu verbringen, bevor sie uns endgültig verließ. Uns verband ein sehr liebevolles vertrautes Miteinander, das wir in geselliger Runde beendeten, nicht ohne uns darauf zu verständigen, Kontakt zueinander zu halten. Nicht nur Zuzana wollte Urlaub machen, sondern auch bei uns dreien stand der Sommerurlaub an. Ursprünglich hatte ich geplant, dass ich mich vor unserem Urlaub von Mutti in ihrem neuen Zuhause verabschiede.

Auf Anraten von Frau Romberg unterließ ich dies jedoch. Sie meinte, Mutti solle erst einmal ein wenig zur Ruhe kommen. Ein Besuch könne für uns beide sehr emotional und wenig zweckdienlich sein. Sie riet mir, erst wieder nach unserem Urlaub Kontakt zu Mutti aufzunehmen. Sie hatte dann vermutlich genügend Zeit, um in der neuen Umgebung anzukommen. Frau Romberg war die Fachfrau, der ich vollends vertraute. Schweren Herzens stimmte ich dem Vorschlag zu.

Da Mutti Mitte Juni umgezogen war, unser Urlaub bis Ende Juli dauerte, lagen sechs lange Wochen zwischen Abschied und erstem Wiedersehen. Dies schien mir eine Ewigkeit. Obwohl ich vom Kopf her wusste, dass dieses Vorgehen richtig war und ich mich entsprechend verhielt, plagte mich mein schlechtes Gewissen. Muttis Wunsch war es, erst nach ihrem Tod ihr geliebtes Zuhause verlassen zu müssen. Solange es ging, haben wir es ihr ermöglicht. Nun konnten wir diesem Wunsch jedoch nicht mehr entsprechen. Gefühlsmäßig konnte ich nicht gut damit umgehen, Mutti nicht auf den Umzug vorbereitet zu haben, obwohl mir klar war, dass sie vermutlich die Tragweise dessen, was ich ihr erzählte, gar nicht erfasste. Das Nicht-verstehen-Können war wieder ihrer Demenz geschuldet, half mir in dem Moment absolut nicht. Trotz meines mich plagenden schlechten Gewissens hielt ich mich an die, mit Frau Romberg getroffenen Verabredungen.

Wiedersehen

Unseren Urlaub konnte ich gar nicht so recht genießen. Meine Gedanken schweiften immer wieder ab, zu Mutti. Ruhe fand ich erst, als ich nach vierzehn Tagen Kontakt zu Frau Romberg aufnahm und sie mir signalisierte, dass alles gut wäre. Mutti ging anfangs täglich in die ihr vertraute Tagespflege. Nur am Wochenende blieb sie auf Station. Häufig war sie in Begleitung von Frau Garrels anzutreffen. Sie war sehr freundlich und suchte den Kontakt zu Mitbewohnern und Pflegepersonal. Reichlich Energie verbrauchte Mutti, wenn sie, ihrem Bewegungsdrang folgend, die langen Flure unermüdlich entlanglief. Dies konnte ich mir gut vorstellen. Soweit schien es Mutti gutzugehen. Erleichtert beendete ich unser Telefonat und verbrachte nun endlich ein paar unbeschwerte Urlaubstage mit Kind und Mann.

Sobald wir wieder in Bremen waren, fuhr ich gemeinsam mit Wolfgang ins Stiftungsdorf. Mein erster Weg führte mich zu Frau Romberg. Sie erzählte mir lachend, dass Mutti ihre erste Nacht bei Frau Garrels verbracht hatte. Sie war zwar erst irritiert als es nicht mit dem Bus nach Hause ging, ließ sich aber von Frau Romberg ins Haupthaus bringen. Zur Schlafenszeit wurde sie versorgt und zu Bett gebracht. Sie ist jedoch sofort wieder aufgestanden und über den Flur gepirscht. Irgendwie hat sie dann zum Zimmer von Frau Garrels gefunden und dort genächtigt. Die beiden Frauen haben sich das Bett geteilt. Eine hat am Kopfende die andere am Fußende geschlafen.

Zu meiner großen Freude erfuhr ich am gleichen Tag, dass ein Einzelzimmer schräg gegenüber des Stationszimmers, direkt neben dem kleinen Aufenthaltsraum, frei geworden sei. Mutti konnte direkt dort einziehen. Es war ein Zimmer mit eigenem separatem Badezimmer, ausgestattet mit Kleiderschrank und Pflegebett. Ansonsten konnten Wolfgang und ich es einrichten, wie wir wollten. Früh hatten wir uns auf die Socken gemacht. So war nach dem Gespräch mit Frau Romberg genügend Zeit, das Zimmer einzurichten, Dinge aus ihrem Haus zu holen und somit ein gemütliches Zuhause für sie zu schaffen. Mutti bekam von all dem nichts mit. Sie verbrachte den Tag in der Tagespflege. Wolfgang und ich brachten die Sachen mit, von denen wir dachten, dass sie ihr wichtig seien und sie sie ebenfalls mitgenommen hätte, um sich häuslich einzurichten. Ein Zweiersofa mit entsprechenden Sesseln und Couchtisch, Fernseher samt Fernsehtisch, Stehlampe, Wandbilder, Spiegel, Fotos von uns und zwei Esszimmerstühle gehörten dazu. Es waren allesamt Dinge, die Mutti und Vati liebevoll ausgesucht hatten, um ihr Zuhause gemütlich zu gestalten. Das Zimmer war frisch gestrichen; der Fahrer Herr Bauer und Hausmeister des Stiftungsdorfes, kam, um die Nägel für die Bilder in die Wand zu schlagen. Frau Romberg schaute ebenfalls kurz herein. Wir waren ganz begeistert von unserem Wirken. Das neue Zuhause wirkte durch die doppelflügelige Balkontür hell und freundlich.

Mutti würde sich wohlfühlen. Sie hatte direkten Blick auf den Innenhof. Dort gab es immer etwas zu sehen.

Dann war es soweit. Nachdem wir uns wochenlang nicht gesehen hatten und Mutti seitdem auch nicht wieder in ihrem Haus war, sollte dies nun unsere erste Begegnung sein. Mir rutschte das Herz in die Hose, ich fühlte mich nicht wohl in meiner Haut. Rechnete ich doch damit, dass Schimpftriaden auf mich niederprasselten. Es kam jedoch anders als erwartet. Mutti wurde von Sophie, einer Mitarbeiterin der Station, aus der Tagespflege geholt. Auf dem Flur, vor ihrer Zimmertür hatten Wolfgang und ich uns positioniert. Zusammen mit ihr wollten wir in das neu eingerichtete Zuhause gehen. „Schauen Sie mal, Frau Bünz, wer da auf Sie wartet", sagte Sophie und zeigte in unsere Richtung. Nun ging ich mit ausgestreckten Armen auf sie zu, drückte sie kurz und ging gleich wieder auf Abstand. Mutti machte sich in der Umarmung ganz steif. Irgendetwas stimmte nicht, war ihr nicht geheuer. Ich glaube, es ging ihr alles viel zu schnell. Mutti wusste nicht, was hier vor sich ging. Kurzerhand umfasste ich ihr Gesicht mit meinen Händen und schaute ihr in die Augen. Es dauerte nur einen klitzekleinen Moment und es war ein „Dietlind, Dietlind, da bist du!", von ihr zu hören. Nun merkte sie, wer da vor ihr stand. Die Umarmung nahm gar kein Ende. Bei mir kullerten die Tränen, Tränen der Erleichterung und Rührung. Es schien, dass Mutti durch die fortschreitende Demenz gar nicht so wirklich registrierte, dass es nicht ihr eigentliches Zuhause in Lilienthal war, in dem wir uns wieder in die Arme schlossen. Anscheinend war der Umzug für sie gar nicht von Bedeutung. Es ging ihr gut, sie wirkte zufrieden. Wie sehr Mutti sich schon aus ihrer alten Welt herausgeschlichen hatte, war bei diesem Aufeinandertreffen deutlich erkennbar.

Sophie, Frau Koch und Kemal, allesamt Mitarbeiter des Stiftungsdorfes, die unserem Wiedersehen beiwohnten, kamen und begrüßten mich mit den Worten: „Nun haben wir endlich ein Bild von Dietlind. Ihre Mutter nennt sehr häufig diesen Namen. Alles und jedes ist Dietlind. Wir konnten diesen Begriff nicht zuordnen, wussten nicht, dass es ein Name ist." „Mutti, was machst du für Sachen? Erzählst die ganze Zeit von mir? Hast du mich vermisst?" Mutti blieb schweigend neben mir stehen, nahm schließlich meine Hand und sagte freudestrahlend „Dietlind". Dann folgte ein lauter Seufzer. Erneut umarmte ich Mutti. Vermutlich war sie einfach froh, mich wiederzusehen. Von Kemal bekam ich im Laufe des Tages noch Informationen darüber, was noch zu erledigen sei, um ein reibungsloses Miteinander zu gewährleisten. Dann gingen wir in Muttis neu eingerichtetes Zimmer. Dort haben wir einen wunderbaren Nachmittag miteinander verbracht. Ich hatte das Gefühl, dass die Einrichtung des Zimmers mit ihren eigenen Möbeln in dem Moment absolut nebensächlich war, von ihr gar nicht wahrgenommen wurde. Vielleicht registrierte Mutti nicht einmal, dass es ein neues Zimmer war, nicht mehr das der Kurzzeitpflege.

Mutti hat sich auch dort schnell eingelebt. Sie ist häufig

allein in das richtige Zimmer gegangen … allerdings wurde sie auch in anderen Räumlichkeiten angetroffen. In den darauffolgenden Wochen begann das Einleben. Wie sich zeigte, gehörte mehr dazu anzukommen, sich in einem neuen Zuhause wohlzufühlen und verstanden zu werden, als nur ein neues Zimmer.

„Richtiges" Ankommen

Nun, da Mutti ihr eigenes kleines Reich mit den ihr vertrauten Sachen hatte, war ich gespannt wie es weitergehen würde. Einige Dinge galt es noch zu klären. Ein Telefon das ebenfalls zur Einrichtung gehörte, ließ ich entfernen, da Mutti der Umgang damit verloren gegangen war. Es verwirrte sie nur, wenn sie den Hörer in die Hand nahm, aber nichts passierte. Frau Koch, die Pflegedienstleiterin, bat mich Fragebögen mit nach Hause zu nehmen und in aller Ruhe auszufüllen.

Es ging u.a. darum, eine Biografie zu erstellen, Muttis Vorlieben, Abneigungen und Lebensgewohnheiten wurden erfragt, wie sie ihre Tage zu Hause gestaltet hatte, welche Essgewohnheiten waren ihr vertraut. Auch war es wichtig über ihre Familienangehörigen Auskunft zu erteilen. Alles, was wissenswert war, dokumentierte ich, damit sie sich in ihrem neuen Zuhause wohlfühlen und das Pflege- und hauswirtschaftliche Personal sowie Mitarbeiter des Hauses allgemein auf Mutti mit ihren Bedürfnissen und Äußerungen eingehen konnten. Mutti selbst konnte über diese Dinge keine Auskunft mehr geben. Ein guter Austausch zwischen den Mitarbeitern und mir war daher notwendig. Es fiel mir leicht, die gewünschten Informationen weiterzugeben, merkte jedoch, dass sich nicht alles zu Papier bringen ließ. Schnell hatte ich einen guten Kontakt und das Gefühl, einen sicheren Ort, ein rundum schönes neues Zuhause für Mutti gefunden zu haben.

Manche Dinge habe ich im persönlichen Gespräch weitergegeben. Es fielen mir nach und nach immer wieder Dinge ein, die zu wissen von Nutzen sein konnten. Muttis Leben war wie ein offenes Buch. Zwischendurch beschlich mich manchmal für den Bruchteil einer Sekunde ein schlechtes Gewissen. Muttis Leben war nicht immer einfach. In Königsberg 1931 geboren, war sie für zwei Jahre in einem Kinderheim. Von dort ging es zu den Großeltern, die für sie wie Eltern waren. Einige Jahre später floh sie mit den Großeltern und anderen Familienmitgliedern nach Schleswig-Holstein. Sie ist in einer Familie aufgewachsen, in der sehr auf Etikette und gutes Benehmen geachtet wurde. Über bestimmte Dinge sprach man nicht. Es blieb alles in der Familie. Offen mit Menschen, die nicht zur Familie gehörten, über Probleme, Befindlichkeiten zu sprechen, war unmöglich! Aber alles, was Mutti erlebt hat – ob positiv oder negativ – könnte bei fortschreitender

Demenz Thema werden. Es könnte unbewusst und nicht mehr steuerbar, das Bedürfnis bei ihr auftauchen, den Ballast loszuwerden und darüber sprechen zu wollen, wurde ich aufgeklärt. So fiel es mir nicht schwer, Muttis Leben offen zu legen. Es war nur zu ihrem Besten.

Sicherlich gab es auch Lücken in der von mir erstellten Biographie. Auch uns Kindern gegenüber wurde in der Vergangenheit nicht über alles Erlebte offen geredet. Manche Themen wurden ganz einfach totgeschwiegen. Mutti hätte bei mancherlei der Notizen, die ich zu Papier gebracht hatte, sicherlich gesagt: „Bist du verrückt. Wie kannst du das nur erzählen. Das geht doch niemanden etwas an."

Mein schlechtes Gewissen beruhigte ich in solchen Phasen schnell wieder, da es wie gesagt, nur zu ihrem Besten war, diese Informationen weiterzugeben. Einiges aus ihrem Leben und von ihren Vorlieben oder Abneigungen habe ich auch in ihrem Beisein offen angesprochen. Hierbei hielt ich immer Blickkontakt und ihre Hand. „Mutti merkst du, nun plaudere ich ein wenig aus dem Nähkästchen. Ich erzähl von unseren vielen Umzügen, von der Tanzschule, die du mit Vati besucht hast und von einigen anderen Dingen. Kannst du dich noch erinnern?" In solchen Situationen lauschte Mutti meist ganz aufmerksam. Sie hing förmlich an meinen Lippen. Manchmal hatte ich das Gefühl, die Erinnerung war schwer hervorzuholen. An anderen Tagen nickte sie zustimmend mit dem Kopf. Es schien, als hätte sie das Erlebte vor Augen, merkte wovon ich erzählte. Mutti einfach unterzuhaken oder liebevoll in den Arm zu nehmen, war sehr gut bei solchen Gesprächen. Auch versuchte ich Gespräche so zu führen, dass Mutti auf jeden Fall mit ja oder nein einen Kommentar ihrerseits dazu beitragen konnte und somit beteiligt war. Vollständige, sinnergebende Sätze wurden seltener. Ab und zu horchten wir allerdings erstaunt auf, wenn sie sich tatsächlich mit einem ganzen Satz zu Wort meldete, der dann auch noch inhaltlich zu unserer Unterhaltung passte. Auch dieses Phänomen war der Demenz geschuldet. Es gab immer wieder klare Momente. Sie waren aber nicht vorhersehbar. Es gab Menschen, die sich in ihrer Demenz zurückzogen und gar nicht mehr redeten. Wir hatten das Glück, dass Mutti stets versuchte, sich - vielleicht auch nur durch einzelne Worte oder immer wiederholende Wortfetzen – mitzuteilen, am Gespräch zu beteiligen.

Im Moment ging es uns allen gut. Nach der Verabschiedung bei Mutti, bin ich stets unbeschwert nach Hause gefahren. Es gab Tage, da habe ich erst abends an sie gedacht. Ich wusste, sie war gut versorgt. Den Platz in der Tagespflege gaben wir frei. Mutti nahm nun, genau wie Frau Garrels, nur noch an den Angeboten auf Station teil. Mutti und sie verbrachten viel Zeit miteinander, liefen zu zweit über die Flure, nutzten die auf den Fluren befindlichen Sofas zum kurzen Verschnaufen oder bemühten sich um die Aufmerksamkeit von Herrn Meyer, einem männlichen Mitbewohner. Hierbei wurden sie zwischenzeitlich zu Rivalinnen. Jede von ihnen meinte ein Recht auf die Gunst des Mitbewohners zu haben. Sie benahmen sich wie verliebte Teenager. Gelegentlich musste ein Mitarbeiter der Station Herrn Meyer hierbei zur Seite stehen. Manchmal half nur eine räumliche Trennung. Diese Zickerei war allerdings meist nur von kurzer Dauer.

An anderen Tagen waren Mutti und Frau Garrels beim Schmücken des Flures mit dutzenden einzelner Strümpfe zu beobachten. Sie hängten sie liebevoll über die an der Wand aufgehängten Bilder und waren dabei intensiv auf die ihnen eigene Art im Gespräch.

Entfernt wurde die Dekoration in der Regel von Sophie, Marcel oder anderen Mitarbeitern, die Dienst hatten. Bei solchen oder ähnlichen Aktionen war ich leider nie anwesend. Mir wurde nur davon erzählt, wenn ich zu Besuch kam und mich danach erkundigte, wie Muttis Tage verlaufen waren, ob es irgendetwas gab, was ich wissen müsste. Die Mitarbeiter gaben Erlebnisse dieser Art mit einer gewissen Gelassenheit und einer Portion Humor wieder, die mich beeindruckte. Ich hatte das Gefühl, die Bewohner konnten Aktionen, bei denen kein anderer zu Schaden kam, auch mal ausleben. Für eine Grundordnung wurde dann im Anschluss gesorgt.

Gespräche mit den unterschiedlichsten Mitarbeiterinnen führte ich sehr gerne. Ich erfuhr dabei nicht nur, wie Mutti ihre Zeit im Stiftungsdorf verbrachte, sondern lernte ganz nebenbei, dass in der Ansprache der Bewohner andere Begriffe benutzt wurden, als ich sie anwandte. Während ich gelegentlich davon sprach, Mutti füttern oder ihr die Windel wechseln zu können, wurde ich freundlich darauf aufmerksam gemacht, dass in der Einrichtung ausschließlich erwachsene Menschen lebten. Es war daher selbstverständlich, dass sie Begriffe wie: ‚Essen anreichen' statt ‚füttern' und ‚Vorlage wechseln' statt ‚Windel wechseln' benutzten. Ich war dankbar und freute mich gleichzeitig über diesen Hinweis. Dadurch veränderte ich einerseits meine Ansprache und andererseits verdeutlichte er, was für einen respekt- und würdevollen Umgang die Mitarbeiterinnen mit den Bewohnern pflegten. Es fühlte sich sehr gut an.

Freie Tage bei Mutti

In der Kita hatte ich nach wie vor eine 4-Tage-Woche. Freitags hatte ich frei und nutzte den Tag, um ihn gemeinsam mit Mutti zu verbringen. Gleich morgens fuhr ich zum Stiftungsdorf. Meist war sie schon gewaschen, angezogen und hatte gefrühstückt. Sie flitzte über den Flur, saß im Aufenthaltsraum, war auf dem großen gemütlichen Sessel mit einer Mitbewohnerin zu finden oder kümmerte sich um Herrn Meyer oder zu einem späteren Zeitpunkt um Herrn Brandt, der mich ein wenig an meinen Vater erinnerte. Hatte ich sie entdeckt, gab es ein Begrüßungsritual, bei dem ich zuerst ihr Gesicht vorsichtig mit meinen Händen umfasste. So lenkte ich ihre Aufmerksamkeit auf mich. Nachdem ein Blickkontakt hergestellt war, gab es Küsschen links und rechts, dann eine Umarmung. „Schönen guten Morgen Mutti. Hast du gut geschlafen? Bist du bereit, dass wir spazieren gehen können?“ So oder ähnlich baute ich den Kontakt weiter aus, forderte sie zu gemeinsamen Aktionen auf.

Es war ein wunderbarer Sommer. Mutti und ich verbrachten viel Zeit im Freien. Wir machten Spaziergänge und nutzten die im Schatten liegenden Gartenbänke des Stiftungsdorfes für kleine Pausen. Bei einem Glas Saft habe ich den neuesten Klatsch und Tratsch von der Familie erzählt. Mutti hörte aufmerksam zu. Bei allem, was wir machten suchte sie Körperkontakt. Meist nahm sie meine Hand, drückte sie oder streichelte sanft darüber.

Um 12.00 Uhr gab es Mittagessen. Auf dem Weg zurück ins Zimmer, das im ersten Stock lag, kamen wir häufig bei Frau Koch, Frau Romberg oder Frau Wölke vorbei. Stets hatten sie ein liebes Wort für Mutti, sprachen sie mit ihrem Namen an, fragten nach ihrem Befinden oder machten einfach eine freundliche Bemerkung. Dies löste ein wohliges Gefühl in mir aus. Mutti selbst war zu diesem Zeitpunkt nicht mehr in der Lage mir zu erzählen, wie ihr die Menschen begegneten. Von daher war es einfach schön, diese liebenswerte Ansprache zu erleben. Mit dem Fahrstuhl fuhren wir auf ihre Etage. Während der kurzen Fahrt nutzte Mutti den großen Spiegel, der sich darin befand, um mit der ihr ganz speziellen Handbewegung ihre Frisur zu richten.

Irgendwie hatte ich das Gefühl, dass sie gar nicht wahrnahm, dass wir die Ebenen wechselten. Sie schien sich aber jedes Mal über das veränderte Aussehen des Flurbereiches zu wundern, die sich ihr zeigte, wenn die Fahrstuhltür sich öffnete. Mutti selbst wusste anscheinend gar nicht mehr, dass sie mit Hilfe dieses „Dings" allein nach unten fahren konnte. Das empfand ich als recht beruhigend, da ich zwischenzeitlich immer mal wieder Angst hatte, dass sie aus der Einrichtung verschwinden und hilflos umherirren könnte. Wobei es selbstverständlich keine absolute Sicherheit gab, die Bewohner wurden schließlich nicht eingeschlossen.

Bei meinen Besuchen bekam ich stets die neuesten Informationen. So wurde mir mitgeteilt, dass Mutti nicht nachließ, den weitläufigen Flur zu nutzen, um ihrem Bewegungsdrang nachzukommen. Oft war sie dabei in Gesellschaft von Frau Garrels. Die beiden Frauen kamen gut miteinander aus. Obwohl beide sprachlich sehr eingeschränkt waren, hatten sie einen Weg gefunden, miteinander zu kommunizieren. War Mutti allein unterwegs und kam dabei an eine Tür, die verschlossen war, rüttelte sie heftig an der Klinke, um dieses Hindernis zu beseitigen. Sie trat sogar auch mal kräftig mit dem Fuß dagegen. Dass dieses Ding sie am Weiterkommen hinderte, ärgerte sie sehr. Es war die Verbindungstür zu dem Flur des angrenzenden Gebäudeteils – der ihr und allen anderen Bewohnern der Etage jedoch aus Sicherheitsgründen verschlossen blieb.

Irgendwann tolerierte Mutti, dass sie nicht durch die Tür kam. Sie trat nicht mehr dagegen, sondern ruckelte nur noch mehrmals an der Türklinke. Tat sich nichts, drehte sie um und lief in die entgegengesetzte Richtung.

Hatte ich mich von Mutti an meinen Besuchstagen verabschiedet, huschte ich gern noch auf ein paar Worte zu Frau Romberg. Sofern es ihre Zeit erlaubte, verriet sie mir kleine Anekdoten die sie mit Mutti erlebte, wenn sie auf deren Station zu tun hatte oder Mutti in Begleitung eines Betreuers an ihrem Büro vorbeikam. Mir gefiel, wie viel Frau Romberg von Mutti zu erzählen wusste. Ihr lagen die Menschen mit denen sie zu tun hatte offensichtlich sehr am Herzen. Ich war begeistert und bedankte mich dafür, dass sie mich bei dem Schritt von der Tagespflege hin zum Umzug ins Stiftungsdorf tüchtig unterstützt hatte.

Wiener Walzer

Mutti war stets sehr bewegungsfreudig. Daher gehörten auf jeden Fall ausgiebige Spaziergänge zu unserer gemeinsamen Zeit. Trafen wir nach unserer Tour wieder im Stiftungsdorf ein, reichte ich ihr etwas zu trinken, bevor wir uns das Mittagessen schmecken ließen. Ich hatte darum gebeten, dass Mutti das Essen an den Besuchstagen auf ihrem Zimmer einnehmen konnte. So waren wir ungestört, konnten uns unterhalten, auch mal ein wenig albern sein – das gefiel Mutti sehr – und sie konnte die von mir mitgebrachten Leckereien verspeisen. Danach folgte der zum Tagesablauf gehörende Toilettengang.

Die Zeit, die dann folgte, gestaltete ich unterschiedlich, immer unter Berücksichtigung der jeweiligen Tagesform. Mal schauten wir auf dem Sofa sitzend Fotos an und schwelgten in Erinnerungen oder Mutti lauschte den teils bebilderten Geschichten, die ich ihr vorlas. Max und Moritz mit ihren Streichen fand sie besonders amüsant, genauso wie Märchen der Gebrüder Grimm. Das waren vertraute Texte, die Mutti uns in unserer Kindheit stundenlang und immer wieder vorlas, bis sie ‚Fransen am Mund‘ hatte.

Ganz besonderes Vergnügen bereitete es Mutti, wenn ich Musik anstellte und sie zum Tanz aufforderte. Tanzen war ihre große Leidenschaft. Beim Wiener Walzer mit Drehung links- und rechtsherum ließ Mutti sich mit strahlendem Lächeln im Gesicht von mir führen: „Oh, gut, das ist wirklich gut“, lobte sie. „Ja Mutti, freut mich, dass es dir gefällt. Wir sind ein tolles Team“. „Ja aber da hat der …“ erwiderte Mutti, dann fehlten ihr die Worte. „Willst du mir sagen, dass du früher mit Vati getanzt hast, ihr zusammen über das Parkett geschwebt seid“, versuchte ich zu unterstützen. Ein heftiges Kopfnicken signalisierte mir, dass ich mit meiner Vermutung richtig lag. Die Tanzeinlagen haben wir beide noch eine ganze

Zeit beibehalten, auch wenn es im Laufe der Jahre lediglich ein leichtes Wiegen des Körpers war und später einfach ihre Arme zur Musik von mir bewegt wurden, sodass sie sich auch mal vor dem Bauch kreuzten. Bewegung jeglicher Art hält Körper und Geist wach. Bei unseren Tänzen war Mutti im Hier und Jetzt, mit ihrer Aufmerksamkeit bei mir. Es waren Glücksmomente für uns beide.

Essen – Abschied von etepetete oder Mittagessen mit typischen Demenzerscheinungen

Bei einem meiner Besuche, es war ein Samstag, erlebte ich, wie sich Muttis Verhalten beim Essen veränderte. Ohne Unterstützung versuchte sie die Essenssituation so zu händeln, wie sie es für richtig hielt – in diesem Fall mit den Fingern. Also, Samstag war Suppentag. Wie fast immer bei meinen Besuchen hatte ich das Essen aufs Zimmer bringen lassen, damit wir beide ungestört die Mahlzeit genießen konnten. Teller, Löffel und ein Glas hatte ich bereitgestellt und war noch damit beschäftigt, den mitgebrachten, frisch gepressten Saft aus meinem Korb zu holen. Da sah ich aus dem Augenwinkel, dass Mutti mit dem leicht gekrümmten Zeigefinger die Suppe zusammenschob, die während des Transportes auf den

Tellerrand geschwappt war. Im nächsten Augenblick pickte sie ein Stückchen Wurst heraus und ließ es im Mund verschwinden. Mit allergrößter Akribie widmete sie sich anschließend wieder der Säuberung des Tellerrandes. Sie war total versunken in diese Handlung. Es war eine Geste, die mir im Prinzip sehr vertraut war. Mutti fing schon früher immer erst an zu essen, nachdem sie den Tellerrand gesäubert hatte – allerdings benutzte sie bislang einen Löffel dazu. Mit leichtem Schmunzeln ließ ich sie noch einen Moment gewähren bevor ich ihr den mitgebrachten Löffel in die Hand gab und guten Appetit wünschte. Mutti aß mit sichtlichem Appetit.

Tage später, es war diesmal wieder ein Freitag, nahmen Mutti und ich wie immer, das Mittagessen in ihrem Zimmer ein. Hier hatte sie Ruhe zum Essen und wurde nicht durch andere Bewohner abgelenkt. Es war eine angenehme Situation und Mutti aß mit großem Appetit. Wieder hatte ich noch kleine Leckereien von zu Hause mitgebracht, die allesamt mit Genuss verspeist wurden. Zu den Leckereien gehörten an den verschiedenen Tagen: Oliven, Äpfel, Erdbeeren, Weintrauben, Tomaten, Quarkspeise und vieles mehr. Während des Essens erzählte ich, was bei uns zuhause los war. Bestellte herzliche Grüße von Verwandten aus Schleswig-Holstein, mit denen ich telefoniert hatte, erzählte von ihrem jüngsten Enkelkind Paula, berichtete von deren Erlebnissen in der Fachschule oder mit ihrem Pferd. Gelegentlich brachte ich die neuesten Fotos von Paula mit, die Mutti in die Hand nahm und lange Zeit betrachtete. So konnte sie meinen Erzählungen gut folgen. Das Gespräch lenkte ich aber auch gern auf Muttis Alltag, auf Dinge, die sie gemeinsam mit Frau Garrels, Herrn Brandt oder Frau Behrends erlebt hatte. Hierzu holte ich mir im Tür-und-Angelgespräch mit einem der Mitarbeiter der Station kurz Informationen über die vergangenen Tage. Mit diesem Insiderwissen ging ich zu Mutti. Manchmal kommentierte sie das, was ich von meinem Wissen preis gab, mit einem „Ach…!“ oder „Ja…“ und schaute mich mit fragendem Gesichtsausdruck an. „Da staunst du wohl, was ich so alles weiß. Jetzt verrate ich dir, wenn du möchtest, woher ich das alles weiß. Was meinst du, soll ich dir mein Geheimnis verraten“, fragte ich und schaute Mutti erwartungsvoll an. „Ja“, kam die spontane Antwort, begleitet von einem kräftigen Nicken des Kopfes. „Okay, also ich unterhalte mich manchmal mit Marcel. Frage, was du so machst, wenn ich nicht da bin. Er und seine Kolleginnen freuen sich über mein Interesse. Wenn du möchtest, können wir beide auch gern gemeinsam hingehen. Ich bin gespannt, was sie uns dann erzählen.“ Dabei zwinkerte ich Mutti zu. „Und dann kann ich noch etwas verraten. Manchmal schaue ich mir die Bilder an, die Frau Koch oder Frau Wölke von dir und anderen machen. Die kann ich im Eingangsbereich sehen. Wir beide haben auch schon davor gestanden“. Diesmal kam ein zögerliches „Ach, hm..“, wobei der Kopf ganz langsam auf und ab bewegt wurde. Sie versuchte sich zu erinnern. „Mutti, ich habe das Gefühl, dass du nicht weißt wovon ich rede. Weißt du was, wir gehen nach dem Essen einfach zusammen dort hin. Jetzt wird aber erstmal gegessen".

Heute gab es gebratene Scholle mit Kartoffeln und Sauce. Mutti reichte ich die Gabel und sofort begann sie, die Kartoffeln zu essen. Oliven, die ich mitgebracht hatte, legte ich mit Muttis Einverständnis, auf ihren Teller. Sie guckte erst, nahm sie dann mit den Fingern auf und stecke sie in den Mund. Dann nahm sie wieder die Gabel, die jedoch leer war und führte auch die zum Mund. Merkte nicht, dass sie leer war. Auf meine Frage, ob ich ihr helfen dürfe, wieder etwas Essen auf die Gabel zu bringen, erwiderte sie: „Aber nicht so viel." Nachdem sie etwas zum Kauen im Mund hatte, legte sie die Gabel weg. Nun wandte sie sich wieder den Oliven zu. Diese waren schwarz und grün. Eine grüne nahm sie mit den Fingern auf und drehte sie mehrmals hin und her, sah sie sich von allen Seiten aufmerksam an, wobei Mutti kräftig mit dem Kopf nickte. Mehr passierte in dem Moment jedoch nicht. Einen Augenblick später nahm sie ebenfalls mit den Fingern, eine Kartoffel und steckte sie in den Mund, die Olive in der anderen Hand festhaltend. „Hm ja, ja, da ha, die gut", erzählte Mutti mit Blick auf die Olive. Es schien ihr zu schmecken. Sie aß mit sichtlichem Vergnügen.

Während des Essens nahm sie Geräusche aus dem Garten wahr. Sie lauschte aufmerksam, verharrte beim Kauen mit geöffnetem Mund und sah mich mit zusammengezogenen Augenbrauen fragend an. Ich erklärte, woher sie kamen. Mutti kommentierte sie mit: „Ach ja, hm, hm wa wa wa" und konzentrierte sich weiter aufs Essen. Die Olive noch immer in der einen Hand haltend, griff sie mit der anderen freien Hand abermals nach einer Kartoffel und steckte sie in den Mund. Kaum dass die Hand frei war, schnappte sie sich den Fisch. Es war eine ganze gebratene Scholle, die noch kurz vorher auf ihrem Teller lag. Upsi, was war das??? Ich musste tüchtig lachen, als ich den Fisch in Muttis Hand sah. „Da hast du aber einen großen Fisch an der Angel. Pass bloß auf, dass er dir nicht noch vom Haken fällt", sagte ich und musste weiterhin lachen. Mutti stieg in mein Lachen ein, haute mit der Hand, in der sie die Olive noch immer hielt, auf ihren Tisch und erschrak über das klirrende Geräusch, das Gabel und Teller in dem Moment machten.

Mutti stutzte kurz, guckte mich schulterzuckend an und führte die Hand samt Scholle an den Mund und biss ab. Mit „Hm, hm, gut, hm ja, ach so" erzählte sie mit vollem Mund und kräftigem Kopfnicken. Sichtlich zufrieden genoss sie ihre Mahlzeit. Es war immer wieder ein Vergnügen zu beobachten, mit welcher Hingabe Mutti das Essen zu sich nahm.

Mich bewegte diese Essenssituation sehr. Mutti, die Kindern und Enkeln Tischmanieren beigebracht hatte, aß nun genussvoll mit den Händen. Im Hier und Jetzt ging es einfach nur darum, die Köstlichkeiten in den Mund zu bekommen. Herrlich, mit anzusehen, mit welcher Selbstverständlichkeit Mutti auf die Benutzung von Messer und Gabel verzichtete. In diesem Moment schien sie mit sich und der Welt rundum zufrieden zu sein. Stets zaubert die Erinnerung an diese Begebenheit ein Lächeln auf mein Gesicht. Manchmal merke ich dann, dass selbst heute noch Tränen der Rührung meine Augen füllen. Ich hatte damals das Gefühl, sie fühlt sich wohl. Auch heute noch bin ich dieser Meinung.

Lustigerweise habe ich genau diese Szene mit meinem Handy aufgenommen. Es ist eine meiner Lieblingsszenen. Oftmals habe ich kleine Sequenzen aufgenommen. Vereinzelt verschickte ich sie innerhalb der Verwandtschaft, um sie ein wenig an Muttis Leben teilhaben zu lassen. Ilsetraut, Ingrid und andere Verwandte wohnten in Schleswig-Holstein, suchten somit nicht so häufig Kontakt zu ihr.

Nachmittags auf dem Sofa kam ich noch einmal auf die Essenssituation zu sprechen. Ich fand die Szene einfach zu komisch und rührselig. Ihre neuen Tischsitten waren eindeutig der fortschreitenden Demenz geschuldet. „Mutti, wenn uns jemand früher gesagt hätte, dass du mit so viel Freude Oliven, Kartoffeln mit Sauce, ganze Fische und noch diverse andere Leckereien mit den Fingern isst, hätten wir gesagt – niemals, das gehört sich nicht! Aber nun ist es gar nicht mehr von Bedeutung, etepetete beim Essen muss nicht sein, Hauptsache das Essen landet irgendwie im Mund. Es ist, wie es ist, absolut okay. So wie du bist und isst, bist du einfach goldig! Ich freue mich, dass du dir allein nimmst, was du magst und dass es dir schmeckt!“. Bei diesen Worten umarmte ich Mutti liebevoll. Sie wiederum kommentierte dies mit einem „Ja“ und heftigem Kopfnicken, bei dem der ganze Körper mit wackelte. Sie schaute mir in die Augen und ein Strahlen zog sich über ihr Gesicht.

Solche und andere Begebenheiten sind mir noch sehr in Erinnerung. Es ist, als hätten wir beide sie erst gestern erlebt.

In meinem Leben außerhalb des Stiftungsdorfes war das Thema Demenz ebenfalls ständig präsent. Ich las viele Bücher, die dazu passten und war begeistert als ich mitbekam, dass es auch einen Film dazu gab, der in einem unserer Kinos zu sehen war.

Kinobesuch

Mein Kinobesuch fiel in Muttis erste Zeit im neuen Zuhause, bei dem Wolfgang und ich den Film „Vergissmeinnicht" von David Sieveking angesehen haben. Es ist ein Dokumentarfilm eines jungen Regisseurs, der seine demenzerkrankte Mutter über ein Jahr mit der Kamera begleitete. Kaum hatte ich die Ankündigung zu dem Film gesehen, war mir klar, dass ich ihn anschauen müsste. Informationen über Demenz sog ich auf, wie ein Schwamm. Es ist ein spannendes Thema.

Der Verlauf dieser Demenz war anders als bei Mutti, absolut nicht vergleichbar. Auch starb sie – soweit ich mich erinnere – bevor sie ins Altenheim kam, bzw. kurz danach. Der Film berührte mich sehr. Während und auch nach der Vorführung kullerten mir unaufhaltsam Tränen. Ich ließ ihnen freien Lauf. Es tat gut, weinen zu können. Noch Tage und Wochen nach unserem Kinobesuch setzte ich mich immer wieder mit dem Film auseinander. Es war eine beeindruckende Dokumentation, die mit dem Tod der Protagonistin endete. Wolfgang und ich tauschten uns immer mal wieder darüber aus.

Die Mutter des Regisseurs war verstorben. Er widmete sich vermutlich längst anderen Projekten. Ich dagegen steckte noch tief drin in dem Thema. Ich spürte eine Unruhe in mir. Irgendetwas trieb mich um und ich verspürte das Bedürfnis, Menschen darauf aufmerksam zu machen, dass das Leben von Menschen, die an Demenz erkrankt sind, vollkommen unterschiedlich verlaufen kann. Ich kannte Berichte von Ehepaaren, die im gemeinsamen Zuhause lebten. Es wurde darin über schöne aber auch schwierige Situationen ihres Alltags berichtet. Ich kannte jedoch keinen Film, in dem es um Menschen mit Demenz ging, die ihr Leben in einer entsprechenden Einrichtung genossen. Da hätte ich gern etwas bewirkt. Ich hatte die Idee einer Art Fortsetzung des Films – evtl. mit Mutti als Hauptfigur, die über einen längeren Zeitraum in ihrem neuen Umfeld begleitet wird. Das Thema Demenz wollte ich mehr an die Öffentlichkeit bringen. Die Gesellschaft sollte mehr Aufklärung erfahren, sollte mitbekommen, dass es unterschiedliche Verläufe gibt. Ein Leben mit Demenz kann sich über viele Jahre hinziehen… Es war eine fixe Idee, die mich nicht losließ.

Nach einigem Hin und Her suchte ich schließlich per Mail den Kontakt zu besagtem Regisseur und unterbreitete ihm meine Idee von einer Art Fortsetzung. Ob meine Kontaktaufnahme überhaupt bis zu ihm vorgedrungen ist, wage ich zu bezweifeln. Zu einem persönlichen Gespräch ist es nie gekommen, ist aber vollkommen okay. Trotzdem schlummerte seitdem der Wunsch in mir, einer breiten Öffentlichkeit das Thema Demenz näher zu bringen. So blieb ich dabei, mit meinem Handy kleine Sequenzen zu filmen, wenn ich Mutti besuchte. Diese kurzen Filme waren in erster Linie für den privaten Gebrauch gedacht. Gelegentlich schaute ich sie aber auch mit Freunden und teils mit Kolleginnen an. Ich hatte das Gefühl, sie konnten mich danach besser verstehen, wenn ich von meinen Erlebnissen mit Mutti berichtete. Diese kleinen Filme führten zu einem anderen Verständnis meiner Erzählungen. Mit Worten allein war es oftmals schwierig, Muttis Verhalten zu beschreiben. Es tat mir gut, darüber zu erzählen und das Gefühl zu haben, verstanden zu werden. Auch die Verwandtschaft nahm dadurch die Veränderung wahr.

Im Stiftungsdorf war schnell bekannt, dass Mutti eine Schleckerschnute war. In der Zeit, in der sie noch mit Zuzana in ihrem Haus lebte, gab es auf jeden Fall drei Mahlzeiten und auch zwischendurch noch etwas Leckeres….gerne ein Stück selbstgebackene Sahnetorte.

Außerdem lag fast immer Rosinenbrot mit Butter oder ein wenig Obst als kleiner Snack bereit. Diese Leckereien verspeiste Mutti mit Genuss. Zuzana freute sich, wenn Mutti die für sie zubereiteten Sachen aß. „Dietlind, du hast mir einmal erzählt, dass deine Mutti im Krieg und danach hungern musste. Es gab nicht genug zu essen. So etwas gibt es jetzt nicht mehr. Frau Margarete möchte essen, dann mache ich etwas für sie. Sie isst so gerne. Ich freue mich, wenn es ihr schmeckt“, sagte Zuzana damals und setzte ein verschmitztes Lächeln auf.

Im Stiftungsdorf gab es Snacks in Form von Butterbroten zur Nachtzeit nicht. Allerdings wurden ihr tagsüber stets kleine Häppchen mit hohem Energiegehalt angeboten. Mutti war viel auf dem Flur unterwegs und verbrauchte dadurch enorm viele Kalorien. In ihrem Zimmer deponierte ich zusätzlich in kleinen Schälchen, ebenfalls Leckereien, die sie gerne aß. Darüber freuten sich auch andere demenzerkrankte Bewohner. Sie bekamen ziemlich schnell mit, dass es sich lohnte, in Muttis Zimmer zu gehen. Dort gab es meist Süßigkeiten, Kekse oder einfach Salzgebäck. Die Zimmer waren nicht ver-

Schlossen. So konnte es eben gelegentlich vorkommen, dass sich Frau Garrels, Herr Brandt oder Frau Lorenz in Muttis Zimmer für kurze Zeit aufhielten. Mal verweilten sie für einen Moment auf einem der Sessel oder nahmen auf dem Sofa Platz. Zuweilen trafen sie zufällig auf Mutti. Dann aßen sie gemeinsam von den Leckereien.

Im Laufe der Wochen und Monate lernte ich außer Frau Lorenz, Frau Garrels und Herrn Brandt noch einige andere Bewohner ein wenig näher kennen. Sie waren allesamt auf ihre ganz spezielle Art liebenswert. Mit manchen verbrachten Mutti und ich eine vergnügliche Zeit in einer der Sitzecken, im Aufenthaltsraum oder in ihrem Zimmer.

Bei einem meiner Besuche kurz nach dem Nikolaustag kam Herr Brandt in ihr Zimmer. Durch meinen regelmäßigen Austausch mit Sophie, Frau Koch oder anderen Mitarbeitern wusste ich, dass Mutti ihn in ihr Herz geschlossen hatte. Er schaute erst zu Mutti, dann zu mir und schien irritiert. Mich konnte er vermutlich nicht zuordnen, ich war ihm noch fremd. Mitten im Raum blieb er stehen.

„Hallo, Herr Brandt, da staunen Sie, dass hier schon jemand ist. Ich bin Dietlind, die Tochter von Frau Bünz. Können Sie sich erinnern, wir haben uns schon mehrmals gesehen. Wollen Sie Mutti besuchen? Setzen Sie sich doch.“ Er blieb jedoch weiterhin stehen.

„Mutti, ist es okay, dass Herr Brandt hier ist? Was meinst du, soll er sich zu uns setzen?“ Statt einer Antwort, lächelte sie ihn freundlich an. Nun nahm er im

Sessel uns gegenüber Platz. „Ich wollte gerade eine Geschichte von der Weihnachtszeit vorlesen. Wenn Sie mögen, können Sie gerne mit zuhören." Er antwortete nicht. Schaute nur abwechselnd zu Mutti und mir. Ich begann zu lesen. Beide waren ganz leise. Ich hatte ein paar Zeilen gelesen, als ich wahrnahm, dass Herrn Brandts ganze Aufmerksamkeit auf einmal weder Mutti noch der Geschichte galt, sondern einem Schokoladenweihnachtsmann. Er stand auf dem Couchtisch, direkt vor ihm. Herr Brandt lauschte noch kurze Zeit meinen Worten, dann beugte er sich vor und schnappte sich den Weihnachtsmann. Flugs war die Folie beseitigt und ein Großteil des Weihnachtsmannes mit sichtlichem Genuss verspeist. Den Rest stellte er zurück auf den Tisch und machte es sich im Sessel bequem. Mag sein, dass er nochmals meinen Worten lauschte. Vielleicht nahm er uns in dem Moment aber auch gar nicht wahr, eventuell war er in seine eigene Welt eingetaucht. Ich weiß es nicht. Nach einem Moment des Innehaltens stand er auf und verließ das Zimmer. Mutti beobachtete das Geschehen mit lächelndem Gesichtsausdruck und heftigem Kopfnicken. Sie schien sichtlich zufrieden zu sein. Das, was da geschah, war für sie wohl richtig.

Als Beobachterin dieser Szene merkte ich wieder einmal, dass Mutti in ihrem neuen Zuhause gut angekommen war. Sie teilte ihr Leben mit anderen Menschen. Es schien ihr Freude zu bereiten. Sie war gut eingebunden in die Gemeinschaft. Die Menschen auf dieser Station verstanden sich größtenteils ohne Worte. Sprache hatte keine große Bedeutung mehr.

An anderen Besuchstagen nahm ich auch schon mal ganz bewusst eine große rote Schatulle mit. Sie gehörte Mutti und in ihr befand sich schon seit vielen Jahren ein Sammelsurium von alten und neueren Fotos. Fotos, die niemals einen Platz in einem der Fotoalben gefunden hatten. Teilweise befanden sich auch schwarz-weiß Fotos darin. Auf ihnen waren Mutti und auch Vati als Kinder oder junge Erwachsene zu sehen. Ebenso waren Familienfotografien dabei, die während des Krieges oder kurz danach aufgenommen worden waren. Gern haben Mutti und ich darin rumgestöbert und ich habe ihr die Geschichten dazu erzählt, die ich aus ihren Erzählungen behalten hatte.

Häufig fing es mit: „Weißt du noch…" an. Mutti lauschte ganz interessiert. Manche Fotos hielt sie lange in der Hand. Zu manchen erzählte sie auf ihre ganz eigene Art etwas. Zusammenhängende Sätze formulierte Mutti schon länger nicht mehr. Es war mehr ein Lautieren, das sie teils sehr emotional herausbrachte. Bei anderen Fotos rückte ihr Blick in weite Ferne.

Als sehr vergnüglich empfand ich es, wenn Mutti und ich uns samt Schatulle in einer der gemütlichen Sitzgruppen in einer Ecke des Flures niedergelassen hatten. Es gesellte sich gern die eine oder andere Mitbewohnerin dazu. Besonderes Interesse an den Fotos zeigte Frau Hofmann. Sie suchte unsere Nähe, nahm gern die verschiedensten Fotografien in die Hand, betrachtete sie einige Zeit, erzählte etwas dazu und legte sie dann zurück. Für sie, aber auch für andere war die rote Schatulle ein wahres Schatzkästchen. Ich hatte das Gefühl, dass sie sich in gewisser Weise eventuell selbst auf den alten schwarz-weiß Fotos gesehen haben. Sie nahmen jedenfalls regen Anteil und schwelgten augenscheinlich in Erinnerungen. Dieses Miteinander auf der Etage war wunderschön mit anzusehen und zu erleben. Menschen unterschiedlichster Couleur lebten hier. Jeder hatte seine eigene Geschichte. Einige Mitbewohner hatten hier ein Zuhause gefunden, weil sie überwiegend körperlich eingeschränkt waren. Diese Herrschaften konnten ihre Zimmer verschließen und die Station sowie das Haus verlassen. Auch zu diesen Leuten hatte ich ein gutes Verhältnis. Sie freuten sich über ein kleines Gespräch oder ein Winken im Vorübergehen.

Weihnachtsfeier

Im Advent, kurz vor Heilig Abend, wurden wir Angehörigen zu einer Weihnachtsfeier mit Kaffee und Kuchen, kleinen Anekdoten, Gedichten – vorgetragen von Bewohnern – und gemeinsamen Singen von Weihnachtsliedern eingeladen. Es war ganz festlich dekoriert und liebevoll vorbereitet. Bilder von Weihnachtsfeiern aus früheren Zeiten zu Hause wurden per Beamer gezeigt und sofern es noch ging von den entsprechenden Personen oder deren Angehörigen kommentiert. Herr Meyer ließ es sich nicht nehmen, ein Gedicht aufzusagen. Frau Pieper bekam rote Bäckchen wenn sie davon erzählte, wie der Weihnachtsbaum liebevoll mit Lametta und Christbaumkugeln geschmückt wurde. Übereinstimmend wurde festgestellt, dass der Weihnachtsbaum in der guten Stube stand. Wenn dann die Lichter erleuchteten, hatte jeder sein Sonntagszeug an.

Bei diesen Veranstaltungen gab es eine feste Sitzordnung. Familienmitglieder saßen zusammen. Bewohner, die ohne familiäre Begleitung an der Weihnachtsfeier teilnahmen bekamen einen Mitarbeiter des Hauses an die Seite gestellt. Alle waren gut versorgt. Mutti verfolgte die Beiträge sehr aufmerksam. Häufig kommentierte sie sie laut. Im Laufe der Jahre war es eine Herausforderung für sie, in einem relativ großen Rahmen das Beisammensein zu genießen. Die Geräuschkulisse, ebenso wie die teilweise unbekannten Menschen, ermüdeten sie. Um den Bewohnern Sicherheit zu geben, war der Ablauf der Weihnachtsfeiern stets ähnlich. Worauf ich mich immer ganz besonders freute und was ich schon gleich zu Beginn der Vorweihnachtszeit trällerte, war ein von Frau Koch selbst gedichtetes Lied nach der Melodie „Alle Vögel sind schon da.“

Wisst ihr noch wie‘s früher war
zu den Weihnachtszeiten.
Gab‘s noch echten Kerzenschein,

Christbaumschmuck der musste sein.
|: Wisst ihr noch wies früher war
zu den Weihnachtszeiten

Vater bringt die Gans nach Haus,
Mutter nimmt sie dann gleich aus`.
|: Wisst ihr noch wie's früher war
zu den Weihnachtszeiten

Gänsebraten lecker kross.
Manchmal war's auch nur die Wurst.
|: Wisst ihr noch wies früher war
zu den Weihnachtszeiten

Heimlichkeit im ganzen Haus,
Mutter flüstert, Vater auch.
|: Wisst ihr noch wies früher war
zu den Weihnachtszeiten

Mutter backte Kekse fein,
Kinder halfen obendrein.
|: Wisst ihr noch wies früher war
zu den Weihnachtszeiten

Vater spielte mit dem Sohn,
Eisenbahn, die gab es schon.
|: Wisst ihr noch wie's früher war
zu den Weihnachtszeiten

Vater schmückt den Tannenbaum,
mit Lametta wie ein Traum.
Spitze drauf, das ist doch klar,
so warn die Weihnachtszeiten.

Diese Weihnachtsfeiern waren jedes Jahr rundum schön! Immer wieder war ich von dem Engagement von Frau Koch und ihrem Team beeindruckt. Besonders gefallen hat mir bei diesen Veranstaltungen auch, dass ich Gelegenheit hatte, mit Angehörigen der Mitbewohner ins Gespräch zu kommen. Wir tauschten uns gern zum Beispiel über Beobachtungen unserer Mütter aus. Wie wir sie schlafend nebeneinander sitzend auf dem Sofa vorgefunden haben oder wie sie beide um die Aufmerksamkeit von Herrn Brandt buhlten. Es verband die beiden Frauen eine Art Freundschaft, zu der auch eine Rivalität um die Gunst der männlichen Bewohner gehörte.

Vor und nach dem geselligen Beisammensein zur Weihnachtszeit sang ich alles an Weihnachtsliedern, was ich von früher und aus meiner Arbeit in der Kita kannte. Ob beim Spaziergang oder auf dem Zimmer, ich trällerte fröhlich vor mich hin und freute mich, wenn ich Mutti damit erreichte. Beim Singen war es so, dass sie spätestens beim Refrain einsetzte und mich begleitete. Vorher lauschte sie den Texten aufmerksam, brachte sich mit Textstellen, die ihr dazuzugehören schienen, ein. Ich war immer wieder beeindruckt, wie relativ textsicher Mutti noch lange war. Sie lächelte mich an und wir kommunizierten in dem Moment auf einer Ebene. In solchen Situationen waren wir uns sehr nah. Es fühlte sich gut an.

Kalorienverbrauch

Beim Einzug ins Stiftungsdorf war Mutti ziemlich pummelig. Nach wie vor war sie sehr bewegungsfreudig. Zu Hause mit Zuzana gehörten täglich zwei ausgedehnte Spaziergänge zu ihrem Alltag. Dies war nun in der Form und Intensität nicht mehr möglich. Mutti lebte nun stattdessen ihren Bewegungsdrang hauptsächlich auf den Fluren der Station aus. Auf ihren Wanderungen über den Flur wurde ihr immer und überall etwas Essbares angereicht. Auch auf dem Zimmer befanden sich Schälchen mit kleinen kalorienreichen Leckereien. Trotzdem nahm sie ab, worüber sich die Mitarbeiter sehr besorgt zeigten und mich diesbezüglich ansprachen. Sie fragten mich, welche Vorlieben Mutti beim Essen hätte und was ihre Lieblingsgerichte wären. Selbst der Koch sprach mich an. Er war gerne bereit, Extras für sie zuzubereiten. Es sollte alles getan werden, damit Mutti ihr Gewicht behielt.

Rührend, wie besorgt alle um ihr Wohlergehen waren. In einem der Gespräche erwähnte ich jedoch nochmals, dass Mutti ihr Leben lang sehr schlank gewesen sei, nie über 56 kg gewogen hätte. Das Einzugsgewicht sei lediglich dem kalorienreichen Essen von Zuzana sowie dem Rund um die Uhr essen können geschuldet.

Sophie und ihre Kolleginnen waren nun zwar nicht mehr ganz so besorgt, äußerten sich aber dahingehend, dass es ihnen lieber sei, wenn Bewohner ein wenig zum Zusetzen hätten. Bei Krankheit oder vorübergehender Appetitlosigkeit wäre dies von Vorteil. Trotz aller Bemühungen und reichlich Extras fiel Mutti jedoch peu à peu auf ihr ursprüngliches Gewicht zurück. Sie selbst bemerkte die Veränderung nicht. Es ging ihr gut. Für mich bedeutete es, nun wieder loszuziehen und für Garderobe zu sorgen, die ihr passte. In den großen Jacken und Hosen wirkte sie etwas verloren. Auch rutschten die Hosen, sofern kein Gürtel sie hielt. Leider hatte ich einen Großteil der zu klein gewordenen Kleidungsstücke gespendet. Also zog ich los und kaufte entsprechende Garderobe. Fehlkäufe tauschte ich um. Es war kein großer Aufwand. Die Einkäufe tätigte ich in der Regel, wenn mich mein Weg sowieso in die Stadt führte.

In dieser Zeit bin ich gerne durch die Geschäfte geschlendert. Ich hatte das Gefühl beim Bummeln die Welt um mich herum vollkommen ausblenden zu können. Durch Muttis Umzug ins Stiftungsdorf gab es einige Dinge, die nicht mehr durch mich erledigt werden mussten. Bei mir kam langsam an, dass es einen Rund-um-Service für sie gab.

Verschnaufpause

Seit Mutti im Stiftungsdorf wohnte, waren meine Tage und Wochen wesentlich entspannter. Arztbesuche terminieren, Großeinkäufe tätigen oder dafür Sorge zu tragen, dass Zuzana genügend freie Zeit hatte, durch mich oder Frau Mertens, all dies fiel weg. Nun war es so, dass Ärzte zu Mutti in die Einrichtung kamen. Für ihr leibliches Wohl wurde ohne mein Zutun gesorgt und die Einteilung des Personals lag ebenfalls nicht mehr in meiner Hand. Welch eine Entlastung!

In der ersten Zeit im Stiftungsdorf hatte ich noch gedacht, ich müsse die Wäsche selbst reinigen. Habe jedoch schnell gemerkt, dass ich die Verantwortung lieber der Einrichtung überlassen sollte – aus hygienischen Gründen. Die Wäsche wurde einer Wäscherei übergeben. Großzügig stockte ich den Vorrat an Kleidung auf, damit stets genügend frische und saubere Kleidung zur Verfügung stand. Zweimal wöchentlich organisierte ich für ca. anderthalb Stunden Pari, eine zusätzliche Betreuungskraft, die mit Mutti spazieren ging oder ihr bei Schmuddelwetter Gesellschaft leistete. Dies schien mir trotz der guten Betreuung eine willkommene Abwechslung.

Es war eine relativ ruhige Zeit für mich, auch wenn ich selbstverständlich weiterhin einmal die Woche zu ihr fuhr. Ich freute mich auf die gemeinsame Zeit. Wir unternahmen ausgiebige Spaziergänge, schauten Bauarbeitern oder Gärtnern, die wir unterwegs sahen, bei ihrer Arbeit zu. Mutti suchte gern das Gespräch mit ihnen. Manchmal wirkte es auf mich, als würde sie ein wenig mit ihnen kokettieren.

Kamen wir in die Einrichtung zurück, trafen wir gelegentlich auf Frau Koch oder Frau Wölke. Sie begrüßten erst Mutti mit ein paar freundlichen Worten, dann gaben sie manchmal ein paar Anekdoten über Mutti zum Besten. Mutti lauschte den Erzählungen aufmerksam, zog gelegentlich eine Augenbraue hoch. „Frau Bünz, sie gucken so skeptisch. Sollte ich ihrer Tochter nichts von unserem Treiben beim Kaffeetrinken erzählen?“ wandte sich Frau Wölke hierbei an Mutti. Statt einer Antwort reagierte Mutti mit einer wegwerfenden Handbewegung.

Später machten wir es uns in ihrem Zimmer gemütlich. Es wurde gesungen, Bilder wurden angesehen und manchmal kam es sogar vor, dass wir nach dem gemeinsamen Mittagessen ein kurzes Nickerchen auf dem Sofa machten. Nachmittags fuhr ich dann glücklich und zufrieden nach Hause. Die Entscheidung, Mutti dort unterzubringen, war definitiv richtig!

Es gab Tage, an denen ich gar nicht weiter an sie dachte. Wurde mir dies bewusst, überkam mich für einen kurzen Moment ein schlechtes Gewissen, tröstete ich mich aber stets schnell mit dem sicheren Gefühl und Wissen, dass es ihr in ihrem neuen Zuhause gut ging. Dort wurde sehr fürsorglich und wertschätzend mit ihr und den anderen Bewohnern umgegangen.

Zahnpflege unerwünscht… und die Folgen

Essen war für Mutti ein Genuss. Ob Obst und Gemüse, Fisch, Fleisch, süß oder sauer. Essen ging immer. Ganz egal zu welcher Tageszeit. Die notwendige Zahnreinigung danach war ihr dagegen schon seit langem ein Gräuel. Vor einigen Monaten war es noch so, dass sie die Zahnbürste, die ihr mit Zahncreme darauf gereicht wurde, in den Mund steckte und tüchtig die Zähne putzte. Das Wasser zum Ausspülen hat sie direkt getrunken, empfanden wir aber als nicht schlimm. Dann wurde die Zahnpflege immer häufiger von Kemal, Marie oder anderen Pflegekräften durchgeführt. Die Eigeninitiative blieb aus. Eines Tages wollte ich, wie immer bei meinem Besuch, nach dem Mittagessen ihre Zähne putzen. Mutti schlug jedoch meine Hand mit den Worten: „Du Sau!!!" weg und stapfte aus dem Badezimmer. Eine ähnliche Situation hatte ich schon einmal mit genau den gleichen Worten, vor langer Zeit bei ihr zu Hause erlebt. Im Gespräch mit Marie erfuhr ich, dass sie oder auch Kolleginnen in den letzten Wochen häufiger ähnliche Erfahrungen gemacht hatten. An manchen Tagen hielt Mutti den Mund auch einfach fest verschlossen oder drehte den Kopf schimpfend zur Seite. Es kam, wie es kommen musste. Einige Zähne wurden kariös. Bei der Essensgabe wurde bemerkt, dass sie manchmal schmerzhaft das Gesicht mit den Worten „Oh, oh nein" verzog und die Hand an den Mund legte. Einem gerufenen

Zahnarzt gelang nur ein kurzer Blick in den Mund. Nach dem, was er sah, bat er darum, zur kieferchirurgischen Behandlung zu fahren, um zu verhindern, dass evtl. an den Zähnen ein Eiterherd ist oder entsteht, der sich negativ auf die Gesundheit auswirken kann. Für Mitte September vereinbarte ich einen Termin zur Vorstellung in einer Kieferklinik.

Mutti und ich fuhren mit einem Taxi in die Klinik. Dort angekommen, dauerte es gar nicht lange und wir wurden zur Untersuchung hereingerufen. Trotz guter Vorbereitung meinerseits und freundlicher Aufforderung seitens der Ärztin, war Mutti nicht bereit, sich auf den Behandlungsstuhl zu setzen. Sie wollte nirgendwo sitzen, sondern einfach stehen, da ihr die ganze Situation suspekt schien. Schon allein der Aufenthalt in der ihr fremden Umgebung beunruhigte sie. Die Ärztin war Mutti gegenüber sehr empathisch. Die notwendige Untersuchung führte sie einfach im Stehen durch. Ein kurzer Blick reichte, um zu sehen, dass eine Behandlung unumgänglich sei, die dann unter Vollnarkose durchgeführt werden sollte. Von einigen Zähnen waren tatsächlich nur noch Stumpen zu sehen.

Mit Frau Schröder, der Case–Managerin der Kieferklinik, sollten wir alles Weitere besprechen. Sie würde gleich zu uns kommen, informierte uns die Ärztin, bevor sie sich von uns verabschiedete. Mutti interpretierte die Verabschiedung vermutlich als Signal zum Aufbruch und wollte ebenfalls den Raum verlassen. „Halt stopp Mutti, wir beide müssen noch kurz warten. Nur die

Ärztin kann schon gehen". „Was soll das, ich will hier weg", erwiderte Mutti energisch. „Ja Mutti, das kann ich verstehen. Wir gehen auch gleich. Vorher kommt erst noch jemand, mit dem ich einen Termin verabreden muss. Deine Zähne sollen doch behandelt werden, damit du wieder ohne Schmerzen essen kannst." „Ach so", antwortete sie und blieb für einen Moment im Raum. Bis Frau Schröder kam, dauerte es allerdings eine ganze Weile. Mutti wurde unruhig und wollte weg, verließ das Zimmer und tippelte über den Flur. Sie wollte nach Hause. Ich folgte ihr, hakte mich bei ihr ein und lenkte sie sanft zurück in das Sprechzimmer. Ärgerlich schüttelte sie meinen Arm weg: „Was soll das, lass mich. Ich will weg". „Na Mutti, du hast keine Lust mehr, möchtest nach Hause. Das kann ich gut verstehen. Kannst mir glauben, ich möchte ebenfalls hier weg, muss aber noch mit dir zusammen warten, da wir einen Termin für deine Zahn-OP verabreden müssen", versuchte ich unseren notwendigen Aufenthalt zu erklären. „Was redest du für einen Quatsch. Ich gehe jetzt." Mutti ließ nicht mit sich reden. Als sie gerade Richtung Ausgang ging, kam uns Frau Schröder entgegen. Nach einer kurzen Begrüßung bat sie uns noch einmal in das Behandlungszimmer. Mutti kam nur recht widerwillig zurück. Die Tür wurde hinter uns geschlossen.

Kurz richtete Frau Schröder das Wort an Mutti und bat sie, Platz zu nehmen, um die weitere Vorgehensweise zu besprechen. Diese Aufforderung blieb ohne Erfolg. Mutti verstand nicht, worum es hier ging und wollte die für sie überflüssige Situation beenden, sie wollte einfach weg. Nun richtete Frau Schröder das Wort an mich. Sie klärte mich darüber auf, dass Mutti für den geplanten Eingriff stationär aufgenommen werden müsse. Unter Vollnarkose sollte die Behandlung durchgeführt werden. Ein Aufenthalt von ca. zwei, drei Tagen sei notwendig, um Mutti bei möglichen Blutungen versorgen zu können. Nun wollte ich wissen, wie der Aufenthalt vor sich gehen solle. „Wir verabreden gleich einen Termin für die OP. Zu diesem Termin kommen Sie gemeinsam mit Ihrer Mutter in die Klinik. Wir halten für die Zeit ein Zimmer für Sie und Ihre Mutter bereit. Da sind Sie ungestört.“ Ich war für einen Moment sprachlos. Auf Nachfrage erklärte mir Frau Schröder, dass ich selbstverständlich für die Versorgung von Mutti während des Klinikaufenthaltes zuständig sei. Upsi, damit hatte ich überhaupt nicht gerechnet. Ich war entsetzt, das konnte sie nicht ernst meinen. Ich war berufstätig. Konnte mir nicht so einfach frei nehmen. Mein Urlaubsanspruch war aufgebraucht. Das Gespräch zog sich ziemlich in die Länge und Mutti, die schon vorher unruhig war und dem Gespräch nicht folgen konnte, öffnete kurzerhand die Tür und ging auf den Flur. Ich dachte mir in dem Moment nichts dabei, sondern war damit beschäftigt, meine Gedanken zu sortieren, um eine Lösung zu finden. Als ich mich mit der Frage: „Wie wird denn so ein notwendiger Eingriff durchgeführt, wenn die Patienten keine Angehörigen haben, die sie begleiten können“, sahen wir, wie Mutti in der offen stehenden Tür eines anderen

Behandlungszimmers stehen blieb und hineinschaute, sehr zum Ärger von Frau Schröder. Statt einer Antwort auf meine Frage meinte sie: „So ein Verhalten geht nicht, bitte holen sie ihre Mutter sofort zurück.“ „Hey Mutti, kommst du bitte noch einmal mit zu Frau Schröder. Wir müssen noch kurz etwas besprechen bevor wir beide nach Hause fahren können.“ Nur widerwillig ließ Mutti sich abermals ins Behandlungszimmer führen. Dort war die Stimmung ziemlich gereizt. Auf die von mir abermals gestellte Frage bekam ich nur die Erwiderung, dass ich während des Klinikaufenthaltes die anderen Patienten vor Mutti schützen müsse. Ich hätte ja gerade gesehen, wie distanzlos sie sei. Meine Fassungslosigkeit war unbeschreiblich. Nochmals fragte ich nach weiteren Optionen. Die gäbe es nicht, wurde mir gesagt. Ich müsse nun entscheiden, ob ich wolle, dass Mutti geholfen wird und wir dann einen Termin vereinbaren oder eben nicht! Da sie noch andere Aufgaben zu erledigen hätte, sollte ich mich bitte entscheiden. Ich war sprachlos, total perplex.

Geschockt von so wenig Einfühlungsvermögen, aber wissend, dass ein Eingriff unumgänglich sei, verabredete ich widerwillig einen Termin. Frau Schröder verabschiedete sich und eilte davon. Ziemlich kopflos steuerte ich mit Mutti hinunter zum Ausgang. In dem Moment, als ich bitten wollte uns ein Taxi zu rufen, fiel mir ein, dass ich mir von der Station einen Schein für den Krankentransport hätte geben lassen müssen, um die Kosten erstattet zu bekommen. Während ich noch überlegte, was ich tun solle – die Fahrtkosten selbst tragen oder noch einmal zurück auf die Station, kullerten mir Tränen über die Wangen. Dies sah eine Mitarbeiterin am Empfang und sprach mich an: „Entschuldigung, Sie scheinen ja vollkommen durcheinander zu sein… können wir ihnen helfen?“ Oh, wie herrlich war das denn? Es gab jemanden, der freundlich mit mir redete und zusätzlich noch Hilfe anbot! Dankbar schilderte ich mein Desaster. Die Dame ergriff erneut das Wort: „Kein Problem. Ich besorge ihnen den Schein. Es dauert allerdings einen Moment.“ Kaum ausgesprochen, machte sie sich auf den Weg. Ein paar Minuten später verfrachtete sie Mutti und mich samt Krankentransportschein in ein von ihr gerufenes Taxi. Wie sie auch Mutti dazu gebracht hatte, ins Taxi zu steigen, weiß ich gar nicht mehr so genau. Mutti war voller Energie und wollte eher laufen. Ich jedoch konnte in der Situation nicht auf ihr Bedürfnis eingehen. Ich wollte nur weg.

Gut eine halbe Stunde später waren wir zurück im Stiftungsdorf. Die Aufregung und Anstrengung konnte man uns beiden ansehen. Für einen kleinen Moment ging ich noch mit aufs Zimmer, verabschiedete mich aber bald von Mutti. Mir schwirrte der Kopf. Ich brauchte dringend jemanden, der mir half, meine Gedanken zu sortieren. Mein nächster Weg führte mich direkt zu Frau Romberg. Hier schüttete ich mein ganzes Herz aus. Wie immer hatte sie auch heute wieder ein offenes Ohr für mich. Mit ihrer ruhigen besonnenen Art hörte sie aufmerksam zu. Nachdem ich ungefiltert alle Einzelheiten geschildert hatte, stellte sie noch ein paar Fragen zum besseren Verständnis. Danach dauerte es nur einen kurzen Moment, dann versicherte sie mir, dass Mutti nach dem Eingriff selbstverständlich sofort wieder zurück ins Stiftungsdorf kommen könne. Marcel, Marie oder wer immer Dienst haben würde, würde sich um sie kümmern und sie ihren Bedürfnissen entsprechend versorgen. Na klar, es waren ausgebildete Fachkräfte. Mir fiel ein Stein vom Herzen. Konnte es wirklich so einfach gehen? Ich konnte mein Glück kaum fassen. Frau Romberg, eine der guten Seelen des Hauses, hatte mir wieder einmal in meiner Not geholfen. Es tat so gut, nicht allein vor Problemen zu stehen, sondern jemanden in der Nähe zu haben, der von außen betrachtet hilfreiche Ideen einbrachte.

Zuhause angekommen, sprach ich mit Wolfgang den geplanten Eingriff und die Durchführung durch. Danach bestätigte ich den verabredeten Termin. Gleichzeitig teilte ich Frau Schröder mit, dass ich Mutti abends zurück ins Stiftungsdorf bringen wolle. Ihr schien das Gehörte nicht zu gefallen. Ziemlich kurz angebunden machte sie mich darauf aufmerksam, dass dies nur auf eigene Verantwortung ginge. Für diesen Hinweis bedankte ich mich, obwohl ich darüber schon von anderer Seite informiert worden war. Schade, dass es der Case-Managerin und mir beide Male nicht gelungen war, ein zweckdienliches Gespräch zu führen. Woran wir gescheitert sind, konnte ich mir nicht erklären.

Gleich morgens als erste sollte Mutti operiert werden, dann für eine gewisse Zeit nach der OP aufs Zimmer, um um die Narkose auszuschlafen. Nach einer Nachuntersuchung sollte es dann zurück ins Stiftungsdorf gehen. Damit war ich einverstanden und schaute nun dem eigentlichen Behandlungstermin relativ gelassen entgegen. An einem Tag Ende Oktober sollten wir uns morgens um 7.00 Uhr zur OP im Klinikum einfinden. Recht optimistisch bin ich früh in den Tag gestartet, nicht ahnend, was mir bevorstand und dass ich erst spät abends wieder zu Hause sein sollte.

Der Tag der OP in der Kieferchirurgie

Mein Wecker klingelte um 4.00 Uhr. So konnte ich mich fertigmachen, frühstücken, etwas zu essen, lesen und trinken für den Tag mitnehmen. Mutti wurde von Marie gewaschen und angezogen. Für 5.45 Uhr hatte ich mich angemeldet. Wie immer bei unseren Treffen, nahm ich ihr Gesicht in meine Hände und begrüßte sie herzlich. „Da staunst du, dass ich sooo früh hier bei dir bin, was? Wir beide haben heute viel vor. Wir fahren zum Zahnarzt ins Krankenhaus. Weißt du noch, deine Zähne werden dort in Ordnung gebracht“: Mutti schaute mich nur schweigend an. „Du glaubst es kaum, heute habe ich Wolfgang mitgebracht“, fuhr ich fort. Mutti sah sich suchend im Raum um. „Ach Mutti, du kannst ihn nicht sehen. Wolfgang wartet draußen im Auto auf uns. Komm, wir gehen jetzt zu ihm.“ Wir halfen ihr von ihrem Sessel auf, zogen ihr eine Jacke an und verabschiedeten uns von Marie. Nach einer herzlichen Begrüßung auf dem Parkplatz halfen wir Mutti ins Auto, dann ging es los. Während wir fuhren, versuchte ich nochmals mit einfachen Worten zu erklären, was das Ziel unserer Fahrt war. Es kam aber wohl nicht richtig an. Sie schien verunsichert zu sein, hielt die ganze Zeit meine Hand.

Pünktlich wurden wir auf dem Klinikgelände abgesetzt. Wolfgang und ich hatten verabredet, dass ich ihn nach dem Eingriff und allen notwendigen Maßnahmen anrufe und er uns wieder abholt. Ich brauchte mich lediglich telefonisch mit ihm in Verbindung zu setzen. Nachdem Mutti und ich ausgestiegen waren, fuhr Wolfgang weg. „Aber, aber, was macht …“ sagte Mutti und schaute erst dem wegfahrenden Auto hinterher, dann zu mir. Sie war durcheinander. „Mutti, es ist alles richtig so. Wolfgang fährt nach Hause. Nur wir beide sind mit dem Arzt verabredet.“ „Ach so, ja ja“, reagierte sie. Untergehakt gingen wir beide auf die entsprechende Station und meldeten uns gut gelaunt um kurz vor 7.00 Uhr bei einer Schwester. Freundlich wurden wir gebeten noch einen Moment Platz zu nehmen, es würde gleich losgehen. Supi, dass hörte sich gut an. Am Ende des Flures war ein Tisch mit zwei Stühlen, direkt am Fenster. Dorthin setzten wir uns. Kaum dass wir Platz genommen hatten, kam ein Narkosearzt, der die entsprechende Vorbereitung für die OP vornahm. Wir hatten Glück. Es war ein junger Mann. Mutti strahlte ihn an und ließ alles Notwendige bereitwillig mit sich machen. Danach verabschiedete er sich. Lustigerweise stand Mutti ebenfalls auf und wollte gehen. Sie war der Meinung, sie sei nun fertig. „Mutti, setz dich ruhig wieder. Das war der Arzt für die Narkose. Der gibt dir später eine Spritze damit du gut schläfst, wenn du an den Zähnen behandelt wirst. Du wirst sehen, du merkst nichts." „Kleine Spritze, süßer Traum und schon bist du fertig", setzte ich augenzwinkernd hinterher. Dies ist ein Satz aus einem Kinderbuch, das Mutti mit Paula früher oft angesehen hat. „Ach so", antwortete sie und setzte sich. Für eine gewisse Zeit war es okay, das Geschehen vor dem Fenster zu beobachten. Doch dann wurde sie hibbelig, wollte weg. „Mutti, ich merke, dass du unruhig wirst, hier weg möchtest. Bitte bleib noch, die Behandlung ist noch gar nicht vorbei. Wir brauchen noch etwas Geduld." Mutti guckte mich mit zusammengezogenen Augenbrauen an und schüttelte den Kopf. „Ehrlich, du warst noch nicht dran. Aber ich finde, wir können uns die Zeit mit Singen vertreiben, was hältst du davon? Es dauert jetzt auch nicht mehr lange." Ich nahm ihre Hände in meine und fing an zu singen. Mutti stimmte fröhlich mit ein. Es war stets ein lustiger Zeitvertreib. Während des Singens habe ich immer wieder nach jemandem Ausschau gehalten, der mir sagen konnte, wann und wie es nun weitergehen sollte. Leider lief mir niemand über den Weg.

Mittlerweile war es nach 8.00 Uhr und Mutti trotz Singerei und guter Worte, nicht mehr auf dem Stuhl zu halten. Wir liefen den Flur auf und ab, wobei Mutti tendenziell eher in Richtung Fahrstuhl lief, vermutlich um die Klinik zu verlassen. Auch verbal machte sie ihrem Unmut Luft. „Was soll das. Weg. Ich geh jetzt. Was soll der Quatsch?“ Ich wurde nicht müde, ihr immer wieder ruhig zu erklären, dass wir noch bleiben müssten, wegen der Zähne. Ich hakte sie unter und dirigierte sie zurück auf Station. „Lass den Quatsch“, wandte sie sich abermals an mich und schüttelte meinen Arm ab. Oh je, langsam war es mit meiner Ruhe auch vorbei. Ich konnte mir nicht erklären, warum sich niemand um uns kümmerte. Es gelang mir jedoch, Mutti auf Station zu halten. Schließlich habe ich zufällig eine Pflegekraft erwischt. Diese erzählte mir, es täte ihr leid, aber der Plan hätte sich geändert. Gegen 9.30 Uhr sollte der bei Mutti geplante Eingriff durchgeführt werden. So lange müssten wir uns noch gedulden. Ich könne aber gern diesen sowie den gegenüberliegenden Flurtrakt nutzen. Dort wären kleine gemütliche Sitzgruppen. Wir sollten allerdings in der Nähe bleiben. Kaum hatte sie uns die Information gegeben, war sie auch schon wieder weg. Für Mutti war unser Aufenthalt auf Station nicht verständlich. Ununterbrochen lief sie hin und her, schimpfte auch auf mich und wollte weg. Puh, nun hieß es für mich, Mutti noch eine weitere Stunde auf den Fluren zu halten… was für eine unendlich lange Zeit. Während ich noch überlegte, wie ich die Stunde überbrücken sollte, hatte Mutti schon den gegenüberliegenden Flur erobert. Dort hatte sie beobachtet, wie eine Pflegekraft gerade durch eine Tür verschwand. Mutti wollte hinterher. Da die Tür ins Schloss gefallen war und sich nicht öffnen ließ, lief sie wieder in Richtung Fahrstuhl. Sanft auf sie einredend holte ich sie wieder zurück und versuchte mein Glück abermals mit Singen. Etwas Besseres fiel mir nicht ein. Allerdings war ich nicht mehr so gelassen, wie am frühen Morgen. „Ach lass mich" sagte sie ganz energisch, ging zielstrebig zurück zu der Tür hinter der die Pflegekraft verschwunden war, rüttelte daran und trat mehrmals kräftig mit dem Fuß dagegen, wobei sie lauthals schimpfte: „Mach auf! Komm da raus!" Nochmals trat sie gegen die Tür. Meine Güte, wie sollte es nun weitergehen? Am liebsten hätte ich unsere Sachen geschnappt und die Klinik augenblicklich verlassen. Ich war sauer, unausgeschlafen und hatte absolut keine Idee, wie ich die Zeit bis zur OP überstehen sollte. Kurz blieb ich stehen, um tief durchzuatmen. Danach machte ich mich auf, um Mutti dort wegzuholen. Bevor ich sie erreichte, erklang eine ruhige Stimme aus einem der Räume, die sich auf dem Flur befanden: „Lassen sie sie ruhig. Da wird niemand gestört und auch ihrer Mutter kann nichts passieren". Es war eine Mitarbeiterin die dort ihrer Arbeit nachging und Mutti und mich schon einige Zeit beobachtet hatte. Ich solle mich setzen und Mutti einfach laufen lassen – es könne in dem Bereich nichts passieren. Was für ein tolles Angebot, ich konnte mein Glück kaum fassen. Mit einem tiefen Seufzer ließ ich mich in einen der Sessel fallen. Für einen Augenblick schloss ich die Augen und versuchte mich zu beruhigen.

Nachdem ich mich gesetzt hatte, änderte sich auch das Verhalten von Mutti. Sie tippelte noch mehrmals auf und ab an mir vorbei, ohne mich wahrzunehmen. Nach mehrmaligem Auf und Ab blieb sie bei mir stehen, drehte sich zu mir, kam auf mich zu und sagte: „Puschel, was machst du denn hier?“ – als wenn wir uns vorher gar nicht begegnet wären. Ich stand auf und nahm sie in den Arm. „Hey Mutti, ich warte hier auf dich. Du hast einen Arzttermin. Komm setz dich doch ein wenig zu mir. Es ist gerade noch ein Platz frei.“

Für ein paar Minuten ließ sie sich neben mir nieder. Sofort ergriff sie meine Hand und hielt sie ganz tüchtig fest. Wir waren beide ganz still. Ich hatte das Gefühl, sie würde kurz vor dem Einschlafen sein. Ich verhielt mich mucksmäuschenstill und war froh, dass es in diesem Flurbereich ruhig war. So hatten wir beide Zeit zu verschnaufen.

Dann ging es jedoch erneut los. Mutti wollte nur noch weg. In dem Moment entdeckte ich jemanden am anderen Ende des Flures. Ich steuerte direkt darauf zu, schilderte mit knappen Worten die Situation und bat um Unterstützung. Mutti wollte auf keinen Fall länger bleiben, wollte die Station verlassen. Seit 7.00 Uhr seien wir in der Klinik. Mutti sei dement, begriff nicht, was sie hier sollte, in der ihr fremden Umgebung. Ich versuchte alles, um die Wartezeit zu überbrücken, war aber langsam so ziemlich am Ende meiner Kräfte. Mutti lief währenddessen wieder auf und ab, Tendenz Richtung Fahrstuhl. Nun bat der Mitarbeiter mich zu warten. Er wolle sich kümmern. Kurz darauf kam er mit einem kleinen Becher und bat mich, Mutti schon einmal dieses Beruhigungsmittel zu geben. Da sie sauer auf mich war gelang es jedoch nicht. „Ach lass mich“, war ihr Kommentar. Der Versuch des Mitarbeiters ihr das Mittel zu geben, schlug ebenfalls fehl. Abermals bat er mich, kurz zu warten und verschwand. Einen Moment später kam er, gefolgt von einer Pflegekraft, zurück. Diese bat Mutti und mich in ein Patientenzimmer. „Mutti, komm jetzt geht es los. Lass uns mal schauen, welches Zimmer wir nutzen dürfen“, sagte ich, hakte Mutti unter und begleitete sie so in das Krankenzimmer. Hier war ein Bett für sie bereitgestellt. Durch den Ortswechsel war Mutti wieder ganz ruhig und reagierte auf Ansprache. Ihr wurde erneut ein Becher mit einem Beruhigungsmittel gegeben, das sie diesmal bereitwillig schluckte. Freundlich wurde ich gebeten, Mutti schon einmal für die OP vorzubereiten. Hierbei bemerkte ich, dass ihre Vorlage gewechselt werden musste.

Mutti beim Toilettengang zu begleiten war für mich gar kein Problem. Da sie durch das Beruhigungsmittel jedoch sehr wackelig auf den Beinen war, musste die Vorlage im Liegen gewechselt werden. Dies hatte ich noch nie gemacht, also klingelte ich nach einer Pflegekraft und bat diese, dies für mich zu erledigen. Für mich war klar, dass sie in solchen Dingen durch ihre Arbeit geübter war. War sie auch, erledigte dies aber in einer Art, die mich irritierte. Ohne Mutti in irgendeiner Art dabei anzusprechen und zu informieren, was sie tat, drehte sie sie sicherlich fachlich absolut korrekt, aber sehr unpersönlich hin und her, zog die Hose runter und wieder hoch. Mutti suchte während des Hin- und Herdrehens mit den Händen Halt am Bett und kommentierte das Handeln zwischendurch mit „ Oh, oh nein wa oh“. Diese Art des Wechselns der Vorlage war für sie offensichtlich befremdlich und bereitete ihr Unbehagen, verunsicherte sie. Durch die fehlende Ansprache wusste sie nicht, was als nächstes mit ihr passieren würde. Sie konnte sich nicht darauf einstellen. Ich erzählte der Pflegekraft von meinen Beobachtungen im Stiftungsdorf. Dort begleiteten die Mitarbeiterinnen alle Handgriffe mit Worten, um den Bewohnern Sicherheit zu geben. Hier in der Klinik schien der Umgang mit demenziell erkrankten Patienten noch relativ neu zu sein. Ob meine Anmerkung erwünscht war, kann ich nicht mit Sicherheit sagen. Die Pflegekraft ging nicht darauf ein. Mutti hatte nun eine frische Vorlage und war anschließend weiter von mir für die bevorstehende OP vorbereitet worden.

Nach nochmaliger kurzer Wartezeit ging es endlich los. Es kam eine Pflegekraft einer anderen Station. Sie stellte sich Mutti und mir vor und erklärte, dass wir samt Bett mit dem Fahrstuhl auf eine andere Station fahren würden. Dort würde Mutti eine Narkose bekommen und schlafen, während die Ärzte die entzündeten Zähne behandeln oder entfernen würden. Mutti war ganz gelassen. Die nächsten zwei Stunden hatte ich dann zur freien Verfügung. Ich konnte solang tun und lassen was ich wollte. Nach dieser Zeit sollte ich mich bitte wieder im

Aufwachraum einfinden. Einen tiefen Seufzer der Erleichterung stieß ich aus. Die Pause war zwingend notwendig. In aller Ruhe suchte ich mir ein ruhiges Plätzchen. Dort nahm ich das mitgebrachte Essen und Trinken zu mir und schickte Wolfgang eine WhatsApp mit dem Hinweis, dass Mutti nun endlich im OP sei, sich aber durch den verspäteten Eingriff alles zeitlich nach hinten verschieben würde. Die Zeit verging wie im Flug. Wie verabredet, fand ich mich nach meiner Verschnaufpause im Aufwachraum ein. Mutti lag friedlich schlummernd in ihrem Bett. Eine freundliche Pflegekraft hatte mich zu ihr gebracht. Kurz nachdem ich mich dort eingefunden hatte, kam der behandelnde Arzt. Mit den Worten: „Sie sind also der Engel, der sich so liebevoll um seine Mutter kümmert. Ich habe schon von ihrer bewundernswerten Geduld gehört", begrüßte er mich. Mir schossen Tränen in die Augen, bei so viel Wärme in den wunderbaren Worten. Erst schaute er nun auf Mutti, die ab und an ein Auge öffnete und dann gleich wieder sanft entschlummerte. Dann berichtete er vom Verlauf der OP. Zahnstumpen wurden entfernt und die entstandenen Wunden genäht. Flüssignahrung für die kommenden Tage sei nun die angemessene Nahrung. Ansonsten sei nichts weiter zu beachten. Er wies mich freundlich darauf hin, dass Mutti erst noch eine gewisse Zeit im Aufwachraum bleiben sollte. Später käme eine Pflegekraft von der ersten Station, um uns zurück ins Patientenzimmer zu bringen, in dem Mutti dann die nächsten Stunden verbringen solle, um die Narkose richtig auszuschlafen. Vor der Entlassung würde ein Kollege zur Nachuntersuchung kommen, bevor dieser dann sein Okay zur Fahrt ins Stiftungsdorf geben würde. Der Arzt verabschiedete sich von uns und wünschte uns alles Gute. Ich war mit Mutti allein, beobachtete ihren Schlaf, der immer häufiger von kurzen Wachphasen unterbrochen wurde, in denen Mutti direkt aus dem Bett aufstehen wollte. Erfolgreich hielt ich sie davon ab.

Eine ganze Weile war vergangen, dann kam die Pflegekraft um uns zurück auf Station zu bringen. Es war die gleiche Kraft, die uns morgens das Patientenzimmer gezeigt und Mutti versorgt hatte. Freundlich richtete sie sich an Mutti: „Frau Bünz, ich bringe Sie jetzt zurück in Ihr Zimmer. Da können Sie erstmal ungestört schlafen." Mutti war schon wieder eingenickt. An mich gewandt sagte sie, dass Mutti noch ca. zwei bis drei Stunden liegen solle, bis die Narkose ganz ausgeschlafen sei. Uff – das war eine lange Zeit. Zwar absehbar, aber ich ahnte, dass es vermutlich nochmals eine Herausforderung für mich werden könnte, da sie ja jetzt schon immer mal in den Wachphasen aufstehen wollte.

Meine Bedenken äußerte ich und war gespannt, wie ich die Situation managen würde. Die Pflegekraft war ganz zuversichtlich. Sie entgegnete sehr ruhig, dass ich ganz ent-spannt bleiben solle … , sie hätte vor kurzem eine Fortbildung zum Thema Betreuung von Demenzpatienten absolviert. Wenn Mutti aufstehen wolle, würde sie ein wenig streng sein und ihr sagen: „Jetzt bleibst du schön im Bett, sonst sag ich es nachher dem Papa!" –

Menschen der Generation meiner Mutter hätten tüchtig Respekt vor dem Vater und würden somit gehorchen. Ich glaube, sie wollte mir Mut zusprechen. Kurz erwähnte ich, dass Mutti nie etwas mit ihrem Vater zu tun hatte. Sie kannte ihn gar nicht. „Ach, lassen sie mal, dass klappt schon“, sagte sie hochmotiviert. Im Fahrstuhl und auf dem Weg ins Zimmer schlummerte Mutti und blieb somit liegen. Im Zimmer angekommen, bot uns die Pflegekraft Tee an, den ich gerne annahm. Ich setzte mich auf einen Stuhl während Mutti im Bett lag. Als sie mit den Getränken kam, wollte Mutti gerade aufstehen. Mit Schwung schlug sie die Bettdecke zurück, schwang ihre Beine aus dem Bett und wollte aufstehen. Die Pflegekraft sprach sie sogleich freundlich, aber bestimmt, an; „Frau Bünz, sie müssen sich bitte wieder hinlegen, da sonst Nachblutungen auftreten können.“ Bei Mutti kamen die Worte gar nicht an. Sie bemühte sich weiterhin, aus dem Bett zu steigen. Nun wandte die Pflegekraft ihre neu erworbenen Kenntnisse der Demenzfortbildung wie angekündigt an: „Margarete, jetzt aber schnell ins Bett, sonst sag ich abends deinem Vater, dass du gar nicht gehorcht hast.“ Mutti beeindruckte diese Aussage gar nicht, ließ die Beine schon aus dem Bett baumeln. Nun mischte ich mich ein, trat zu ihr, nahm sie liebevoll in den Arm und hob dabei ihre Beine zurück ins Bett. „Wir müssen noch ein wenig hier bleiben. Schau, es gibt auch Tee“, sagte ich. Die Tasse stand griffbereit. Ich nahm sie und führte sie vorsichtig an den Mund. Mutti trank und strahlte mich an. Für den Moment war sie wieder im

Bett. Ein wenig schmunzelte ich in mich hinein. „Mutti, du kannst gerne noch ein bisschen schlafen. Wir dürfen noch nicht nach Hause. Mach ruhig die Augen zu, ich bleibe auf jeden Fall bei dir."

Nun sollte ich mich also die nächsten zwei bis drei Stunden mit Mutti amüsieren. Zwischendurch war es vollkommen unproblematisch. Die Narkose und vermutlich die ganze Aufregung wirkten noch nach. Sie schlummerte immer wieder kurz ein. Sofern sie wach war, ließ sie in ihrem Bemühen das Bett zu verlassen nicht nach. Immer wieder hielt ich sie davon ab. Hob die Beine zurück ins Bett und deckte sie zu. Dabei erzählte ich, wo und warum wir in der ihr fremden Umgebung waren und dass wir noch weiterhin hier bleiben sollten. Auch habe ich, wie in anderen Situationen, wieder angefangen alte Kinderlieder zu singen. Dies klappte einige Zeit, aber die Wachphasen wurden länger und Muttis Bemühungen das Bett zu verlassen immer intensiver. Im Laufe der Zeit wurde es mir zu anstrengend und ich setzte mich zu ihr aufs Bett. So konnte sie meine Hand halten und streicheln, eine Geste, die mir schon seit meiner Kindheit sehr vertraut war und gleichzeitig hinderte ich sie daran aus dem Bett zu steigen. Mutti schien glücklich und zufrieden. Die körperliche Nähe gefiel ihr. Die Blockade durch mich nahm sie nicht als solche wahr. So war für uns beide die Welt für den Moment vollkommen in Ordnung.

Irgendwann jedoch kam die Pflegekraft, um nach uns zu sehen. Als sie mich auf dem Bett sitzend vorfand wandte sie sich mit den Worten: „Oh, entschuldigen Sie bitte. Es ist nicht gestattet, dass Besucher auf dem Patientenbett sitzen. Bitte benutzen sie einen der vorgesehenen Stühle. Aus hygienischen Gründen sind die Betten nur für Patienten."

Irritiert sah ich sie an. „Das verstehe ich sehr gut. Es ist für mich nach endlosen Versuchen, Mutti im Bett zu halten, jedoch die einfachste Alternative. Ich habe schon alles Mögliche versucht." Erstaunlicherweise zeigte sie sich wenig emphatisch und bat mich mit dem Hinweis auf die Hygienevorschriften abermals, den Besucherstuhl zu benutzen. Irgendwie ärgerte ich mich über ihr Festhalten an den Vorschriften, zumal das Bett sowieso abends für den nächsten Patienten gereinigt werden musste. Dementsprechend reagierte ich: „Dann können wir uns jetzt gern einmal abwechseln und Sie sind für Mutti verantwortlich. Das soll mir recht sein" und war im Begriff aufzustehen. Sie ging gar nicht auf meine Äußerung ein, sondern verließ uns mit dem Hinweis, dass sie sich nun um die Abendessensausgabe kümmern müsse. Mein Platz blieb weiterhin das Bett.

Später wurde Mutti eine Suppe aufs Zimmer gebracht, die ich ihr löffelweise veabreichte. Sie verspeiste sie mit großem Appetit. Kaum dass der Mund leer war, öffnete sie ihn gleich wieder, um mehr zu bekommen. Ratzfatz war die Suppenschüssel leer und der dazu mitgebrachte Tee ausgetrunken. Es war ihre erste Mahlzeit an diesem Tag. Nach dem Essen war wieder Leerlauf und ich sehnte die Abschlussuntersuchung herbei.

Gegen 17.00 Uhr hielt ich auf dem Flur Ausschau nach einer Pflegekraft und erkundigte mich, ob nun nicht endlich ein Arzt kommen könne, um die Nachuntersuchung durchzuführen. Meinem Empfinden nach war genügend Zeit verstrichen, um guten Gewissens die Klinik verlassen zu können. Nach nochmaliger Wartezeit von ca. einer Stunde kam endlich ein Arzt. Ich hatte schon befürchtet, dass wir vergessen worden seien. Es war ein relativ junger Mann, den Mutti freundlich anlächelte. Er begrüßte sie und erklärte wie zuvor sein Kollege, dass ein Eingriff vorgenommen wurde, bei dem einige Zähne entfernt worden seien. „Bevor ich Sie jetzt auf Ihren Wunsch hin entlasse, möchte ich mir noch einmal die Wunde ansehen. Öffnen Sie bitte einmal den Mund." „Ja" sagte Mutti und strahlte ihn weiterhin an, jedoch mit geschlossenem Mund. „Frau Bünz, Sie müssen schon den Mund öffnen, damit ich Sie untersuchen kann", wiederholte er freundlich seine Aufforderung. Wieder brachte Mutti ein klares eindeutiges „Ja" hervor, doch auch jetzt blieb der Mund wie gehabt geschlossen. Sie verstand nicht, was der Arzt von ihr wollte. Dann ging alles ganz schnell. Ehe ich mich versah, bewegte sich die Hand des Arztes samt Spatel Richtung Mund und zwischen ihre Lippen, um so die Öffnung des Mundes zu bewirken. Ärgerlich schlug Mutti Spatel samt Hand zur Seite. Sie schaute gar nicht mehr freundlich, wusste nicht, was der Arzt von ihr wollte.

Nun informierte mich der Arzt darüber, dass er Mutti ohne Untersuchung nicht entlassen könne. Daraufhin ließ ich mir erklären, was er bei der Abschlussuntersuchung sehen wolle. Er wollte sich vergewissern, dass keine Nachblutungen aufgetreten waren. „Da kann ich Ihnen versichern, dass bislang nichts dergleichen zu erkennen war. Tee und Suppe habe ich Mutti gegeben und es war absolut kein Blut zu sehen“, gab ich ihm bereitwillig Auskunft. Diese Information reichte ihm. Er bedankte sich, schaute auf Mutti, dann auf mich und meinte, dass dann einer Entlassung auf eigenen Wunsch nichts im Wege stehen würde. Er müsse noch die nötigen Formalitäten erledigen und dann könnten wir nach Hause. Geschafft! Dann richtete er das Wort abermals an mich: „Es sind ja einige Zähne entfernt worden, sodass teilweise kein Gegenbiss vorhanden ist. Sie wissen, dass eine weitere Behandlung zur Herstellung von Zahnersatz notwendig ist?!“ Fassungslos sah ich ihn mit großen Augen an: „Können Sie sich vorstellen, dass meine Mutter bei der entsprechenden Behandlung, in der unter anderem mit Sicherheit ein Gipsabdruck gemacht wird, den Mund stundenlang offen hält? Sie haben ihre Reaktion gerade erlebt. So geht es selbst beim Zähneputzen. Also bleibt alles so, wie es jetzt ist!“ „Wenn Sie meinen … es kann aber zu Schwierigkeiten kommen“, entgegnete er. Ehrlich gesagt erschloss sich mir nicht, wieso Ärzte und Pflegekräfte sich so gar nicht auf Patienten mit fortgeschrittener Demenz einlassen konnten. Sie mussten doch merken, dass diese eine andere Ansprache brauchen und manche Dinge anders geregelt werden mussten als bei anderen Patienten. Ich hatte das

Gefühl, mich für meine Entscheidung rechtfertigen zu müssen. Machte ich aber nicht. Nicht mal eine weitere Erklärung kam über meine Lippen. Vermutlich hätte er mich sowieso nicht verstanden. Mit einem Schulterzucken entgegnete ich nur „Hm". An Mutti gewandt sagte ich mit einem Augenzwinkern: „Es klappt auch so wie es ist. Du schaffst es genauso, wie Frau Garrels und all deine anderen Mitbewohner mit ihren eigenwilligen Kauleisten, stimmt's?" Mutti lächelte. Das Thema Weiterbehandlung war beendet.

Gern unterschrieb ich die nötigen Papiere, verabschiedete mich von dem Arzt und rief Wolfgang wie verabredet an, um uns abzuholen. Die Wartezeit nutzte ich, um Mutti anzuziehen. Bis zu seinem Eintreffen saßen wir beide mit baumelnden Beinen auf der Bettkante. Ein Ende war absehbar. Ich begann mal wieder zu singen, um Zeit zu überbrücken. Nach leichtem Klopfen an der Tür betrat Wolfgang kurz vor 20.00 Uhr das Zimmer. Dieses unverhoffte Wiedersehen mit ihm zauberte ein Lächeln auf Muttis Gesicht. Als er sich zur Begrüßung näherte, klopfte sie ihm auf die Schulter, atmete hörbar aus und sagte: „Ja". Mutti halfen wir nun aus dem Bett und verließen mit ihr, links und rechts untergehakt, die Klinik. Mutti war noch etwas wackelig auf den Beinen.

Mit den Worten „Hallo Frau Bünz, da sind Sie ja wieder. Wir haben Sie schon vermisst", wurde Mutti im Stiftungsdorf begrüßt, während ihr eine Hand liebevoll über die Schulter strich und danach ihre Hand drückte. Es wurde ihr noch etwas zu trinken angereicht, dann wurde sie ins Bett gebracht, in dem sie noch eine frische Vorlage bekam. Mit einem herzlichen „Schlaf schön und träum was Schönes“ verabschiedete ich mich.

Christoph, einem der Pflegekräfte, berichtete ich noch kurz, wie es uns ergangen war und dass erstmal, wie schon vorher besprochen, flüssige Nahrung für die kommenden Tage auf dem Speiseplan stehen sollte. Dann wollte ich nur noch nach Hause. Der Tag war sehr anstrengend. Ich war vollkommen erledigt.

Auf unserem Sofa, eingekuschelt in eine Decke, kam ich nur schwer zur Ruhe. Ich ließ den hinter mir liegenden Tag Revue passieren. Im Gespräch mit Wolfgang mogelte sich irgendwie noch die Erinnerung an unser unerfreuliches Erlebnis bei der Voruntersuchung hinzu. Automatisch machte sich das Gefühl in mir breit, dass der hinter mir liegende Tag genau wie das Vorgespräch hätten besser laufen können. Unterstützung hätte ich mir gewünscht. Mir kullerten vor Erschöpfung Tränen aus den Augen und ich merkte, dass ich meine nicht erfüllten Erwartungen zu Papier bringen und meinem Ärger, dem Gefühl des Alleingelassen-Seins und der Hilflosigkeit Raum geben musste. Meine Erlebnisse im Vorgespräch und später auf Station wirkten nach.

Nach ein paar Tagen formulierte ich das Erlebte und schickte meinen Brief an die Kieferchirurgie. Einige Zeit später bekam ich ein Schreiben mit einer Entschuldigung. Ebenfalls bedankte sich der Leiter der Klinik für mein Schreiben mit dem Hinweis darauf, dass tatsächlich beim Umgang bei der Versorgung von demenzerkrankten Patienten noch Nachholbedarf sei. Die Klinik würde diesbezüglich vermehrt Fortbildungen anbieten. Ich hatte das Gefühl gehört worden zu sein.

Vielleicht hatte ich einen klitzekleinen Stein ins Rollen gebracht für nachfolgende Patienten, die an Demenz erkrankt waren und um einen Krankenhausaufenthalt nicht herumkamen. Erfahrungsgemäß müssen diese Leute in vereinfachter Sprache, ruhig und klar angesprochen werden. Blickkontakt ist wichtig. Dadurch nehme ich wahr, ob ich die Aufmerksamkeit meines Gegenübers habe. Gegebenenfalls ist ein kurzer Körperkontakt hilfreich, um diese zu erlangen. Menschen mit Demenz hören, was ihnen gesagt wird. Es fällt ihnen jedoch schwer, den Sinn der Worte zu erfassen. Da das Kurzzeitgedächtnis nachlässt, vergessen sie, was ihnen gesagt wurde. Sie bewegen sich gedanklich häufig in der Vergangenheit und verhalten sich entsprechend. Manche haben einen veränderten Tag-Nacht-Rhythmus. Viele haben eine gewisse Unruhe in sich und damit verbunden, das Bedürfnis sich zu bewegen. Sie sind in ihrem Verhalten nicht mit Regelpatienten zu vergleichen, wobei es natürlich darauf ankommt, wie weit fortgeschritten die Demenz schon ist. Ich kann nicht pauschal sagen, was sich ändern muss, um einen Klinikaufenthalt für alle Beteiligten so einfach wie möglich zu gestalten. Dazu gibt es zu viele verschiedene Verhaltensweisen einzelner Betroffener. In Muttis Fall war es so, dass sie besondere Aufmerksamkeit gebraucht hätte, Unterstützung beim Essen und Trinken, eigentlich eine Rundum-Versorgung, die ihr Sicherheit gibt und darauf achtet, dass sie zu ihrem Schutz noch im Bett bleibt. Schulung des Personals macht auf jeden Fall Sinn. Pflegekräfte brauchen aber auch Menschen vor Ort, die für die Betreuung zuständig sind. Vielleicht werden Ehrenamtliche geschult, um diese Aufgabe zu übernehmen.

Am Tag nach der OP schnappte ich unseren Hund und besuchte Mutti. Die Nacht hatte sie gut geschlafen, Milchsuppe gefrühstückt und war guter Dinge. Nach Rücksprache mit Christoph zog ich ihr Schuhe und Jacke an und ging mir ihr spazieren. Anschließend setzten wir uns aufs Sofa, um etwas zu trinken und mal wieder in der roten Schatulle mit den Fotos zu stöbern. Es war ein Tag wie jeder andere, Mutti hatte glänzende Laune. Die Operation schien für sie kein Thema zu sein.

Paulchen – unser Hund – hatte nicht so einen Draht zu Mutti. Mutti ihrerseits zeigte jedoch großes Interesse an ihm. Um zu vermitteln gab ich ihr wie schon öfters ein Hundeleckerli, damit sie ihn ein wenig hätte locken können. Sie nahm es, hielt es für einen Moment in der Hand, drehte es hin und her und steckte es, ehe ich mich versah, in den Mund, wobei sie kräftig drauf los kaute. In der ersten Sekunde erschreckte ich mich und hatte ein wenig Bammel, dass evtl. durch den kräftigen Biss auf das harte Leckerli eine Naht aufplatzen könnte. Doch im nächsten Moment beruhigte ich mich gleich wieder und musste über die Situation schmunzeln.

Es war Gott sei Dank nichts passiert. Während ich Mutti in den Arm nahm, sagte ich: „Was bist du denn für eine lustige Nudel – das war ein Leckerli für den Hund. Du sollst doch nur Süppchen essen.“ Einen Satz setzte ich noch lachend hinterher: „Hoffentlich fängst du nun nicht an zu bellen…“ Mutti machte: “Pfff…“ und fing ebenfalls an zu lachen. Es war schön zu erleben, dass sie ihren Humor bewahrt hatte. Die Leichtigkeit, mit der sie trotz der fortgeschrittenen Demenz in unterschiedlichsten Situationen reagierte, nahm ich mit Freude wahr.

Ruhige Zeiten

Nach dem turbulenten Tag in der Klinik warteten ruhigere Zeiten auf uns. Mutti ging es nach der überstandenen OP ausgesprochen gut. Die entstandenen Zahnlücken schienen für sie kein Problem zu sein. Die Wunde war gut verheilt und sie aß mit großem Appetit. Unsere gemeinsame Zeit nutzten wir weiterhin für ausgiebige Spaziergänge. Wege, die Mutti durch frühere Fahrradtouren oder Spaziergänge vertraut waren, durchstreiften wir gern. Untergehakt drehten wir unsere Runden und genossen das Miteinander. Ab und an blieben wir stehen oder suchten uns einen Platz auf einer Bank. Gelegentlich machte ich Mutti auf den blauen Himmel oder die vorüberziehenden Wolken aufmerksam. Auch lenkte ich ihren Blick auf die schön angelegten Gärten und gab ihr

Dinge in die Hand, die auf eine besondere Weise dufteten, sich interessant anfühlten oder einfach irgendwie ein Hingucker waren. Dazu gehörten beispielsweise Pusteblumen oder später Kastanienschalen. Dies waren teils Tipps, die mir Frau Koch aus dem Stiftungsdorf vor einiger Zeit mit auf den Weg gegeben hatte. Durch dieses Innehalten lenkte ich Muttis Aufmerksamkeit auf Dinge, die sie allein nicht mehr wahrnahm.

Kamen wir an Straßen vorbei, die Mutti früher z. B. auf dem Weg zu ihrer Arbeit oder bei Fahrradtouren gefahren war, erzählte ich in einfachen Sätzen etwas dazu. Ich brachte das Gespräch auf ihre Arbeit an der Universität und ihre Kollegen, aber auch auf die Fahrradtouren, die Mutti zu uns oder ins Theater am Deich führten, an dem wir ebenfalls bei unseren Spaziergängen vorbeikamen. Sie hörte aufmerksam zu. Manchmal schaute sie mich mit fragendem Blick an. Sie versuchte, das Gehörte einzuordnen. Auch kommentierte sie meine Erzählungen gelegentlich: „Aber da ha de der da …“, weiter erzählte sie nicht. „Mutti, willst du mir sagen, dass Vati dich manchmal mit dem Auto zur Arbeit gebracht hat?“ „Ja, der hat de hat de ha“, strahlte sie mich an, glücklich darüber, dass ich verstanden hatte, was sie mir mitteilen wollte. Es gab aber auch Momente, in denen ich trotz Nachfrage nicht zuordnen konnte, was sie mir erzählen wollte. „Mutti, es tut mir leid, aber ich weiß absolut nicht, wovon du gerade sprichst. Was hältst du davon, dass wir später nochmals unser Glück versuchen. Vielleicht klappt es dann besser und ich bekomme heraus, was dich bewegt hat“, schlug ich vor. Meist hat sie meinem Vorschlag durch Nicken des Kopfes zugestimmt. Es kam aber auch vor, dass sie mit den Schultern zuckte und mit der Situation unzufrieden zu sein schien. Dann nahm ich sie in den Arm: „Ist doof, dass dir die Worte im Moment fehlen, aber wir sind ein tolles Team und ich finde noch heraus was du mir erzählen möchtest, okay!“ Es folgte ein längerer Blickkontakt und dann gingen wir weiter. Mutti hatte die Gewissheit, dass ich ihre Hilflosigkeit nachempfinden konnte. Dies gab ihr Sicherheit und ermunterte sie, weiterhin unbefangen zu erzählen.

Trafen wir bei unseren Rundgängen auf andere Menschen, lächelte Mutti die Vorübergehenden freundlich an. Manchmal blieb sie stehen und versuchte mit ihnen ins Gespräch zu kommen. Besonders Kinder hatten für sie einen großen Aufforderungscharakter, stehen zu bleiben. Sie war teilweise recht impulsiv und wandte sich mit Herzlichkeit, Kindern und Erwachsenen zu. Die Menschen reagierten unterschiedlich. Manche verhielten sich ausgesprochen freundlich, nahmen wahr, dass Mutti in irgendeiner Art eingeschränkt war. So ließen sie die Kontaktaufnahme zu. Andere wiederum waren irritiert, konnten Muttis Verhalten nicht einordnen, fühlten sich bedrängt. Bei Begegnungen dieser Art, beendete ich die Situation mit den Worten: „Mutti, komm lass uns weitergehen, wir kennen die Leute gar nicht, haben sie wohl verwechselt. Wir wünschen noch einen schönen Tag und schauen, dass wir pünktlich zum Mittagessen kommen“. „Ach so, ach ach“, erwiderte Mutti mit Blick auf die uns fremden Leute und dann auf mich, winkte freundlich Richtung des Kindes und lies sich von mir mitnehmen. Es waren wunderbare Spaziergänge. Rechtzeitig zum Mittagessen fanden wir uns im Stiftungsdorf ein. Sofern es notwendig war, verabredeten wir einen Termin beim Friseur, direkt im Haus. Stand ein Friseurbesuch an, wurden Mutti schon morgens beim Duschen die Haare gewaschen. Beim Friseur ließ Mutti es lediglich über sich ergehen, dass die Frisur in Form gebracht wurde. Kam sie dann frisch gestylt zurück auf Station kommentierte Kemal, Marie oder andere Mitarbeiter dies mit einer freundlichen Bemerkung. Diese Komplimente gefielen Mutti sehr.

Mutti hatte auch großen Gefallen daran, mit Pari, der Betreuerin für Verwöhnstunden, an zwei Tagen der Woche, Zeit zu verbringen. Gemeinsame Spaziergänge wurden auch von den beiden unternommen, sofern es das Wetter zuließ. Ansonsten verbrachten sie die Zeit auf dem Zimmer. Es wurde gelesen, gesungen, gecremt, alles Dinge, die Mutti gefielen. Sie genoss die ungeteilte Aufmerksamkeit und willkommene Abwechslung. Gelegentlich kam Pari für einen Moment dazu, wenn ich Mutti besuchte. So tauschten wir uns über das Erlebte aus. Mutti kommentierte unseren Austausch gelegentlich: „Hm ja, ach so. Nein, da hat der da…“. So oder mit ähnlichen Äußerungen beteiligte sie sich am Gespräch. Es waren keine ganzen Sätze und auch keine klaren Formulierungen, trotzdem war sie für uns eine Gesprächspartnerin.

Die Zeit war ruhig und entspannt. Es war ein freundliches Miteinander, was mir sehr gefiel. Durch die spontanen Tür- und Angelgespräche mit den Mitarbeitern unterschiedlichster Bereiche entstand nach und nach ein herzliches Miteinander. Ich bekam durch die kurzen Gespräche einen größeren Einblick in die Arbeit und spürte, dass sich wertschätzende Haltung den Bewohnern gegegenüber wie ein roter Faden durch das Haus zog. Diese Erkenntnis empfand ich als Bereicherung, sie gab mir ein gutes Gefühl. Auch Mutti fühlte sich offensichtlich wohl. Sie gab sich mit allen ihr zur Verfügung stehenden Fähigkeiten in ihr neues Umfeld ein.

Nachtdienst

In den ersten Jahren im neuen Zuhause war Mutti noch sehr mobil. Sie sauste über die Flure, nutzte hier und da einen der gemütlichen Sessel oder einen Platz in der Sitzecke, um kurz zu verschnaufen oder in Kontakt mit den anderen Bewohnern zu kommen. Sie suchte auch die Nähe von Marie, Kemal und deren Kollegen. Gern half sie, ihren Fähigkeiten entsprechend, beim Tischdecken oder abräumen. Mutti war fast immer freundlich und gut gelaunt, genoss die Aufmerksamkeit sowie die Liebenswürdigkeit, die ihr entgegengebracht wurde. Sie fühlte sich offensichtlich wohl in ihrem Zuhause.

Bei einem meiner Besuche sprach mich Marie mit der Bitte an, Mutti evtl. ein paar Stopper-Socken zu besorgen. Fragend sah ich erst Mutti und dann sie an. Sogleich folgte eine Erklärung für diese eher ungewöhnliche Bitte: Mutti sei wie ein Steh-auf-Männchen, erzählte mir Marie freundlich. Abends wurde sie für die Nacht fertig gemacht und ins Bett gebracht. Beim Wunsch für eine gute Nacht, lächelte sie noch und schloss meist schon die Augen, schlief augenblicklich ein. Hier hatte sich jedoch etwas verändert. Seit geraumer Zeit war es so, dass Marie oder eine andere diensthabende Nachtwache den Fernseher ausschaltete, Mutti ins Bett begleitete, gute Nacht wünschte und das Zimmer verließ. Ehe sie aber die Zimmertür des nächsten Bewohners erreicht hatte, stand Mutti freudestrahlend, aber barfuß neben ihr, nicht dazu zu bewegen wieder ins Bett zu gehen. Also erledigten sie dann gemeinsam den abendlichen Rundgang. Mutti war sicherlich eine große Unterstützung. Damit sie bei solchen Aktionen keine kalten Füße bekommt, wurden diese Stopper-Socken gewünscht. Auf ihren normalen Strümpfen war die Rutschgefahr zu groß und mit Hausschuhen sollte sie nicht ins Bett. Schuhe allein anzuziehen gehörte nicht mehr in Muttis Welt.

„Was bist du denn für eine lustige Nudel“, fragte ich Mutti, die genau wie ich der Erzählung spannend gelauscht hatte. „Willst du helfen und darauf achten, dass alle auch wirklich richtig zugedeckt in ihren Betten liegen? Bist du das Sandmännchen, das allen Menschen gute Träume bringt?" Sie guckte mich an und hob ganz leicht mit einem verschmitzten Lächeln die Schultern. Sie war so goldig. Ich war ganz gerührt. Selbstverständlich erfüllte ich den Wunsch nach Stoppersocken. Es erfüllte mich mit Freude zu erleben, dass es scheinbar für Marie und ihre Kolleginnen so unkompliziert war, Mutti einfach mitkommen zu lassen. So erlebte sie die ‚Ins-Bett-geh-Zeremonie' bei ihren Mitbewohnern mit. Ähnlich, wie es früher bei uns zu Hause war.

Herrlich, wieder einmal hatte ich das Gefühl, für Mutti ein wunderbares Zuhause gefunden zu haben.

Geburtstagsfeste

Im November hatte Mutti Geburtstag. Es war der erste Geburtstag, den sie nicht mehr in ihrem Haus feierte. In der neuen Umgebung hatte sie sich mittlerweile gut eingelebt. Auch ich fand mich dort recht gut zurecht. Marcel, Christoph und einige andere Mitarbeiter waren mir schon etwas vertraut, da wir immer wieder im Austausch waren, was Muttis momentane Befindlichkeit betraf, aber auch ihre früheren Interessen und einfach alles was wichtig war an Informationen, damit es Mutti gut ging und sie optimal betreut werden konnte. Es gab stets irgendwelche Kleinigkeiten, über die wir ins Gespräch kamen.

Zwar waren wir gut im Austausch miteinander, aber Geburtstage und wie sie begangen werden, war bislang noch kein Thema. Es war alles noch relativ neu und schien mir nicht so wichtig, zumal ich eine Vorstellung hatte, wie ich diesen Tag mit Mutti begehen woll-te. So backte ich einen Kuchen, füllte einen Korb mit Kaffee, Kaffeegeschirr und Besteck und fuhr mit Wolfgang und Paula zu ihr. Angelika und ihre Tochter Franziska schauten ebenfalls später vorbei. Wir machten es uns relativ früh am Nachmittag in ihrem Zimmer mit Geburtstagskerze und allem was dazugehört gemütlich und ließen uns den Kuchen schmecken. Für uns war die Welt in Ordnung, zumal deutlich zu erkennen war, dass Mutti glücklich und zufrieden war. Sie hatte ihre Lieben um sich und das war ihr wichtig. Sie erzählte fast ununterbrochen, nickte uns dabei fröhlich lächelnd zu. Zwischendurch tätschelte sie Arm oder Bein desjenigen, der gerade neben ihr saß. Zur regulären Kaffeetrinkenszeit klopfte es und kurz darauf trat Sophie ein: „Hallo Frau Bünz, hier ist ja was los. Sie haben gar nicht verraten, dass sie Besuch bekommen“, sagte sie mit einem Augenzwinkern. „Nun stehe ich hier mit ihrem Geburtstagskuchen. Es ist ein kleiner Gruß vom Haus. Vielleicht lassen sie ihn sich auch noch schmecken.“ Sie gratulierte Mutti und ließ uns wissen, dass wir zu solchen Anlässen gern einen Extraraum nutzen könnten. Wir müssten nicht so beengt beisammen sitzen. Wir könnten uns wie zuhause fühlen, müssten lediglich ihr oder einer Kollegin Bescheid geben, damit der Raum nicht anderweitig belegt werden würde. Ich bedankte mich für den Hinweis und merkte ihn mir für die darauffolgenden Jahre. Dieser erste Geburtstag verlief ganz unspektakulär. Nach dem Kaffeetrinken sangen wir erst noch gemeinsam, bevor wir in großer Gruppe spazieren gingen. Zum Abendessen kamen wir zurück. Mutti wirkte ein wenig müde, so verabschiedeten wir uns zeitnah, nachdem wir sie im Gemeinschaftsraum in die Obhut der Betreuerin, Frau Kochgegeben hatten. Mutti steuerte geradewegs auf das Sofa zu, auf dem Frau Garrels saß. Zufrieden lächelnd verließen wir das Haus. Bei meinem nächsten Besuch wurde mir erzählt, dass sie gar nicht mehr zu Abend gegessen hatte. Kurz nach der Verabschiedung war sie auf ihr Zimmer gegangen und dort in ihrem Sessel eingeschlafen. Mutti sollte noch einige Geburtstage im Stiftungsdorf feiern. Jedes Fest begingen wir unterschiedlich.

Geburtstagsfest mit geladenen Gästen

Nach Absprache mit Marie feierten wir im nächsten Jahr in dem uns angebotenen Extraraum Muttis Geburtstag. Der Tisch war festlich eingedeckt und es wurden Frau Garrels und Frau Lorenz, mit denen Mutti gern im Kontakt war, nach Absprache mit ihr und mir eingeladen. Zwar wusste ich, dass es einen Geburtstagskuchen vom Haus gab, trotzdem brachte ich noch einen selbstgebackenen Kuchen mit. Der Kaffee war schon gekocht als wir eintrafen. Es war so liebevoll vorbereitet.

Gemeinsam mit einer Pflegerin kümmerten wir uns um das Geburtstagskind und die Gäste. Zum Auftakt sangen wir ein Geburtstagslied, bei dessen Refrain Frau Garrels und Frau Lorenz fröhlich und schwungvoll miteinstimmten. Anschließend ließen wir uns Kaffee und Kuchen schmecken. Mit alkoholfreiem Sekt wurde später auf das Wohl des Geburtstagskindes angestoßen. Mit einem Lied ließen wir sie hochleben. Dies kommentierte Mutti mit einem: „Oh ja, hm, ja, ja". Es war richtig feierlich. Mutti fühlte sich sichtlich wohl. Sie hatte Wolfgang, an ihrer Seite, der ihr Kuchen, Kaffee und auch Sekt anreichte und sich ansonsten auch rührend um sie kümmerte. Sie hielt kontinuierlich Blickkontakt zu ihm, tätschelte seine Hand. Während sie dabei mit dem Kopf nickte, sagte sie manchmal:" Hmm, lecker! Wirklich gut!" Mit der anderen Hand strich sie ab und an über die Tischdecke, lächelte in die Runde und sagte: „Schön!". Wieder war es ein rundum schöner Nachmittag.

Nach dem gemeinsamen Kaffeetrinken haben wir eine kurze Verschnaufpause in ihrem Zimmer eingelegt, bevor wir dann noch einen kleinen Spaziergang unternommen haben. Zum Abendessen, das Mutti in aller

Ruhe auf ihrem Zimmer einnahm, sind wir noch geblieben. Anschließend kam die Verabschiedung mit dem Hinweis, dass ich schon zwei Tage später wiederkommen würde. Es war dann mein ganz normaler Besuchstag. Auch an diesem Abend, so wurde mir erzählt, ist sie relativ früh bettfertig gemacht worden und recht schnell eingeschlafen. Geburtstagsfeiern strengen einfach an.

Geburtstagsfest mit Ilsetraut und Karl-Heinz

Zu einem der nächsten Geburtstage hatten sich Ilsetraut und Karl-Heinz aus Schleswig-Holstein angemeldet. Sie hatten Mutti seit der Feier zu ihrem 80sten Geburtstag, zu dem wir damals eingeladen hatten, nicht mehr gesehen. Dies war mittlerweile drei Jahre her und Mutti hatte sich seitdem verändert. Durch regelmäßigen telefonischen Kontakt bemühte ich mich, die beiden stets über den aktuellen Stand, bezüglich Muttis Befinden auf dem Laufenden zu halten. Ihre eingeschränkte Kommunikationsfähigkeit war von ihrer Seite während unserer Telefonate immer ein Thema. Es fiel mir schwer, ihnen zu vermitteln wie ich mit Mutti im Gespräch war. Des Öfteren ließ ich ihnen die von mir aufgenommenen kurzen Filme, in denen Mutti und ich in Aktion zu sehen waren, zukommen. Sie sollten einem besseren Verständnis dienen, da die beiden kaum Begegnungen mit demenzerkrankten Menschen hatten. Mutti dagegen zeigte ich bei meinen Besuchen öfter Bilder oder Fotos von ihnen und richtete stets Grüße aus. Beim Betrachten der Fotos erzählte ich von Erlebnissen die sie alle miteinander erlebt hatten. Dabei hatte ich manchmal das Gefühl, dass bei ihr Erinnerungen wachgerüttelt wurden, je weiter ich in die Vergangenheit eintauchte.

Ilsetraut und Karl-Heinz hatten also ihr Kommen für den Geburtstagsnachmittag angemeldet. Während unseres letzten Telefonates baten sie darum, in kleiner Runde in Muttis Zimmer beisammen sein zu können. Sie äußerten ihre Unsicherheit und wollten gern in einem geschützten Rahmen die Zeit mit Mutti genießen. Einen genauen Zeitpunkt ihres Eintreffens konnten die beiden nicht vorhersagen. War aber nicht weiter schlimm. Wolfgang und ich fuhren schon zeitig zu Mutti und unternahmen noch einen kleinen Spaziergang, bevor wir es uns in ihrem Zimmer gemütlich machten. Ilsetraut und Karl-Heinz wollten sich dann dazugesellen.

Bevor die beiden eintrafen, hatte ich Bilder von ihnen herausgesucht und Mutti erzählt: „Kannst du dir vorstellen, dass die beiden nachher hier her zu dir kommen? Du hast Geburtstag und Ilsetraut und Karl-Heinz kommen deshalb. Sie wollen dir gratulieren und leckeren Kuchen mit dir essen." Mutti nahm eines der Fotos, betrachtete es eine Weile kopfnickend und sagte: „Hm, ja, wenn du meinst". Ob sie die Information verstanden hatte, kann ich nicht sagen. Dann war es soweit. Es klopfte an der

Tür und im nächsten Moment standen die beiden Mutti gegenüber. Die Überraschung war groß. Mutti saß auf ihrem Sofa. „Äh hm…" brachte sie hervor und schaute die beiden mit großen Augen an. Sie schien irritiert. Für einen Moment war es ganz still im Raum. Ilsetraut und Karl-Heinz schienen unsicher zu sein, wussten nicht, wie sie sich verhalten sollten. Gerade als ich ein wenig unterstützen wollte, um die Situation zu entspannen, merkte ich, dass Ilsetraut sich relativ schnell berappelt hatte. Sie fing einfach an zu reden und ging auf Mutti zu: „Mensch Gretel, wie geht es dir? Wir haben uns ja schon ewig nicht mehr gesehen. Hier wohnst du also. Karl-Heinz und ich wollen dir zu deinem Geburtstag gratulieren. Das ist dir doch recht oder?" Dabei rollte sie das ‚R' und der Schleswig-Holstein-Slang war nicht zu überhören. Mutti war mittlerweile genau wie ich vom Sofa aufgestanden. So standen sich die beiden Frauen direkt gegenüber. War Mutti anfangs irritiert, war das rollende ‚R' anscheinend der Türöffner. Es schien, als versinke Mutti in Ilsetrauts Augen. Auf seltsame Art und Weise veränderte sich ihr Gesichtsausdruck. Einen Moment stand sie kopfschüttelnd vor ihr. Dann fing sie ebenfalls an zu erzählen: „Aber, aber, de hä…" usw. sprudelte es aus ihr heraus. Sie war ganz aufgeregt. Es schien ihr suspekt, die beiden zu sehen. Nun taute auch Karl-Heinz auf. Er ging auf Mutti zu, nahm sie in den Arm: „Gretel, nun will ich dir auch zum Geburtstag gratulieren. Wir haben uns schon lange nicht mehr gesehen". Mutti schüttelte wieder und wieder den Kopf. Bei Ilsetraut und Karl-Heinz war von der anfänglichen Unsicherheit nichts mehr zu spüren. Es plapperten alle vergnügt drauflos und jeder suchte sich einen Platz an der kleinen Kaffeetafel. Anfangs tauschten wir uns über das Haus, die Bewohner, den Tagesablauf und andere Dinge aus, die die beiden interessierten. Anschließend schwelgten wir dank der vorhandenen Fotos in Erinnerungen. Zwischendurch musste ich immer wieder ein wenig unterstützen. Dies tat ich z.B. mit den Worten: „Mutti, erzählst du gerade von der Wattwanderung, die wir alle unternommen haben? Das war eine große Matscherei“. Mutti wechselte dann den Blick von einem zum anderen, hielt gelegentlich das entsprechende Foto in der Hand und nickte intensiv. Mutti mit ihrer eingeschränkten Kommunikation konnte sich eben allein nicht so verständlich ausdrücken, dass Ilsetraut und auch Karl-Heinz sie ohne meine Vermittlung durchgängig verstanden, so half ich einfach ein wenig. All dies tat der guten Stimmung keinen Abbruch. Alle genossen einfach nur das Miteinander. Es war für uns alle ein unvergessliches wunderschönes Erlebnis. Mir kullerten bei diesem Zusammentreffen mehrmals die Tränen. Ich war so gerührt, da Mutti genau wie wir, augenscheinlich dies Wiedersehen genoss.

Zwei Jahre später nahmen Ilsetraut und Karl-Heinz abermals die für sie strapaziöse Fahrt von Kiel nach Bremen auf sich, um nochmals den Geburtstag mit Mutti zu feiern. Ihr Allgemeinzustand, vor allem bezüglich der Mobilität, hatte sich enorm verschlechtert. Ohne Rolli ging gar nichts mehr. Uns allen tat auch diese Begegnung wieder sehr gut. Es war absehbar, dass dies vermutlich das letzte gemeinsame Kaffeetrinken sein würde. Somit war es auf eine gewisse Weise ein Abschiednehmen. Altersbedingt waren Ilsetraut und Karl- Heinz ebenfalls schon sehr eingeschränkt und die Fahrt nach Bremen eine Herausforderung. Wieder war ich sehr gerührt, dass die beiden diese Strapazen auf sich nahmen, um ein paar Stunden mit Mutti zu verbringen. Es sollte tatsächlich ihre letzte Begegnung sein.

Geburtstagsfest mit Ständchen und Gitarrenbegleitung

Wieder war ein Jahr vergangen. Für den diesjährigen Geburtstag hatten wir uns für ein Kaffeetrinken in kleiner Runde entschieden, also eine Kaffeetafel in Muttis Zimmer. Wolfgang und ich waren da und hatten einen Geburtstagskuchen – gebacken von Paula – mitgebracht.

Nach unserem obligatorischen Spaziergang an der frischen Luft, machten wir drei es uns in Muttis Zimmer gemütlich. Der Tisch war gedeckt. Ich reichte Mutti Kaf fee und Kuchen an, als es an der Tür klopfte. Auf unsere Aufforderung trat Frau Koch gewohnt spritzig und humorvoll ein. Sie ist für mich eine der guten Feen des

Hauses, die für Mutti und andere Bewohner Gruppenaktivitäten koordinierte und sie teils auch währenddessen betreute. Mit den Worten: „Hallo Frau Bünz, ich weiß doch, dass sie heute Geburtstag haben“, trat sie auf Mutti zu. „Schauen sie, was ich mitbringe. Einen Kuchen, diesmal von mir höchst persönlich gebacken, ganz speziell für sie. Schon etwas Besonderes!“ Dann umarmte sie Mutti und gratulierte.

Mit Frau Koch war ich des Öfteren im Gespräch - mit oder ohne Mutti. Durch häufige Begegnungen bei unseren Besuchen war sie auch Wolfgang bekannt. Spontan wandte ich mich an Mutti: „Was meinst du, sollen wir Frau Koch bitten, sich zu uns zu gesellen und uns beim Geburtstagskaffeetrinken Gesellschaft zu leisten?“ Mutti strahlte sie an. Dies deuteten wir als Zustimmung. Im Handumdrehen ließ Frau Koch sich auf dem Sofa neben Mutti nieder. Zu viert ließen wir uns Kaffee und Kuchen schmecken und waren schnell im Gespräch miteinander. Nachdem Teller und Tassen geleert waren, überraschte sie uns mit der Äußerung: „Frau Bünz, ich weiß ja, dass Sie mit Ihrer Tochter immer singen. Schauen Sie mal, was ich mitgebracht habe.“ Schon holte sie ihre Gitarre hervor. „Meine Gitarre kennen Sie ja schon, Frau Bünz. Heute habe ich dazu auch noch Liederzettel mitgebracht. Da bringen wir drei Ihnen nun erst einmal ein richtiges Geburtstagsständchen.“ Sprach’s, verteilte die Texte an uns und schon ging es los. Es war ein von ihr selbst gedichtetes Lied mit mehreren Strophen. Wir sangen und schunkelten. Mutti wippte vergnügt im Takt mit dem

Fuß. Herrlich anzusehen, wie sie mitging. Es war wieder einmal ein wunderbares, unvergessliches Geburtstagsfest. Die Herzlichkeit und Wertschätzung Mutti gegenüber, die in solchen Momenten mitschwangen, riefen bei mir stets ein wohliges Gefühl hervor.

„So Frau Bünz, ich bedanke mich ganz herzlich bei Ihnen, dass ich von Ihrem leckeren Käsekuchen mitessen durfte. Sie wissen doch, dass es mein Lieblingskuchen ist. Nun muss ich aber wirklich arbeiten. Schließlich werde ich nicht fürs Kaffeetrinken bezahlt und es warten auch andere Bewohner auf mich." Bei diesen Worten nahm sie Mutti in den Arm und zwinkerte ihr zu. Wolfgang und mir dankte sie für die tolle Unterstützung beim Geburtstagsständchen. Schon im Gehen kamen wir noch einmal auf Muttis Begeisterung zu singen und Musik zu hören zu sprechen. Irgendwie erzählte ich ihr von unserem schon mehrere Jahre zurückliegenden Erlebnis, gemeinsam per Telefon ein Konzert von André Rieu zu verfolgen. Mit den Worten: „Haha, da habe ich doch glatt noch was", verschwand sie, um kurz darauf mit einem Mini-Beamer zu erscheinen. „Frau Bünz, nun müssen die anderen Bewohner doch noch ein wenig ohne mich auskommen. Sie kommen nicht darauf, was ich Ihnen mitgebracht habe." Ehe wir uns versahen, erklangen Walzermelodien und Bilder von eben diesem Konzertauftritt des André Rieu waren an der Wand zu sehen. Welch eine Überraschung, fast schon Zauberei. Mutti strahlte über das ganze Gesicht, mir kullerten mal wieder Tränen der Rührung über die Wangen und an Frau Koch gewandt äußerte ich: „Was für ein Glück, dass Mutti hier so ein wunderbares Zuhause gefunden hat." „Das nehme ich glatt als Kompliment und gebe es gerne an die Kollegen weiter, da ich nicht allein für das Wohlbefinden ihrer Mutter verantwortlich bin. Es ist doch in ihrem Sinne", antwortete sie und verließ das Zimmer.

Besuch aus Schleswig-Holstein

2017 waren Muttis Cousine Ingrid und ihr Sohn Oliver aufgrund einer Einladung zu einer großen Feier in Bremen. Sie übernachteten hier und nutzten die Gelegenheit, Mutti nach langer Zeit mal wieder zu besuchen. Auch von den beiden richtete ich regelmäßig Grüße aus. Mutti und ich schauten uns Fotos von ihnen an. Ebenso machte ich es meist, wenn ich von anderen Verwandten oder Familienmitgliedern erzählte. Sprachnachrichten, die die beiden mir per Handy schickten, spielte ich ihr gern vor. Mit weit geöffneten Augen lauschte sie dann den Worten, die aus diesem kleinen Ding an ihr Ohr drangen: „Aber, da hädde dede na", kommentierte Mutti manchmal das Gehörte. Dabei schaute sie zwischen dem Handy und mir kopfschüttelnd hin und her. „Wunderst du dich, dass du Ingrids Stimme hörst, sie aber nicht sehen kannst?" „Ja", antwortete Mutti, wobei sie die

Schultern zuckte und auch die Arme fragend in die Höhe hob. „Ach Mutti, das ist wirklich schwer zu verstehen. Ingrid hat auf dies kleine Ding gesprochen. Es ist wie ein Telefon. So etwas hattest du auch mal. Wir können sie hören, aber nicht sehen.“ Stirnrunzelnd lauschte Mutti weiterhin Ingrids Worten.

Für ihren Besuch anlässlich des Geburtstages hatte ich mal wieder Kuchen gebacken. Geplant war, in Muttis Zimmer Kaffee zu trinken. Auch Ingrid und Oliver wollten in kleiner gemütlicher Runde das Zusammensein genießen. Am Telefon sprachen sie davon, ziemlich aufgeregt zu sein. Das letzte Treffen lag schon einige Jahre zurück. Beide kannten die Einrichtung und Muttis Zimmer lediglich von Fotos, die ich ihnen schickte. Auf Wunsch der beiden trafen wir uns erst bei uns. Dann ging es gemeinsam zu Mutti. Beim Betreten des Hauses hakte Ingrid sich bei mir unter. „Es riecht ja gar nicht nach Desinfektionsmittel oder Pipi oder anderen unangenehmen Dingen. Es ist so ganz anders als bei meiner Mutter, wenn ich sie damals im Altenheim besucht habe. Den Geruch habe ich noch heute in der Nase, sehr unangenehm“, hörte ich Ingrid sagen. Als wir an den sehr geschmackvoll dekorierten Vitrinen und dem Speisesaal im Untergeschoss vorbeikamen, waren die beiden angenehm überrascht, wie wohnlich und ansprechend der Eingangsbereich gestaltet war. Der Eindruck galt später für das gesamte Haus.

Vor Muttis Zimmertür blieben sie für einen klitzekleinen Moment stehen. Beide atmeten noch einmal tief durch. Die Anspannung war groß, wussten sie doch nicht, wie Mutti reagieren würde.

Nachdem wir kurz angeklopft hatten, traten wir gleich darauf ein. Zuerst ging ich hinein, trat auf Mutti zu und begrüßte sie wie immer – merkte jedoch sofort, dass sie an mir vorbeischaute. Sie schien ein wenig irritiert, da ich nicht allein ins Zimmer trat. Die Personen, die mit mir eintraten schaute sie mit erstauntem, fragendem Gesichtsausdruck an. Es schien tüchtig in ihr zu arbeiten. Ingrid, die den Blick von Mutti aufgefangen hatte, ging ein wenig zögerlich auf sie zu. Ihre Unsicherheit war offensichtlich. So nahm ich nochmals wie zur Begrüßung Muttis Gesicht in meine Hände, lenkte ihre Aufmerksamkeit auf mich: „Da staunst du wohl, dass ich nicht allein gekommen bin. Weißt du, wen ich mitgebracht habe? Ingrid und Oliver. Das Ingelein von Tante Dora…“ Bei den letzten Worten stellte ich mich neben sie, um den Blick auf Ingrid und Oliver freizugeben. Ermuntert durch meinen selbstverständlichen Umgang mit Mutti kam Ingrid näher. „Detti, du staunst wirklich. Kannst gar nicht fassen was du hier siehst. Ach Detti, so lange haben wir uns nicht gesehen. Und nun kann ich dich endlich wieder in den Arm nehmen. Darf ich dich mal tüchtig drücken?“ Ingrid war ganz nah an sie herangetreten, wartete auf eine Reaktion von Mutti, bevor sie sie umarmte. Da Mutti sich nicht rührte, umarmte Ingrid sie nach einem Blick zu mir mit den Worten: „Detti, du sagst gar nichts, bist sprachlos. Ich freu mich ganz doll dich zu sehen und zu spüren, du glaubst es nicht.“ Mutti war anzusehen, dass sie ganz tüchtig in ihrem Gedächtnis kramte, vermutlich um Erinnerungen hervorzuholen. Sie merkte offensichtlich, dass diese Menschen ihr nicht fremd waren. Ingrid bemerkte Muttis Irritation und setzte ihrerseits nach: „Detti, hast du gehört, was Dietlind gesagt hat? Ich bin es, das Ingelein …das Ingelein von Tante Dora aus Gnutz.“ Ein paar Augenblicke später blitzte es in Muttis Augen. Sie nickte mit dem Kopf, blickte zwischen Ingrid und Oliver hin und her. Ein Lächeln zog sich über ihr Gesicht und sie fing an zu erzählen. „Ja, de hä de hä…“ Viel mehr brachte sie in der Situation nicht über die Lippen. „Detti, ich glaube du freust dich ebenso wie wir. Wir wollten endlich mal sehen, wo du wohnst. Weißt du noch, seit deinem 80sten Geburtstag, zu dem du uns eingeladen hattest, haben wir uns nicht mehr gesehen. Nun sind wir aber hier. Guck mal, Dietlind hat Kaffee und Kuchen mitgebracht. Jetzt machen wir es uns gemütlich. Was hältst du davon?“

Mutti strahlte die beiden noch immer an. Sie rührte sich nicht von der Stelle. Kurzentschlossen hakte ich sie mit den Worten „Mutti, nun setzen wir uns erstmal!“ unter und setze mich mit ihr aufs Sofa. Ingrid und Oliver nahmen in den Sesseln gegenüber Platz. Bevor wir den Kaffeetisch deckten, nahmen wir uns erst noch Zeit, um ein bisschen warm miteinander zu werden. Mutti hatte so Gelegenheit, die Situation, soweit es ging, einzuordnen. Es war zu beobachten, dass sie fast ununterbrochen ein leichtes Kopfnicken zeigte, ohne dabei ein Wort hervorzubringen. Sie schien weit weggerückt zu sein, in eine andere Zeit: „Mutti, dir ist es nicht geheuer, was du hier siehst? Bist verwirrt, weil die beiden auf einmal bei dir sind?“ Sie guckte erst mich und dann die beiden Besucher an, nickte weiterhin leicht mit dem Kopf und brachte ein „Ja“ heraus. Sanft drückte ich ihre Hand. „Du kannst ja während des Kaffeetrinkens noch ein wenig in deinem Gedächtnis kramen. Nun lassen wir uns erst einmal Kaffee und Kuchen schmecken. Ich bleibe währenddessen bei dir sitzen.“ Ingrid und Oliver versorgten sich selbst, verfolgten dabei meinen Umgang mit Mutti aufmerksam. Mutti nahm immer wieder Blickkontakt zu uns dreien auf. Nach einer ganzen Weile, in der sie reichlich von dem mitgebrachten Kuchen aß, versuchte sie immer noch leicht mit dem Kopf nickend, sich an dem Gespräch mit uns zu beteiligen. „Da ha de dä de wa da“, mehr brachte sie nicht heraus, sah Ingrid dabei an. Sie reagierte: „Detti, ich bin ganz überrascht, was du für einen Appetit hast. Du verputzt ja ein Stück Kuchen nach dem anderen. Wie schaffst du das nur? Du bist eine echte Schleckerschnute. Ich freu mich, dass es dir so gut schmeckt. Noch mehr freue ich mich aber, dass wir bei dir sein können. Weißt du was, wenn du fertig bist mit Essen, dann möchte ich gern zu dir aufs Sofa kommen. So ganz nahe bei dir sitzen und mit dir knuddeln, darf ich das?“ „Ja“, brachte Mutti klar und deutlich zu unserer Überraschung heraus. Ein paar Augenblicke später wurden wie verabredet die Plätze gewechselt. Ingrid und Mutti genossen scheinbar die Nähe. Oliver behielt seinen Platz im Sessel, nahm von da Kontakt zu Mutti auf: „Ja,

Detta, nun lern ich auch endlich mal dein Zuhause kennen. Bislang kannte ich es nur von Fotos, die Dietlind uns geschickt hat. Schön hast du es hier. Ganz geschmackvoll mit deinen Sachen eingerichtet. Ich freue mich, dass wir uns endlich mal wiedersehen." Während Oliver sprach, schaute Mutti ihn an, nickte zustimmend mit dem Kopf und brachte ein „Ja, ja" hervor. Wir drei tauschten Erinnerungen aus und versuchten hierbei Mutti mit einzubeziehen. Sie versuchte ihrerseits sich zu beteiligen und ließ Ingrid und Oliver kaum aus den Augen. Es gab einige Situationen, in denen merkten wir am Gesichtsausdruck, dass sie trotz aller Bemühungen unsererseits, den Erzählungen nicht folgen konnte. Durch ihre demenzielle Erkrankung gelang es ihr nur vereinzelt, die Erinnerung an angesprochene Erlebnisse hervorzurufen. „ Na Mutti, du merkst, dass wir von unseren Familientreffen zu Geburtstagen, Konfirmationen und anderen Anlässen erzählen. Treffen, die schon sooo lange her sind. Es sind viele verschiedene Begebenheiten, von denen wir erzählen und wir springen in der Zeit hin und her. Kannst gar nicht so schnell der Unterhaltung folgen. Da spielt dir dein Gedächtnis einen Streich … gibt es die Erinnerungen momentan nicht frei? Hm, ist bestimmt doof, aber ich kann dir im Moment nicht helfen. Vielleicht fällt es dir später wieder ein?" Mutti nickte, wie öfter in solchen Situationen bedächtig mit dem Kopf. Sie schien noch auf Zeitreise zu sein.

Die Zeit verging wie im Flug. Ehe wir uns versahen, war

der Nachmittag vorbei. Ein kurzweiliges Miteinander näherte sich dem Ende. Auch dieses wundervolle Beisammensein strengte sie an. Ab und an fielen ihr vor Erschöpfung die Augen zu. Dies war ein eindeutiges Zeichen für uns, unsere Sachen zusammenzusuchen und sich zu verabschieden. Alle vier hatten wir einen rundum schönen Nachmittag miteinander verbracht, der uns bis heute in Erinnerung ist.

Spaziergänge

Schon seit der frühesten Kindheit, kann ich mich erinnern, gehörte Bewegung an der frischen Luft, bei Wind und Wetter für unsere Familie zum Alltag wie Essen und Trinken. Sich durchpusten zu lassen, machte den Kopf frei und steigerte das allgemeine Wohlbefinden. Nach einem ausgiebigen Spaziergang zurück ins gemütliche Zuhause zu kommen, war für uns ein Hochgenuss. Zu Beginn ihrer Demenz tat ihr nicht nur die frische Luft gut, sondern Spaziergänge wirkten einer inneren Unruhe entgegen. Danach schien sie ruhiger und ausgeglichener zu sein. Auch seit sie im Stiftungsdorf lebte, gehörten Spaziergänge zu ihrem Alltag. In den ersten Jahren haben wir stets schnellen Schrittes große Runden gedreht, vorbei am Theater am Deich und anderen Orten, die sie kannte. Raus aus den ‚eigenen vier Wände' zu kommen und Eindrücke in der Natur zu sammeln, schafften eine Zufriedenheit, die ihre Augen leuchten ließ oder die Wangen leicht rötete. Immer gab Mutti das Tempo bei unseren Ausflügen vor. Im Laufe der Jahre wurde der Radius stetig kleiner und das Tempo merklich langsamer. Obwohl Mutti meist mehrmals die Woche in Begleitung zu Spaziergängen startete, schwanden ihre Kräfte kontinuierlich. Da half auch die gute Versorgung nicht. Der Demenz geschuldet veränderte sich der Gang. Es fiel ihr schwer, die Füße zu heben. Sie wurde unsicherer und ohne untergehakt zu sein, war das Gehen im Freien gar nicht mehr möglich. Selbst untergehakt ist es bei einem unserer Spaziergänge passiert, dass Mutti über eine wirklich klitzekleine Unebenheit stolperte. Obwohl ich sie stützte, kam sie leicht ins straucheln und ließ sich einfach langsam auf den Boden gleiten. Mir rutschte vor Angst, dass ihr etwas passiert sein könnte, das Herz in die Hose. Doch es war anscheinend alles in Ordnung. Mein Versuch ihr hoch zu helfen scheiterte kläglich, da sie mich in meinen Bemühungen nicht unterstützte. Eine Passantin die zufällig in der Nähe war, bat ich mir behilflich zu sein. Allein schaffte ich es nicht, sie wieder auf die Beine zu stellen. Kaum dass Mutti stand, setzte sie sich sofort in Bewegung, wollte einfach weiter gehen. Also lehnte ich das Angebot der Passantin dankend ab, uns auf unserem Rückweg zu begleiten. Weitere Hilfe schien mir nicht notwendig. Tatsächlich gelangten wir ohne weiteren Zwischenfall unbeschadet ins Stiftungsdorf. Mir saß der Schreck noch einige Zeit in den Gliedern. Ich war froh und dankbar, dass Mutti sich nicht verletzt hatte! Nicht nur ich bemerkte die Unsicherheit beim Spaziergang, mit der zunehmenden Gefahr zu stürzen. Auch Pari, Betreuerin für Verwöhnstunden und Muttis Begleitung bei zusätzlichen Spaziergängen, sprach mich darauf an. Sie äußerte klar ihre Befürchtung, Mutti in solch einer Situation nicht stützen zu können. Um sich und Mutti zu schützen, lehnte sie daher Spaziergänge vorerst ab.

Mutti und ich unternahmen zwar noch bei meinen Besuchen kurze Ausflüge. Irgendwann hangelten wir uns jedoch nur noch von Parkbank zu Parkbank und ich fühlte mich nicht mehr wohl, sofern wir das Haus verließen. Mein Gefühl signalisierte mir eindeutig, dass sich wieder etwas ändern musste. Zwar lag mir die Mobilität sehr am Herzen, aber vorrangig musste gewährleistet sein, dass sie die Spaziergänge unbeschadet genießen konnte. Schon länger war ich hierüber mit Frau Koch und Kemal immer mal wieder im Austausch. Jetzt waren wir uns dahingehend einig, dass jetzt der richtige Zeitpunkt war, einen Rollstuhl für Mutti zu beantragen. Innerhalb kürzester Zeit konnten wir darüber verfügen.

Waren wir zu zweit zu Besuch, habe ich sie jedoch immer wieder selber gehen lassen. Wolfgang, den Rolli schiebend, war dicht hinter uns. So konnte Mutti sich jederzeit einfach nach hinten in den sicheren Rolli fallen lassen. War ich allein mit ihr unterwegs, habe ich den Rolli mit einer Hand geschoben. So war ich fast neben ihr und wir konnten nach wie vor Blickkontakt während unserer Spaziergänge und Gespräche halten. Ausgestattet mit dem neuen Rolli, drehten wir wieder große Runden. Auch Pari nutzte dies Gefährt und war gern mit Mutti unterwegs. Dann kam die nasse und kalte Jahreszeit. Anfangs wurde Mutti in Decken eingekuschelt. Diese hielten aber Kälte und Nässe nicht richtig ab. Daraufhin wurde ein kuschelig warmer Fußsack beantragt. So konnte uns das Wetter nichts mehr anhaben. Stets hatte ich das Gefühl, dass sie das Draußen Sein noch immer sehr genoss. Unsere Ausflüge und alles was ich tat, begleitete ich mit Worten wie „Puh, der Wind pustet tüchtig. Die Blätter wehen von den Bäumen.“ „Hui, spürst du den Schnee? Er macht das Gesicht ganz kalt.“ „Siehst du den blauen Himmel?“ „Hörst du wie die Vögel zwitschern?“ So lenkte ich ihre Aufmerksamkeit auf diese Dinge. Manchmal waren wegen des schlechten Wetters nur wir beide an der frischen Luft. Es war einfach herrlich. Von solchen Ausflügen kam Mutti häufig mit roten Wangen zurück. Gelegentlich pflückte ich bei unseren Ausflügen blühende Grashalme ab. Bevor ich sie Mutti gab, kitzelte ich vorher damit ihre Nase oder strich am Kinn entlang. Solche Neckereien kommentierte sie manchmal: „Na da ha de, pff … ah ja“. Im Herbst machte ich Mutti auf die Färbung der Blätter aufmerksam. Gab ihr Blätter in die Hand und auch Kastanien, selbst mit stacheliger Schale. Manchmal zog sie dann die Augenbrauen hoch oder krauste die Stirn. Sie hielt und drehte sie längere Zeit in den Händen.

Bei Schneefall reckte sie ihr Gesicht dem Schnee entgegen. Sie hielt den Mund geöffnet und es sah aus, als wollte sie die Schneeflocken auffangen. Mutti hat unsere Ausflüge bei Wind und Wetter offensichtlich rundum genossen.

Es gab auch Tage, da kamen Wolfgang und unser Hund mit. War Wolfgang mit dabei, war es für Mutti etwas Besonderes. Sie hat im Rahmen ihrer Möglichkeiten mit ihm kommuniziert und hatte es gern, wenn er beim Spaziergang in ihrem Blickfeld war. Der Hund interessierte sie meist nur am Rande. Manchmal schien es, als würde sie mit Wolfgang flirten. Sie blickte ihn an, lächelte, zog die Augenbrauen hoch, nickte wie so häufig leicht mit dem Kopf und begleitete manches mit: „ Dö heda dö dö ach". „Du freust dich, dass ich heute mal wieder mitgekommen bin, stimmt's", reagierte Wolfgang in solchen Momenten. An diesen Tagen habe ich mich gänzlich zurückgenommen, einfach den Rolli geschoben und den Gesprächen zwischen Mutti und Wolfgang gelauscht. Gern war ich stille Beobachterin.

Der Rolli war eine tolle Errungenschaft. Nicht nur Pari und ich, sondern auch Frau Koch oder Schülerpraktikanten, die ein Sozialpraktikum absolvierten, unternahmen mit Mutti und anderen Bewohnern im Rolli einen gemeinsamen Spaziergang. Vorher zogen sie die teilnehmenden Damen und Herren dem Wetter entsprechend an. Sie achteten darauf, dass Kopfbedeckung und Handschuhe nicht fehlten. Von Frau Koch wurden sie gut angeleitet und waren sich ihrer Verantwortung bewusst. Mutti selbst achtete nicht mehr darauf, war darauf angewiesen, dass andere sie gut versorgten. Solche und auch andere Unternehmungen wurden oft im Bild festgehalten. Sie konnten auf einem Monitor im Eingangsbereich des Stiftungsdorfes von Bewohnern und Besuchern angesehen werden. Von diesem Angebot machten wir gern Gebrauch und verweilten dort mit Mutti häufig ein paar Minuten. Ganz besonders freute ich mich, wenn wir dabei auf Frau Koch oder Frau Wölke trafen. Sie ergänzten die Bilder, erzählten von den Aktionen, die auf dem Bildschirm zu sehen waren. So bekam ich immer wieder Einblicke in Muttis Leben. Teilweise wurden ganz rührende Szenen festgehalten, auf denen ich erkennen konnte, wie die unterschiedlichen Menschen Mutti gegenübertraten und wie Mutti auf sie reagierte. Die Momentaufnahmen waren so aussagekräftig. Bei mir flossen dann schon mal Tränen der Rührung. Es gab Fotos vom Faschingsfest, der Kohlfahrt, dem Besuch eines Clowns, der geselligen Runde mit Tieren aus einem Streichelzoo und vieles mehr. Ich betrachtete die Bilder gern und war beeindruckt, wie es Frau Koch gelang, neben ihrer eigentlichen Arbeit den Bildschirm mit aktuellen Fotos zu bestücken. Ich hatte das Gefühl, sie brannte für ihre Arbeit, war mit Herzblut dabei. Das entsprechende Feed Back gab ich ihr des Öfteren.

Cupcake und Zeit mit Paula

Paula backt liebend gern und wusste, dass sie in Mutti eine dankbare Abnehmerin fand. So hat sie eines Tages einige Cupcakes gebacken, um tags darauf ihre Omi, zu besuchen und mit den Kuchen zu verwöhnen. Mutti gefiel es immer, Paula um sich zu haben. Ein Strahlen huschte über ihr Gesicht und mit großen Augen suchte sie Blickkontakt zu ihr. Paula indes konnte nicht gut damit umgehen, dass ihrer Omi ihre Selbständigkeit verloren ging und sie mehr und mehr auf Unterstützung angewiesen war. Paula litt meiner Meinung nach unter dieser Veränderung, zog sich vermutlich aus diesem Grund zurück, besuchte Mutti eher selten. Heute aber wollte sie Zeit mit ihr verbringen und ihr eine Freude bereiten. Dazu brachte sie die selbstgebackenen und liebevoll verzierten Cupcakes mit.

Vor ihrem Besuch war Paula erst noch in der Fachschule. Sie hatte ihn so terminiert, dass auch ich bei Mutti war. Zu dritt sollten wir die Zeit miteinander verbringen. Es war Essenszeit. Ich half Mutti beim Essen, als Paula nach kurzem Anklopfen das Zimmer betrat. Mutti guckte Richtung Tür, schaute Paula ohne Anzeichen des Erkennens an. Paula ging langsam auf sie zu, um sie zu begrüßen, blieb dann aber stehen. Es dauerte eine Weile, bis Mutti Paula zuordnen konnte und dies vertraute Leuchten in ihren Augen zu erkennen war. Es waren zwar nur Bruchteile von Sekunden, diese waren aber für

Paula schwer auszuhalten. Ihre Lieblings-Omi erkannte sie nicht mehr sofort. Die Enttäuschung darüber stand ihr ins Gesicht geschrieben, die Augen füllten sich mit Tränen. Früher haben die beiden viel unternommen und die Gemeinsamkeit sehr genossen. Sie hatten viel Zeit miteinander verbracht. Es war immer etwas Besonderes, Omi zu besuchen. Omi verwöhnte sie und beide hatten viel Spaß miteinander. Paula hatte sich das Wiedersehen augenscheinlich etwas anders vorgestellt, genau wie ich. „Na, ihr beide habt euch so lang nicht gesehen, dass du tatsächlich erst einmal überlegen musst, wer die junge Frau ist, die auf einmal hier im Raum steht? Deinem Gesicht nach zu urteilen hast du sie jetzt aber erkannt, glaube ich. Es ist Paula, das weißt du?“, unterbrach ich das Schweigen. „Ah, ja“, sagte Mutti und klopfte mit einer Hand auf den Platz neben sich. „Paula, was meinst du, ich habe das Gefühl, dass Omi dich bei sich haben möchte“. „Jo, kann schon sein“ gab sie zurück, blieb aber noch stehen. „Dann setz dich doch, wenn du magst. Ich reiche jetzt das Essen weiter an, bevor es kalt wird, okay? Also los Mutti, bitte mach den Mund auf damit du deine warme Mahlzeit genießen kannst. Hier kommt die Gabel mit Brokkoli. Später gibt es den von Paula mitgebrachten Kuchen.“ Mutti schaute Paula an und die wiederum beobachte mich stillschweigend bei meinem Tun.

Spontan fragte ich, ob sie diese Aufgabe übernehmen wolle. Nach einem knappen „ Ja, ja…“ gab ich den Platz frei. Nun war Paula diejenige, die dafür sorgte, dass Mutti ihr Essen zu sich nahm. Diese suchte weiterhin den Blickkontakt zu Paula und fing an, fast ununterbrochen an sie gewandt zu erzählen: „Da ha de da da ja…“. Das Eis war gebrochen. Paula ging, so wie bei ihren früheren Besuchen, auf Muttis Äußerungen ein. Die beiden schienen miteinander klarzukommen und ich hatte das gute Gefühl, überflüssig zu sein.

Während Paula sie mit Essen und Trinken versorgte, erzählte sie ziemlich unbeschwert von sich, ihrer Schule, ihrer Ausbildung und ihrem Pferd. Später aßen beide die mitgebrachten Cupcakes. Zwischendurch tupfte sie ihrer Omi den Mund mit der stets vorhandenen Serviette, wenn ein wenig danebengegangen war.

Ich nutzte die Zeit, um im Kleiderschrank etwas Ordnung zu schaffen. Dann fragte ich Paula, ob es für sie okay sei, dass ich das Zimmer verlasse. Sie stimmte dem zu und so gehörte die Zeit nun nur den beiden. Auf dem Flur suchte ich mir einen der gemütlichen Sessel, um mich entspannt darauf nieder zu lassen. Ehe ich mich versah, war ich im Gespräch mit anderen Bewohnern der Station. Einige waren mir über die Jahre sehr vertraut geworden und freuten sich über ein freundliches Wort von mir, wenn ich so wie jetzt, zufällig Zeit für sie hatte.

Es dauerte eine ganze Weile, dann kam Paula zu mir und meinte, dass Mutti offensichtlich müde sei. Gemeinsam gingen wir zurück ins Zimmer. Mutti sah uns unter halb geschlossenen Augen entgegen: „Oh Muttili, du siehst ja ganz müde aus. Was hast du denn mit Paula gemacht, dass du so geschafft bist? Ach ist egal, braucht ihr mir nicht zu erzählen. Hauptsache, ihr hattet eine schöne Zeit“, sagte ich, während ich meine Hände um ihr Gesicht legte. „Omi, kannst ruhig erzählen, dass du alle Cupcakes bis auf den letzten Krümel aufgegessen hast. Ist nichts mehr übrig geblieben. Ist jetzt alles hier drin“, erzählte Paula und strich dabei liebevoll über Muttis Bauch. Mutti selbst war gar nicht mehr in der Verfassung zu reagieren, war schon fast im Reich der Träume. „Mutti, Paula und ich legen dich jetzt in dein Bett und fahren dann nach Hause. Schlaf ganz wunderbar und tschüssi, bis bald.“ Mit diesen Worten betteten wir sie um und meldeten uns anschließend beim Pflegepersonal ab.

Der anschließende Heimweg war recht schweigsam. Zu Hause angekommen, erzählte Paula mir auf Nachfrage, bevor sie sich auf ihr Zimmer zurückzog, dass es sie sehr traurig macht, ihre Lieblings-Omi so zu sehen. Die Veränderung konnte sie rational verstehen, sie gehörte zu dem Krankheitsbild. Ihr wurde aber schwer ums Herz. Sie entschied in dem Moment, gar nicht mehr dort hinzufahren, um sich vor den unangenehmen Gefühlen zu schützen. Es war die einzige Omi, die noch lebte, die sich aber langsam durch die Demenz aus dem Leben schlich. Obwohl ich ihre Beweggründe für dieses Verhalten verstehen konnte, tat es mir in der Seele weh. Im Freundes- und Bekanntenkries von Paula und uns waren Omis und Opis noch sehr präsent. Sie unternahmen viel zusammen, verreisten, gingen ins Theater, machten Shoppingtouren. Wenn Paula davon erzählte, schwang nach meinem Empfinden stets ein Hauch von Traurigkeit in der Stimme mit. Paula selbst hatte schon im Alter von zehn und zwölf Jahren den Tod von den anderen Großeltern miterleben müssen. Es tat mir unendlich leid, dass sie all die wunderbaren Dinge, von denen ihre Freundinnen erzählten, nicht mehr erleben konnte. Großeltern und das, was Enkelkinder mit ihnen unternehmen oder entdecken können ist meiner Meinung nach etwas ganz besonderes.

Mutti, reif für Lehrstunden

Mutti war Clara, Leyla und den anderen Mitarbeitern des Hauses sehr zugewandt, war meist umgänglich und reagierte auf Ansprache, manchmal unterstützt durch einen leichten Körperkontakt. Dies vereinfachte z.B. die Morgentoilette, das Anziehen ebenso wie das Anreichen der Mahlzeiten. Manchmal reichte ein: „Hallo Frau Bünz…“ schon aus, um ihre Aufmerksamkeit wiederzubekommen. Über diese Beobachtungen tauschte ich mich manchmal mit Kemal, einem der Pfleger aus.

Eines Tages fragte er mich, ob ich mich damit einverstanden erklären könnte, dass Mutti in einzelnen Situationen gefilmt werde. Diese Szenen sollten ausschließlich als Anschauungsmaterial im Unterricht für

Auszubildende in der Pflege dienen. Mir wurde ausführlich erklärt, was mit diesen Filmen vermittelt werden sollte. Mit ihnen konnte gezeigt werden, wie wichtig die richtige Ansprache ist und wieviel Eigeninitiative bei den Menschen dadurch geweckt und erhalten werden kann. Muttis Einverständnis voraussetzend, stimmte ich dem gerne zu.

Bevor die Filme als Unterrichtsmaterial verwendet wurden, konnten Mutti und ich sie uns ansehen. Mutti kommentierte sie mitunter mit: „Da hat de die da…“ und verfolgte die Szenen aufmerksam. Sie war stets hellwach, wenn sie Aufnahmen von sich sah. „Mutti, diesen Film können bald Schülerinnen sehen, die auch im Stiftungsdorf arbeiten möchten. Sie können sehen, wie gut du z.B. beim Anziehen mithilfst, wenn du vorher von Kemal oder Sophie darum gebeten wurdest. Du machst einfach immer super mit. Und was meinst du, jetzt wirst du auf deine alten Tage noch ein Filmstar.“ „Pff“, war Muttis einziger Kommentar, den sie mit hochgezogener Augenbraue und einem Lächeln hervorbrachte und schaute weiterhin gebannt auf den Monitor, um die Aufnahmen zu verfolgen. Dieses ‚Pff‘ bestärkte mich darin, die richtige Entscheidung getroffen zu haben, die Filmausschnitte zu Lehrzwecken frei gegeben zu haben. Das Wissen, mit meiner Zustimmung die Arbeit der Anleiter der Pflegeschülerinnen zu unterstützen, gefiel mir. Es war beeindruckendes Anschauungsmaterial. Ich hatte großes Vertrauen zu den Mitarbeitern und nahm immer wieder ihren liebenswerten Umgang mit Mutti wahr. Wurde sie angesprochen, huschte stets ein Lächeln über ihr Gesicht. Sie richtete ihre Aufmerksamkeit auf die Person, die sie ansprach. Mein Vertrauen in die Mitarbeiter war auch Bemerkungen von anderen Pflegerinnen und Mitarbeitern des Hauses geschuldet: „Zu ihrer Mutter ins Zimmer zu kommen, tut immer gut. War der Tag evtl. nicht so toll oder gab es unschöne Situationen im Alltag, dann muss man nur zu ihrer Mutter kommen. Sie strahlt einen an und schon ist die gute Laune wieder da." Oder „Wie war es eigentlich früher mit ihrer Mutter? Sie ist so ein vergnügter, positiver Mensch" oder „Wenn ihre Mutter mal nicht mehr hier ist, suchen Sie sie nicht, denn dann ist sie bei mir! So einen liebenswerten, fröhlichen Menschen hätte ich gern auch nach Feierabend um mich".

Solche leicht dahingesagten Sätze, verbunden mit einer Umarmung meiner Mutter, hinterließen bei mir ein wohliges Gefühl. Ich war mir ganz sicher, dass Mutti selbst auch diese warmen Worte, die Komplimente wahrnahm. Sie hatte ein feines Gespür für die Töne, die im Umgang mit ihr mitschwangen. Sie erlebte viel positive Ansprache. Wieder einmal mehr hatte ich das Empfinden, dass Mutti in ihrem jetzigen Zuhause gut aufgehoben war.

Eis satt

Der Sommer 2018 war phasenweise extrem heiß. Mutti baute körperlich stark ab. Das Mittagessen nahm sehr viel Zeit in Anspruch, obwohl es nur noch pürierte Mahlzeiten gab. Da sie trotz des enormen zeitlichen Aufwands, den das Essen einnahm, nach wie vor mit großer Begeisterung aß, brachte ich stets kalorienreiche Leckereien mit, um sie zu verwöhnen und aufzupäppeln. Hierzu gehörten Erdbeeren mit Sahne-quark und einer extra Portion Sahne oder auch mal ein Eis mit frischem Obst und zusätzlich Sahne. Mutti war eine dankbare Abnehmerin und aß mit sichtlichem Genuss. Ein „Hm, jam jam" und dabei hochgezogene Augenbrauen gehörten immer dazu. Es konnte gar nicht genug von diesen herrlichen Leckereien geben.

An einem dieser heißen Sommertage saß ich bei uns im Garten, hatte mir ein schattiges Plätzchen gesucht, um ein Eis zu essen. Meinen Gedanken ließ ich freien Lauf. Das Leben war einfach schön. Irgendwie bekam ich jedoch aus einem mir unerklärlichen Grund, ein schlechtes Gewissen. Ich hatte das zwingende Gefühl, auch Mutti, den Mitbewohnern sowie den Mitarbeitern des Stiftungsdorfes diesen Genuss des Eisessens zukommen lassen zu müssen. Ihnen ging es vermutlich ähnlich wie mir. Sie schwitzten genauso wie ich, machten sicherlich trotzdem ihre Arbeit und würden sich über eine kleine Erfrischung freuen. Vor allem Mutti würde ich mit meinem überraschenden Besuch und dem Eis eine große Freude bereiten. Vielleicht würde es nicht mehr viele solcher schönen Momente geben. Ihr körperlicher Verfall und meine innere Unruhe trieben mich, meinen schattigen Platz zu verlassen. Kurzentschlossen schnappte ich mir meine Kühltasche samt Kühl Akkus und fuhr zum Supermarkt. Dort nahm ich mir mehrere Kartons mit verschiedenen 10er Packs Eis am Stiel. Der Einkauf passte mit der Verpackung nicht hinein, so holte ich mir das Einverständnis der Kassiererin, das Eis schnell lose in die Tasche zu geben und lediglich die Verpackung auf dem Fließband zum Einscannen abzulegen. Sie staunte über meinen Großeinkauf. Mit wenigen Worten erklärte ich ihr, was ich mit dem vielen Eis vorhatte. „Da muss es aber nett sein, wenn sie auf solch eine tolle Idee kommen… Echt super“, sagte sie. „Ja, dort ist es nett und ich finde es auch nett, dass es hier dank Ihnen, gerade so unkompliziert geht…“, erwiderte ich. Spontan setzte ich mit einer Portion Humor nach: „Da sie bestimmt ebenfalls schwitzen bin ich der Meinung, dass auch Sie sich ein Eis verdient haben“, und hielt ihr die geöffnete Kühltasche hin. „Echt?“ fragte sie verblüfft. „Echt“, erwiderte ich. Nachdem sie sich eins ausgesucht und bedankt hatte, bin ich schleunigst ins Stiftungsdorf gefahren. Ich war zufrieden mit mir und der Welt. Hier angekommen, habe ich Frau Koch und Marie angesprochen und erzählt, dass ich Eis satt in der Kühltasche hätte und gerne Mutti, ihren Mitbewohnern sowie allen Mitarbeitern und Mitarbeiterinnen ein Eis spendieren würde. Sogar veganes Eis hatte ich dabei, da ich wusste, dass es Mitarbeiter gab, die in ihrer Ernährung darauf achteten. Es gab keine Einwände.

Da das Eis noch sehr gut gekühlt war, ging ich zuerst zu Mutti, um sie zu begrüßen und mit der Köstlichkeit zu versorgen. Sie lag zur Mittagsruhe in ihrem Bett, bevor es wieder in die Gruppe gehen sollte. Wie immer umschloss ich zur Begrüßung ihr Gesicht mit meinen Händen. „Hallo Mutti, hast du gerade ein Nickerchen gemacht? Werde erstmal richtig wach, dann zeig ich dir, was ich mitgebracht habe.“ „Hä de …“ sagte Mutti und zeigte mit der Hand Richtung Kühltasche. Ich war mal wieder überrascht, dass sie nach wie vor so gezielt reagieren konnte. Marie, die mir gefolgt war, setzte Mutti im Bett auf. „So, Frau Bünz, nun helfe ich Ihnen in Ihren Rolli, damit Sie bequem sitzen. Ich bin gespannt, was Ihre Tochter mitgebracht hat“. Meine Kühltasche öffnend, bot ich Mutti ein Eis am Stiel mit Schokoüberzug an. Ratzfatz hatte ich nur noch den Stiel in der Hand. Es war erstaunlich, wie schnell Mutti diese kalte Leckerei verspeiste. Ehe ich mich versah, beugte sie sich vor und griff in Richtung Kühltasche. Upsi, „Hey, du Schleckerschnute. Ich habe das Gefühl, du möchtest noch ein Eis essen. Hat es dir so gut geschmeckt?“ Augenblicklich hörte ich ein „Ja!“ von Mutti. Dies war, wie viele andere, auch wieder so ein Moment, in dem ich überlegte, ob es ein zufälliges oder gezieltes „Ja!“ gewesen ist. Immer mal wieder war ich erstaunt, dass Mutti einzelne Worte oder Zwei- bis Drei-Wort-Sätze in den Raum warf, die zu der Situation passten. Ich erklärte es mir so, dass es immer wieder klitzekleine lichte, wache Momente gab – manchmal trafen meine Fragen und diese wachen Momente zufällig aufeinander.

Bevor Mutti in den Genuss eines weiteren Eises kam, öffnete ich die Tasche. „Guck mal, so viel Eis habe ich mitgebracht. Diese Leckerei ist aber nicht nur für dich, sondern für alle Menschen, die hier wohnen oder arbeiten“. Mit den Worten: „Passt du bitte auf die Kühltasche auf während wir in den Aufenthaltsraum zu den anderen gehen, um Eis zu verteilen“, stellte ich ihr die Tasche auf den Schoß und schob los. Frau Lorenz, Herr Brandt und viele andere Bewohner waren schon vor Ort, da in Kürze eine Gesangsrunde stattfinden sollte. Sie waren sichtlich überrascht, als ich ihnen anbot, sich ein Eis ihrer Wahl aus der großen Tasche zu nehmen. Manche fragten: „Ich auch?“ und freuten sich, als ich die Frage mit: „Na selbstverständlich dürfen auch Sie sich ein Eis aussuchen. Eis für alle habe ich mitgebracht.“

Einigen wurde ein bisschen bei der Entscheidungsfindung durch Frau Koch und Marie geholfen, die selbstverständlich die Vorlieben einzelner Bewohner bei Süßem kannten. „Eis satt“ hatte sich auf der oberen Etage schnell herumgesprochen. Da mehrere helfende Hände vor Ort waren, hielten schnell alle ein Eis ausgepackt in der Hand und schleckten fröhlich drauflos. Auch Mutti und ich gesellten uns mit in diese Runde. Sie genoss mit „Hm, ja ja, gut“, auch noch ihr zweites Eis.

Das war offensichtlich eine gelungene Überraschung.

Den restlichen Eisvorrat übergab ich Herrn Schmidt und bat darum ihn so zu verteilen, dass sich niemand übergangen fühlte. Anschließend verabschiedete ich mich herzlich von Mutti. Glücklich und zufrieden fuhr ich nach Hause. Als Mutti vor langer Zeit ins Stiftungsdorf zog, hatte ich nicht damit gerechnet noch so viele schöne Jahre mit ihr erleben zu dürfen. Ein wohliges Gefühl breitete sich wieder in mir aus. Mutti lebte in einer wunderbaren Gemeinschaft. Ihrem jeweiligen Befinden entsprechend wurde darauf geachtet, dass sie am sozialen Geschehen teilnehmen konnte, obwohl sie immer mehr auf Hilfe angewiesen war.

Herbst / Winter 2018

Die Tage und Wochen vergingen wie im Flug. Mutti und ich genossen die gemeinsame Zeit. Gelegentlich begleitete Wolfgang mich bei meinen Besuchen. Die Mahlzeiten zogen sich immer mehr in die Länge. Hatte mal etwas wie z.B. ein getrocknetes Stück-chen Majoran-Gewürz mit dem pürierten Essen den Weg in ihren Mund gefunden, schob sie es stundenlang von einer Seite zur anderen oder versuchte es mit den ihr verbliebenen Schneidezähnen zu zerkleinern, was jedoch kaum gelang. Meist half es, etwas zu trinken zu geben, damit das Gewürz weggespült wurde. War der Mund dadurch leer, konnte der nächste Bissen aufgenommen werden. Während Mutti im Sommer noch eine recht stabile Haltung in ihrem Rolli hatte, veränderte sich die Sitzposition zusehends. Trotz stabilisierender Kissen war es mehr ein Hängen als ein Sitzen im Rollstuhl. Es war unbequem und strengte sie sichtlich an. Für ihr Wohlbefinden wurde auf Anraten der Pflegekräfte nun ein Pflegerolli beantragt.

Ihren Geburtstag im November verbrachte Mutti noch in ihrem normalen Rolli sitzend. Paula, die mitbekam, dass ihre Omi immer schwächer wurde, äußerte den Wunsch, mich bei diesem Geburtstagsbesuch zu begleiten. Vermutlich ahnte sie, dass es vielleicht der letzte Geburtstag sein könnte, den wir mit ihrer Omi feiern würden. Diesmal war sofort ein unsichtbares Band zwischen den beiden. Paula versorgte sie mit Kaffee und Kuchen, stopfte Kissen zur Stabilisierung links und rechts neben die Armlehnen und sorgte liebevoll dafür, dass ihre Omi gut saß und bemühte sich sehr um deren Wohlbefinden. Mutti ließ sich genüsslich von ihrer Enkelin verwöhnen, suchte Körperkontakt, indem sie Paulas Hand drückte, lächelte sie an und unterstrich es mit: „Hm, ja!“, wobei sie nickte. Diese Begegnung am Geburtstag blieb für alle positiv in Erinnerung. Zufrieden fuhren wir abends nach Hause.

Ein paar Tage später wurde der Pflegerolli geliefert. Was für ein Glück. Es war für Mutti wesentlich angenehmer darin spazieren gefahren zu werden. Sobald wir merkten, dass sie das Sitzen anstrengte, konnten wir den Pflegerolli stufenlos in eine beliebige Position bringen. Überwiegend fuhr ich Mutti in einer halb sitzend/ halb liegenden Position spazieren. Ich hatte das Gefühl, dass es ihr dabei gut ging. Immer häufiger kam es vor, dass sie bei unseren Spaziergängen ein kleines Nickerchen machte. Frische Luft sowie die Eindrücke, die sie wahrnahm ließen sie ermüden. Nach solch einer kurzen Auszeit war sie anschließend wieder putzmunter und nahm aufmerksam ihre Umgebung wahr.

Die liegende Position nutzte ich auch gern auf dem Zimmer, um Mutti ein wenig zu verwöhnen. Schon lange massierte ich auf Anraten von Frau Koch die Füße sowie Arme und Beine, nachdem ich sie mit einer Pflegelotion eingecremt hatte. Diese Stimulierung bereitete ihr ein gewisses Wohlbefinden. Manchmal schlief sie hierbei für kurze Zeit ein. Diese Zeremonie hatte ich auch schon angewandt, als sie noch im normalen Rollstuhl saß. Durch diese liegende Position war es für uns beide jedoch wesentlich angenehmer, diese Fußmassage durchzuführen. Auch Pari verwöhnte Mutti durch solche Massagen. Seit Mutti den tollen Pflegerolli hatte, konnte sie darin an manchen Tagen ihren Mittagsschlaf halten. Sie musste nicht erst umgebettet werden. Das Umbetten wurde mittlerweile meist von zwei Pflegekräften ausgeführt, da Mutti gar keine Mithilfe mehr bot. Insgesamt wurde sie immer schwächer. Trotz ihrer schwindenden Kräfte schien sie glücklich. Ich freute mich auf jeden Besuch bei ihr.

Im Dezember war es dann wieder soweit. Frau Koch hatte zur obligatorischen Weihnachtsfeier für Bewohner und ihre Angehörigen eingeladen. Selbstverständlich hatte ich meine Teilnahme zugesagt. Mutti holte ich auf Station ab und begleitete sie in den festlich geschmückten Aufenthaltsraum. Die Plätze wurden uns wie jedes Jahr zugewiesen. Diejenigen, die Unterstützung brauchten, bekamen sie durch Angehörige oder Pflegekräfte. Diesmal saßen wir mit Frau Meyer am Tisch. Da kein Angehöriger sie begleiten und unterstützen konnte, sorgte Tim für ihr Wohlbefinden. Er war einer der Pflegekräfte, die Mutti ganz besonders in ihr Herz geschlossen hatte. Sie beobachtete ihn ununterbrochen, während sie Kaffee und Weihnachtskuchen mit Genuss zu sich nahm. Trotz meiner Ansprache hatte ich das Gefühl, dass sie mich gar nicht richtig wahrnahm. Ihre ganze Aufmerksamkeit galt Tim. Im Laufe des Nachmittags wurden wie jedes Jahr Weihnachtslieder gesungen, Gedichte von Herrn Schmidt und Frau Pieper vorgetragen. Auch ein Weihnachtsmann kam und überreichte Kleinigkeiten. Es war ein munteres Treiben, wieder mit viel Engagement und Liebe vorbereitet.

Dies alles aber nahm Mutti gar nicht wahr. Sie hatte nur Augen für Tim. Langsam aber sicher hatte sie sich in ihrem Rolli so positioniert und mit ihren Fingern vorgetastet, dass sie Tim am Arm berühren konnte. Als er dies wahrnahm, wandte er sich ihr zu, nahm ihre Hand in seine Hände, suchte Blickkontakt und machte mit lächelndem Gesicht eine Bemerkung zu der Weihnachtsfeier. Mutti atmete hörbar aus, nickte leicht mit dem Kopf und strahlte wie ein Weihnachtsengel. Mir schossen bei diesem Anblick sofort Tränen der Rührung in die Augen. Verstohlen wischte ich sie weg. Nun gab es noch alkoholfreien Punsch für jeden, es wurde nochmals gesungen und danach neigte sich die Weihnachtsfeier ihrem Ende entgegen.

Nach diesem heimeligen Miteinander mochte ich mich nicht einfach verabschieden. Obwohl die Abendessenszeit merklich näher gerückt war, kuschelte ich Mutti ganz warm ein und ging noch eine Runde mit ihr spazieren. Den Tag wollte ich ruhig und besinnlich ausklingen lassen. Passend zu dem wunderbaren Miteinander erwartete uns ein Abend mit einem sternenklaren Himmel. Den Rolli brachte ich zwischendurch in eine liegende Position. So konnte Mutti in den Sternenhimmel schauen. Ganz leise sang ich Weihnachtslieder und erzählte von Weihnachten in unserer Kindheit. Später nahm sie noch das Abendessen ein, bevor ich mich dann von ihr verabschiedete.

Zufrieden begab ich mich auf den Heimweg. Ich war mit mir und der Welt im Reinen. Die Weihnachtsfeiertage standen vor der Tür, ein Tannenbaum war gekauft und Wolfgang, Paula und ich freuten uns auf ruhige und besinnliche Weihnachtstage.

Doch dann kam alles ganz anders als erwartet.

Weihnachten 2018

Die Nacht vom 23. auf den 24. Dezember verbrachten Mutti, Wolfgang und ich im Krankenhaus. Nach Rücksprache mit mir hatte Tim, einer der Pflegekräfte, veranlasst, dass Mutti in die Klinik gebracht wurde. Ihr Allgemeinzustand hatte sich innerhalb kürzester Zeit bedenklich verschlechtert, er machte sich große Sorgen. Der Arzt im Krankenhaus machte uns nach eingehender Untersuchung sowie ausführlichem Gespräch mit uns deutlich, dass Mutti, so wie sie sich ihm zum jetzigen Zeitpunkt präsentierte, sich augenscheinlich aus dem Leben verabschieden würde. Uff, damit hatte ich gar nicht gerechnet, mir wurde ganz schummerig. Obwohl wir in den letzten Wochen gemerkt hatten, dass Mutti immer schwächer wurde, traf mich diese Aussage in ihrer Klarheit trotz-dem vollkommen unvorbereitet. Wie hypnotisiert hing ich an den Lippen des Arztes, der uns ruhig und sachlich ausführte, wie es nun aus ärztlicher Sicht weitergehen könnte. Es folgte eine Pause. Diese nutzte ich, machte ihn darauf aufmerksam, dass Mutti verfügt hatte, dass keine lebenserhaltenden Maßnahmen angewandt werden sollten. Unter Berücksichtigung dieser Information bot er uns nach kurzem Innehalten die Möglichkeit, für Mutti und uns ein Zimmer bereitzustellen, in dem wir ungestört die nächsten Stunden verbringen könnten. Dies klang für mich nach endgültigem Abschiednehmen. Abschiednehmen, heute, am

24. Dezember, hier im Krankenhaus, in einer für uns alle fremden, kalten Umgebung. Oh nein, so hatte ich mir den Abschied nicht vorgestellt. Tränen liefen mir ununterbrochen über die Wangen. Ich streichelte Muttis Hand, die sich so anders als sonst anfühlte. Mein Blick ging zwischen Mutti und Wolfgang hin und her. Mutti hielt die Augen geschlossen, schien ganz weit weg zu sein. Der Arzt wandte sich nochmals an Wolfgang und mich. Sagte, dass er uns nun gern erstmal allein lassen würde. Er hatte uns die Situation und die Möglichkeiten damit umzugehen, ausführlich geschildert. Nun wollte er uns Zeit geben, um eine Entscheidung herbeiführen zu können. Er war sehr empathisch. Obwohl ich mich in dem Durcheinander meiner Gefühle von ihm verstanden fühlte, schwirrte mir der Kopf, ich hatte das Gefühl keinen klaren Gedanken fassen zu können. Ich fühlte mich trotz Wolfgangs Nähe plötzlich so leer und allein gelassen. Am liebsten wollte ich weg, raus aus der Situation, raus aus dem Krankenhaus, mit Mutti hin zu einem mir vertrauten Ort. Sie hier und heute gehen zu lassen, fühlte sich einfach nicht richtig an.

Den richtigen Zeitpunkt zum Sterben gibt es sicherlich nie. Auch hatte ich Mutti gegenüber öfter erwähnt, dass wenn sie es wolle, ich sie begleiten würde, bei ihrem Weg in eine andere Welt … aber bitte nicht hier. Bitte nicht heute!!! Es war inzwischen der 24. Dezember, Heiligabend. Dieses Datum würde dann negativ besetzt sein. Statt sich auf den Tag mit festlich geschmücktem Tannenbaum, Kerzenschein und gemütlichem Beisammensein zu freuen, würde es stets der Todestag von Mutti bleiben. Die Tränen flossen ununterbrochen. Es dauerte eine Weile, bis ich mich wieder etwas gefangen hatte. Wie gut, dass Wolfgang selbstverständlich mit mir gemeinsam in die Klinik gefahren war. So war ich nicht allein bei der Entscheidungsfindung. Nach einigen Überlegungen versuchte Wolfgang Angelika, meine Schwester, zu erreichen. Ich hoffte auf ihre Unterstützung, wollte sie an meiner Seite haben, wollte nicht allein eine Entscheidung darüber treffen, wo Mutti sich aus unserem Leben verabschiedete. Leider ohne Erfolg. Es ging nur der Anrufbeantworter an. Nun waren doch Wolfgang und ich gefordert. Die ganze Zeit über hatte ich Mutti beobachtet. Sie hatte sich absolut nicht geregt. Nur die Apparate sendeten in unregelmäßigen Abständen Signale. Wolfgang, der meine Verzweiflung spürte, versuchte mich zu trösten. Gemeinsam suchten wir nach einer Lösung. Nach einigem Hin und Her sowie nochmaliger Rücksprache mit dem diensthabenden Arzt, teilten Wolfgang und ich ihm mit, dass ich Mutti zurück in ihr Zuhause bringen und sie dort bis zum Ende begleiten wollte, das Einverständnis der diensthabenden Pflegekraft zum Zurückkommen, vorausgesetzt. Der Arzt klärte dies auf meinen Wunsch hin ab. Für Tim, der in dieser Nacht für die Bewohner verantwortlich war, war es selbstverständlich, uns wieder aufzunehmen. Wolfgang nahm mich noch einmal in den Arm, sprach mir Mut zu und versicherte mir, sofort zu kommen, wenn ich ihn brauchte. Dann fuhr er mit dem Taxi zu uns nach

Hause. Dort wurde er schon von Paula erwartet. Die Nachricht von Muttis äußerst schlechtem Zustand traf auch sie unvorbereitet. Tränen kullerten über ihr Gesicht.

Mit einem Krankenwagen wurden Mutti und ich zum Stiftungsdorf gebracht. Dort angekommen, wurde sie vorsichtig in ihr Bett gelegt. Sie schlummerte die ganze Zeit, hatte von der Aufregung um sie herum scheinbar gar nichts mitbekommen. Sie schien tatsächlich auf dem Weg in eine andere Welt zu sein.

Mittlerweile war es weit nach Mitternacht. Tim berichtete ich mit wenigen Worten, wie der Arzt Muttis Gesundheitszustand eingeschätzt hatte. Er streichelte Mutti behutsam über den Kopf und mir kurz über die Schulter. Genau wie ich hatte er Tränen in den Augen. Was diese Nacht noch für uns bereithielt, wussten wir nicht. Leise fragte er, was ich brauchen würde, damit ich den Rest der Nacht gut verbringen könnte. Nachdem ich beteuerte, nichts weiter zu brauchen, zog er sich zurück und ließ mich mit Mutti allein.

Eine Matratze, die sonst als Fallschutz diente, zog ich mir heran und machte es mir darauf so gut es ging bequem. Längere Zeit saß ich ganz nah bei ihr am Bett. Schaute sie ununterbrochen an und achtete auf ihren Atem. Ständig mit der Angst, dass sich irgendetwas Unaufhaltsames tat. Irgendwann überkam mich trotz aller Aufregung und Anspannung die Müdigkeit.

Mutti hatte sich nicht weiter gerührt. Behutsam nahm ich ihre Hand, hielt sie fest und versuchte auch ein wenig zu schlafen. Ich war mir sicher zu merken, wenn sie uns verließ. In der Nacht passierte gar nichts. Mutti lag ganz friedlich in ihrem Bett. An Schlaf meinerseits war jedoch nicht zu denken, dazu war ich zu aufgewühlt. Dann endlich erreichte mich am frühen Morgen auf meinem Handy die Nachricht, dass Wolfgang Angelika telefonisch erreicht hatte. Sie und ihre Tochter Franziska wollten gegen 8.30 Uhr bei Mutti eintreffen. Zwischenzeitlich schaute Sophie nach Mutti und mir. Sie näherte sich dem Bett, strich ihr liebevoll über die Wange: „ Frau Bünz, was machen sie denn für Sachen? Ich überleg mal, was ich ihnen Gutes tun kann. Für ihre Tochter bring ich auf jeden Fall ein Frühstück mit lecker duftendem Kaffee, der tut ihr sicherlich gut.“ Frau Koch und Frau Wölke fanden ebenfalls den Weg zu uns. Sie nahmen mich wortlos in den Arm, bevor sie Muttis Hand vorsichtig umschlossen und über die Wange streichelten. Die Umarmung tat mir gut. Es gab mir das Gefühl nicht allein zu sein, wieder kullerten bei mir die Tränen. Während ich mir ein paar Augenblicke später das Frühstück schmecken ließ, überlegte ich, wie sich wohl die Begegnung zwischen Angelika, Franziska, Mutti und mir gestalten würde. Wir hatten schon länger keinen Kontakt miteinander. Auch Begegnungen der beiden mit Mutti lagen weit zurück. Wann genau ein Miteinander nicht mehr stattgefunden hat, weiß ich gar nicht mehr. Es war einfach so, dass jeder sein Leben lebte. Wie mochte sich das Aufeinandertreffen unter den gegebenen Umständen nun gestalten? Ich wusste es nicht.

Tatsächlich… gegen 8.30 Uhr klopfte es an der Tür. Gleich darauf traten beide ein. Nach einem kurzen Blick auf Mutti, die nach wie vor schlief, trafen sich unsere Blicke. Zeitgleich zuckten wir mit den Schultern, fielen uns ohne Worte in die Arme, gaben uns in unserer Umarmung Halt und ließen unseren Tränen freien Lauf. Franziska kam irgendwann unmerklich dazu. Ich war unendlich froh darüber, dass Angelika bei mir war.

Mutti war blass, die Beine leicht marmoriert, so wie in der Nacht im Krankenhaus. Es hatte noch immer den Anschein, dass sie sich von dieser Welt verabschieden wollte. Angelika berichtete ich vom Aufenthalt in der Klinik und erzählte von den Untersuchungsergebnissen. Während ich sprach, setzte sie sich zu Mutti aufs Bett und hielt ihre Hand. Nachdem ich geendet hatte, wandte sie sich Mutti ganz zu. Weiterhin hielt sie eine Hand. Mit ihrer anderen Hand strich sie Mutti sanft über den Kopf. Dabei redete sie leise zu ihr. Tränen liefen ihr unaufhörlich über die Wangen. Franziska und ich standen uns in den Armen liegend, am Fußende des Bettes und hielten den Blick auf die beiden gerichtet. Dann auf einmal änderte sich etwas. Mutti öffnete die Augen, drehte den Kopf in Angelikas Richtung, nahm Blickkontakt zu ihr auf. Die Bettdecke bewegte sich und Muttis zweite Hand kam hervor. Mit ihr umklammerte sie die Hand von Angelika. Es war die Hand, die Muttis Hand umschloss. „Mutti, was ist denn das? Du drückst meine Hand. Du drückst so tüchtig, als wenn du mich gar nicht wieder loslassen möchtest," brachte sie unter Tränen hervor. Mutti umklammerte nach wie vor ihre Hand. „Du hast wohl gemerkt, dass ich da bin, hast du auf mich gewartet?“ Mutti reagierte nicht. Beide schauten sich jedoch minutenlang in die Augen. Sie schienen miteinander zu verschmelzen und auf diese Art Zwiesprache zu halten, sich auszusprechen. Es war mucksmäuschenstill im Raum. Alles, was zwischen den beiden stand und in den vergangenen Jahren nicht in Gesprächen geklärt worden war, haben sie in diesen Minuten augenscheinlich ausgeguckt. Kaum zu glauben, was da gerade geschah. Wahnsinn, mir war auf einmal kalt, ich bekam von Kopf bis Fuß eine Gänsehaut und hatte das Gefühl wegzuschwimmen durch die nicht enden wollenden Tränen, die über meine Wangen kullerten. Unbeschreiblich, was zwischen den beiden passierte. Durch den intensiven Blickkontakt der letzten Minuten, schienen sie gerade einen Weg gefunden zu haben, Differenzen die mit Worten niemals hätten geklärt werden können, aus der Welt zu schaffen. Franziska, die ebenfalls von der Szene tief berührt war, schluchzte ununterbrochen. Irgendwann brachte sie unter Tränen hervor: „Oh mein Gott. Ich wünschte Florian wäre auch hier und könnte das miterleben. Es ist doch auch seine Oma.“ Mutti und Angelika bekamen von Franziskas Wunsch gar nichts mit. Sie schienen in einer anderen Welt zu sein. Sie nahmen uns gar nicht wahr. Mitten in unsere Gefühlsausbrüche erklang ein Klopfen und Sophia steckte den Kopf vorsichtig mit den Worten: „Ich wollte nur mal schauen, ob ich ihnen noch etwas Gutes tun kann“, zur

Tür herein. Beim Anblick unserer tränennassen Gesichter, kam sie weiter ins Zimmer. So erhaschte sie einen Blick auf Mutti und ging näher ans Bett heran. „Hallo Frau Bünz, da sind Sie ja wieder. Sie haben aber lange geschlafen. Was machen Sie denn für Sachen?“ Sie strich über Muttis Schulter. „Ich habe schon von Ihrem nächtlichen Ausflug gehört, habe mich ganz tüchtig erschreckt. Da fällt mir ein Stein vom Herzen, dass Sie nun wieder munter sind. Wissen Sie was, ich bringe Ihnen erstmal etwas zur Stärkung, das wird Ihnen gut tun, was halten Sie davon?“ Sprachs und verschwand im nächsten Moment. Kurz darauf erschien sie mit gehaltvoller Astronautenkost für Mutti, sowie Kaffee für uns drei Frauen. Dieses stärkende Getränk nahm Mutti zu sich. Angelika suchte ununterbrochen Blickkontakt zu ihr und drückte fortwährend ganz fest ihre Hand. Unglaublich, mit welcher Intensität Mutti sie festhielt. Ich hielt mich zurück. Diese Augenblicke gehörten nur den beiden. Welch ein Glück, dass sie die Chance für diese Zwiesprache bekommen und genutzt haben! Ich nahm die Rolle der stillen Beobachterin ein. Dieser Moment gehörte ganz allein Angelika und Mutti.

Was war hier los? Von Muttis Entwicklung schwirrte mir noch der Kopf. Vor ein paar Stunden dachten wir noch, dass dies ein unendlich trauriger Tag für uns alle werden und Mutti sich von dieser Welt verabschieden würde. Was für eine unglaubliche unsagbar schöne Wendung. Ich hatte das Gefühl, in einer Art Schwebezustand zu sein. Die vergangenen Stunden musste ich erstmal versuchen zu verarbeiten. Wir blieben noch eine ganze Weile bei Mutti. Angelika und auch Franziska wechselten sich an Muttis Bett ab. Mutti schien durch dieses Umsorgt-Werden aufzublühen. Ihr Zustand hatte sich auf wundersame Art und Weise stabilisiert. Die Marmorierung an den Beinen war ebenfalls verschwunden. Unglaublich. Sophie und Marie schauten abwechselnd immer mal wieder nach ihr.

Am frühen Nachmittag beratschlagte ich mit Angelika, wie wir uns nun verhalten sollten. Ohne dieses schreckliche Erlebnis der letzten Nacht hätte ich Mutti vormittags besucht und den Rest des Tages mit Wolfgang und Paula verbracht. Mutti hätte den Abend mit den Bewohnern der Station erlebt. Heilig Abend wurde recht festlich begangen. Was machten wir aber nun? Da weder Angelika und ich noch die Pflegekräfte das Gefühl hatten, dass Mutti sich heute noch aus dem Leben schleichen würde, verabredeten wir mit Sophie und Marie, Mutti nun in ihre Obhut zu geben. Sie wollten sie frisch machen, ihr nochmals gehaltvolle Astronautenkost und andere Leckereien zukommen lassen, sie noch ein wenig verwöhnen und dann würde sie vermutlich schnell einschlafen. Der Tag war, gespickt mit seinen Geschehnissen und Emotionen, sehr anstrengend. Wir sollten uns um Mutti keine Sorgen machen. Sollte sich wider Erwarten eine Verschlechterung einstellen, wollten die beiden uns auf jeden Fall benachrichtigen.

Es war Heilig Abend. Ich wusste, Paula hatte sich für Wolfgang und mich eine Überraschung ausgedacht, zu der wir uns um 15.00 Uhr bereithalten sollten. Darum hatte sie schon vor ein paar Tagen gebeten. Zu meiner Zusage konnte ich dank der wundersamen Wendung stehen. Wir verabschiedeten uns mit dem Versprechen, am nächsten Tag wieder zu kommen. Angelika und Franziska brachten mich nach Hause. Für den kommenden Tag hatten wir vereinbart, gemeinsam zu Mutti zu fahren. Zuhause angekommen, blieb mir gar nicht viel Zeit, um vom Tag zu erzählen. Paula hatte für uns drei Pferde organisiert und wollte als Auftakt für dieses Weihnachtsfest, einen Ausritt mit uns machen. Was für eine tolle Überraschung. Wie gut, dass es Mutti den Umständen entsprechend gut ging und ich mich mit dem Wissen, verabschiedet hatte dass sie gut versorgt wurde.

Wieder kullerten mir Tränen über die Wangen. Einerseits war ich total gerührt, weil Paula das Ausreiten für uns geplant hatte. Andererseits weinte ich, weil mir die Ereignisse der letzten Nacht plötzlich wieder vor Augen kamen. Was mochte dieser Tag noch für uns bereithalten? Den Ausritt genoss ich. Auf dem Pferderücken vergaß ich für einige Zeit meine Sorgen, gab mich ganz der Reiterei hin.

Später verbrachten wir drei in kleiner Runde Heiligabend. Im Laufe des Abends erkundigte ich mich zu meiner Beruhigung auf Station nach Muttis Befinden. Sie war nach einem frühen Abendessen schnell eingeschlafen. Nach dem Telefonat gab ich Angelika noch kurz Bescheid. Beim Schein der Kerzen am Weihnachtsbaum, ließen wir den außergewöhnlichen Tag ausklingen.

Ich war dankbar, dass Mutti sich berappelt und nicht aus dem Leben verabschiedet hatte. Erschöpft schlief ich an diesem Abend relativ früh ein. Was wohl der kommende Tag für uns bereithalten würde?

Ein entschiedenes Nein!

Nach einer kurzen Nacht rief ich gleich morgens auf Station an, um mich nach Mutti zu erkundigen. Mit Herzklopfen lauschte ich dem, was mir erzählt wurde: Mutti hatte gut geschlafen und sogar schon gefrühstückt. Unser Kommen kündigte ich für den frühen Nachmittag an. Der Vormittag verging wie im Flug. Immer wieder ließ ich die letzten 24 Stunden Revue passieren, war durch das, was ich erlebt hatte noch immer sehr aufgewühlt Die innere Unruhe war ständiger Begleiter. Obwohl ich eine positive Auskunft zu Muttis Gesundheitszustand bekommen hatte, war mir bewusst, dass dies nur von kurzer Dauer sein konnte. Sie war sehr geschwächt. Gemeinsam mit Angelika und Franziska fuhr ich um 14.00 Uhr ins Stiftungsdorf.

Dort angekommen, erzählte Maria uns, dass sie Mutti beim Frühstück und Mittagessen versorgt hatte. Beide Mahlzeiten vielen relativ klein aus. Der Appetit war nicht so doll. Nach dem Mittagessen wurde sie in den Pflegerolli gelegt. Dort hielt sie ihren Mittagsschlaf und schlief tief und fest, als wir drei nach kurzem Anklopfen ihr Zimmer betraten. Daran sollte sich auch in den nächsten Stunden nichts ändern.

Angelika begrüßte Mutti mit leisen Worten, strich ihr liebevoll über den Kopf und die Wange. Dann zog sie sich einen Stuhl heran und nahm darauf direkt neben Mutti Platz, nahm ihre Hand und sprach weiterhin ganz leise zu ihr: „Hallo Mutti, merkst du es? Ich bin es, Angelika. Ich möchte noch ein bisschen Zeit mit dir verbringen. Du scheinst aber ganz müde zu sein. Schlaf dich ruhig aus, ich bleib einfach hier bei dir sitzen. Übrigens sind Franziska und Dietlind auch mitgekommen." Seit gestern schien ein unsichtbares Band die beiden zu verbinden. Während dieses intensiven Blickkontakts gestern, dieser Aussprache zwischen den beiden, nur über die Augen, hatte sich offensichtlich etwas verändert. Es schien, als hätten sie wieder einen Zugang zueinander gefunden. Unseren Tränen, die immer wieder liefen, ließen wir freien Lauf.

Es hatte sich aber nicht nur etwas im Verhältnis Angelika und Mutti verändert, sondern auch wir Schwestern konnten wunderbarerweise besser miteinander ins Gespräch kommen. Ganz ohne Zickerei oder einem Unterton, in dem häufig Vorwürfe mitschwangen, sprachen wir über die vergangenen Monate, sind sogar teils in unsere Kindheit zurückgegangen. Es entstand ein schwesterliches Miteinander.

Mutti schlief währenddessen, ließ sich von uns gar nicht stören, zeigte in der ganzen Zeit keinerlei Reaktion. Sie wirkte so klein und zerbrechlich in ihrem Pflegerolli. Sie schien weit weg… vielleicht schon fast auf der anderen Seite des Regenbogens? Selbst auf leise Ansprache von Marcel, einer Pflegekraft, der nach ihr schaute, reagierte sie nicht. Was in ihr vorging, wie lange sie noch so daliegen und bei uns sein würde, konnte keiner wissen. Den gestrigen Tag sahen wir als Geschenk des Himmels. Er war so wichtig für Angelika und Mutti. Sollte Mutti jetzt entscheiden, sich zu verabschieden, würden die beiden im Guten auseinandergehen. Angelika saß weiterhin geduldig händchenhaltend bei Mutti, deren Zustand sich absolut nicht änderte. Es war uns ein Rätsel. Wir waren ein wenig irritiert, denn mittlerweile waren knapp drei Stunden vergangen. Wieder wussten wir nicht, wie wir uns nun verhalten sollten. Nach einigen Überlegungen entschieden wir, uns abzumelden, um nach Hause zu fahren. Für den nächsten Tag hatten wir uns abermals für einen gemeinsamen Besuch verabredet. Heute hatten wir das Gefühl nichts mehr ausrichten zu können. Allein machte ich mich auf den Weg zum Stationszimmer, als mich die aufgeregte Stimme von Franziska erreichte: „Dietlind komm schnell… Omi hat die Augen aufgemacht!“ Ich machte auf dem Absatz kehrt. Tatsächlich, Mutti lag mit offenen Augen da. Schaute fast ein wenig ungläubig von einem zum anderen und blieb dann mit ihrem Blick bei Angelika hängen. Sie öffnete den Mund, bewegte die Lippen und zog ganz leicht die

Augenbrauen hoch. „Hallo Mutti, da staunst du, dass wir wieder hier sind? Hatten wir doch verabredet!" Über Muttis Gesicht huschte ein Lächeln. Nun wurde erstmal tüchtig geknuddelt. „Mutti, wie gut, dass wir beide doch noch zusammengekommen sind", sagte Angelika und streichelte Muttis Hand. Diese wiederum drückte ihrerseits Angelikas Hand, zog die Augenbrauen wieder hoch und im gleichen Moment war ein klares „Ja" zu hören. Einen Moment später ging es mit „ wa wa ha da wa …" weiter. Mutti schien ganz aufgeregt. Durch die weit fortgeschrittene Demenz lautierte sie hauptsächlich, drückte sich durch Wortfetzen aus. Aufgrund meiner regelmäßigen Besuche war mir diese Art der Kommunikation vertraut war. Angelika schaute mich fragend an. „Mutti, was da die letzten Jahre losgewesen ist, willst du wissen", wandte ich mich an sie. „Ich weiß es nicht", antwortete Angelika, wobei sie Mutti über den Kopf strich, sie behutsam in den Arm nahm. „Ist schade um die vertane Zeit, das kannst du wohl laut sagen. Aber es ist, wie es ist. Nun bin ich da und ich bin der Meinung das ist gut!" Mutti lauschte aufmerksam, lächelte und zog wieder die Augenbrauen hoch. Dies gehörte mit zu ihrer Art, sich verständlich, aber auch Gefühle deutlich zu machen. Die Stimmung war ausgesprochen gut. Angelika und Mutti schienen auf der gleichen Gefühlsebene zu schweben. Keiner von uns hatte noch mit dieser Wendung des Nachmittags gerechnet. Es fühlte sich wieder wie ein kleines Wunder an. Mutti war jetzt ganz wach. Den Rolli brachten wir in eine eher sitzende Position. Woraufhin sie erst den Kopf und dann den ganzen Oberkörper aus dem Rolli hob, aber gleich wieder zurücksank. Nun schaute sie zu mir: "Hmm ..." Intuitiv ahnte ich, was sie wollte. Mutti wusste, dass ich an meinen Besuchstagen immer etwas zu essen mitbrachte. Glücklicherweise hatte ich auch heute eine Portion Sahnequark mit pürierten Früchten und Hagebuttenpulver mitgebracht: „Kann es sein, dass du Hunger hast? Sollen wir dir etwas zu essen geben?" fragte ich sie, wobei ich ihr einen Blick auf die mitgebrachten Sachen ermöglichte. Mutti atmete geräuschvoll aus. Fast hatte ich das Gefühl, dass sie damit sagen wollte, gut, dass ihr mich versteht'. Angelika übernahm es, ihr den Quark anzureichen. Nach einer Weile wechselte sie sich mit Franziska, die ihre Omi ebenfalls verwöhnen und ihr nahe sein wollte, bei dieser Beschäftigung ab. Vorher hatten sie sich das okay von Mutti geholt. Diese schien rundum zufrieden zu sein. So von den beiden umsorgt zu werden, schien ihr zu gefallen. Die Stimmung des Nachmittages ist kaum zu beschreiben. Glückshormone trugen zur allgemeinen Zufriedenheit bei. Getragen von diesem warmen Gefühl verging die Zeit wie im Flug. Es hätte ewig so weitergehen können. Gegen Abend verabschiedeten wir uns, wollten nun den Rest des Weihnachtstages in unserem jeweiligen Zuhause verbringen. Auch hatten wir den Eindruck, dass unser Besuch Mutti anstrengte. Angelika streichelte Mutti sanft über den Kopf, gab ihr einen Kuss auf die Wange während sie: „Tschüss Mutti, bis morgen. Ich muss jetzt gehen", sagte. „Nein!" kam es entschieden von Muttis Seite. Angelika stand wie erstarrt neben dem Rolli. Mit Tränen in den Augen sah sie erst zu Mutti, dann zu mir. Mir gefror das Blut in den Adern. Ich merkte, wie auch mir die Tränen in die Augen schossen. Irritiert muss ich wohl den Kopf geschüttelt und die Schultern hochgezogen haben. Angelika deutete es als Aufforderung zur nochmaligen Kontaktaufnahme. „Mutti, ich gehe jetzt. Tschüss, bis morgen." Wieder erklang ein entschiedenes „Nein!" Gleichzeitig griff Mutti noch nach Angelikas Hand und suchte Blickkontakt. Diese kleine Geste nahm ich wahr und mir fiel augenblicklich ein Stein der Erleichterung vom Herzen. Wir hatten Muttis entschiedenes ‚Nein' vermutlich fehlinterpretiert: „Mutti, sagst du etwa NEIN, weil Angelika NICHT weggehen soll? Du hältst ihre Hand so tüchtig fest." Nun erst bemerkte auch Angelika den Händedruck. Sie guckte wie zur Sicherheit auf ihre Hand, die von Mutti umklammert wurde. „Du möchtest, dass ich bei dir bleibe?" brachte sie mit tränenerstickter Stimme raus. Tränen kullerten übers Gesicht. Über Muttis Gesicht dagegen huschte ein Lächeln und die Augenbrauen gingen in die Höhe. Ihr Wunsch war bei Angelika angekommen. Für all unsere Tränen brauchten wir an diesem Tag reichlich Taschentücher. Für einen ganz kurzen Augenblick hatten wir wirklich Angst, dass Mutti Angelika nicht wiedersehen wollte. Dabei war genau das Gegenteil der Fall. Mutti wollte ‚ihre verlorene Tochter' nicht wieder hergeben. Oh, wie schön war das? Mir liefen unaufhörlich die Tränen über die Wangen. Im Augenwinkel nahm ich Franziska wahr, der es genauso ging wie mir. Wortlos nahm ich sie in meine Arme, während Angelika Mutti in den Armen hielt. Auch bei ihr liefen die Tränen unaufhaltsam. Mutti dagegen schien einfach nur die Umarmung zu genießen. Wir blieben noch ein paar Minuten. Dann löste Angelika sich etwas von Mutti, nahm ihre beiden Hände und drückte sie fest mit den Worten „Mutti, nun muss ich wirklich gehen. Ich verspreche dir aber hoch und heilig, morgen wieder zu kommen. Wir beide kuscheln und schnacken dann wieder. Und weißt du was, morgen bringe ich etwas zu schleckern mit. Was hältst du von Schmalzkuchen… von mir, nach deinem Rezept gebacken. Die kannst du prima mit Kaffee weglutschen. Sollst mal sehen, wie lecker die schmecken.“ So verabschiedeten wir uns und verließen das Zimmer.

Maria, eine der Pflegerinnen, die noch immer im Haus war, erzählten wir von unserem hoch emotionalen Nachmittag. Sie wollte diese Informationen gern an Kolleginnen weitergeben, damit diese eine eventuelle Unruhe von Mutti einzuordnen wussten und auf das Erlebte Bezug nehmen konnten. Auf der Rückfahrt war das „ Nein“, dass uns drei so sehr erschreckt und aufgewühlt hatte, dieses eine kleine Wort, so bestimmt von Mutti herausgebracht, das alles beherrschende Thema. Der Schreck saß tief. Angelika und Franziska brachten mich nach Hause. Beim Abschied einigten wir uns abermals auf einen Besuch zu dritt. Die uns verbleibende Zeit mit Mutti wollten wir gemeinsam genießen. Die Angst, dass sie sich doch noch plötzlich von ihrem Leben „verabschieden“ würde, war noch da.

Glückliche Wendung

Genau wie am Vortag erkundigte ich mich gleich morgens nach Muttis Befinden. Alles war unverändert, sie hatte die Nacht gut geschlafen und war frohen Mutes als Sophie morgens zu ihr ins Zimmer kam. Als wir am frühen Nachmittag auf Station kamen, trafen wir auf Sophie. Sie erzählte uns, dass Mutti den Vormittag im Rolli verbracht und auch das Mittagessen dort eingenommen hatte. Nach dem Essen wurde sie zur Mittagsruhe in ihr Bett gelegt. Nach Möglichkeit sollte sie den Nachmittag weiterhin dort verbringen. Sophie und Kolleginnen hatten das Gefühl, dass Mutti von den Tagen zuvor sehr geschwächt sei. Auch an Mutti ging das Gefühlschaos anscheinend nicht spurlos vorbei, ebenso wenig wie der Beinahe-Abschied vom Leben in der Nacht zum 24. Dezember.

Mutti blieb also im Bett. Mit mehreren Kissen und Dank der tollen Möglichkeiten ihres Pflegebettes brachten wir Mutti in eine leichte Sitzposition. Angelika wandte sich an sie: „Mutti, ich hatte ja versprochen, dass wir heute weiter kuscheln. Da setze ich mich doch zu dir aufs

Bett. So sind wir uns ganz nah und können unser Beisammensein aus vollem Herzen genießen.“ Franziska und ich zogen uns Stühle heran.

Angelika hatte ich am Vortag erzählt, dass ich gelegentlich nicht nur Leckereien zum Nachtisch mitbrachte. Es kam auch vor, dass ich eine kleine Portion einer warmen Mahlzeit dabei hatte. Dinge, von denen ich wusste, dass Mutti sie gerne aß, die der Koch im Stiftungsdorf ganz anders zubereitete als wir. Liebe geht eben durch den Magen und der Geschmack weckt Gefühle, Erinnerungen von früher. Genauso ist die Reaktion bei Düften. Angelika war das Zusammenspiel von Geschmack und Düften, die Erinnerungen wachrufen, vertraut. Ihr gefiel, was ich machte, wie ich Mutti auf diese Art verwöhnte. Für heute hatte sie nicht nur die versprochenen Schmalzkuchen dabei, sondern ebenfalls Kartoffeln mit köstlicher Soße von der Weihnachtsente sowie einen Teil des Apfels, der zur Füllung gehörte. Obendrein eine kleine Portion des selbstgekochten Rotkohls. Ein wahres Festessen nach Originalrezept von Mutti. Sie aß mit sichtlichem Genuss. Zwischendurch erklang ein: „Mhm, jam jam“, es war ein deutliches Signal, dass es ihr schmeckte. Während Angelika mit einer Hand das Essen anreichte, nahm Mutti die andere Hand, umschloss sie mit ihren Händen, streichelte sie ununterbrochen. Dabei ließ sie Angelika nicht aus den Augen. Auch heute tauschten Franziska und Angelika beim Essens die Rollen. Es war wieder eine emotionale Atmosphäre. Uns vieren ging es gut. Wir genossen das

Beisammensein.

Vielleicht hervorgerufen durch den Geruch des Weihnachtsessens oder einfach nur so, trällerten wir drei Frauen irgendwann an diesem Nachmittag Weihnachtslieder. Zwar waren wir nicht so textsicher und merkten Unstimmigkeiten bei der Melodie. Das tat der Stimmung jedoch keinen Abbruch. Wir waren alle sehr vergnügt, lachten miteinander. Angelika und Franziska wechselten zwischendurch öfters die Plätze. Nach dem herzhaften Mittagessen ließ Mutti sich während unserer Gesangseinlagen mit Schmalzkuchen und Getränken verwöhnen. Ab und zu beugte sie sich in ihrem Bett leicht nach vorne, vermutlich um auch einen Blick auf Franziska erhaschen zu können. Sie hatte es sich zwischenzeitlich im Sessel außerhalb von Muttis direktem Sichtfeld gemütlich gemacht. Als sie Muttis Bemühungen, sie zu sehen, bemerkte, nahm sie wieder auf dem Stuhl Platz. Mutti schob das Kinn vor und nickte lächelnd. Nun war sie sichtbar zufrieden.

Zwischendurch nahm Angelika Mutti immer wieder in den Arm und meinte: „Ich bin sooo froh, dass wir beide wieder zueinander gefunden haben!“ Wieder versank eine in den Augen der anderen. Mir gefiel es, zu beobachten, dass die beiden sich ausgesöhnt hatten. Seit Muttis Demenz war ich davon ausgegangen, dass das, was zwischen den beiden stand, nicht mehr aus der Welt zu schaffen war. Und nun diese wunderbare Wendung. Mutti war quietschfidel und schien sich im Moment nicht von dieser Welt verabschieden zu wollen. Eher hatte ich den Eindruck, dass sie das Miteinander mit Angelika und Franziska genießen wollte. Beide wurden sicherer im Umgang mit Mutti, konnten sich auf ihre Art zu kommunizieren einlassen. Die drei hatten Spaß miteinander. Dies war gut so! Sie brauchten mich nicht mehr als Vermittlerin. Auch dies war gut so. Über Jahre hatte ich viel Zeit und beeindruckende Erlebnisse mit Mutti teilen dürfen, ebenso wie Wolfgang und Paula. Es war in der Phase, in der Angelika und Franziska sich sehr zurückgenommen hatten. Nun sollten die beiden das Miteinander genießen. Sie hatten noch sooo viel nachzuholen. Mutti wirkte zwar geschwächt, zeigte aber ganz offensichtlich einen eisernen Lebenswillen. Unsere Angst, dass sie sich von ihrem Leben verabschieden wollte, war momentan verflogen. Nach Absprache mit Angelika verabschiedete ich mich abends von Mutti mit dem Hinweis, am folgenden Tag zu Hause zu bleiben. Angelika und Franziska würden kommen, um den Nachmittag mit ihr verbringen. Am Abend des folgenden Tages rief Angelika an. Zuerst erzählte sie mir, dass es Mutti nochmals ein klein wenig besser ging. Marcel, ein Pfleger der heute für die Körperpflege sowie Begleitung beim Essen zuständig war, erwähnte Angelika gegenüber, dass Mutti nicht alles nur teilnahmslos über sich ergehen ließ, sondern wieder aktiv mitwirkte, soweit es ihre Möglichkeiten erlaubten. Danach schwärmte sie von dem wunderbaren Nachmittag, den sie und Franziska mit Mutti erlebt hatten. Ich freute mich tüchtig darüber, dass es Mutti weiter besser ging. Ein wohliges Gefühl breitete sich in mir aus, denn ich merkte während unseres Telefonates, dass Angelika und Franziska die Zeit mit ihr genossen. Wieder war ich froh und dankbar über diese unglaubliche Wendung. Gar nicht lange her, da haben wir uns um Muttis Leben gesorgt und nun, zwei, drei Tage später hatte sie sich offenbar wieder berappelt. Wie würde es nun weiter gehen. Wieviel Zeit würden wir noch miteinander verbringen dürfen?

Während ich hier sitze und schreibe, merke ich, dass ich zwischendurch immer wieder mit dem Kopf schüttle. Ich habe das Gefühl, ich stecke erneut in dieser unglaublichen Situation. Mutti ging es den Umständen entsprechend gut und wir sollten noch ein paar wunderbare, unvergessliche Wochen miteinander verbringen dürfen.

Nachholbedarf

Zu unserer großen Überraschung hatte Mutti nicht nur die Feiertage gut überstanden, sie blühte noch einmal so richtig auf. Ganz wach nahm sie am Alltagsgeschehen teil – so, als wenn nichts geschehen wäre. Angelika und Franziska genossen die Zeit mit ihr sehr, kamen von nun an regelmäßig, schnappten sich Mutti samt Pflegerolli und brachen zu ausgiebigen Spaziergängen auf versorgten sie mit Essen und Trinken, schmusten und hatten viel Freude miteinander. Die beiden fuchsten sich immer mehr in die Kommunikation mit ihr ein. Erkannten schnell, welche Bedürfnisse gestillt werden sollten. Hilfreich war es, auf Muttis Mimik zu achten. Sie waren immer aufs Neue erstaunt, wie rege sie am Leben teilnahm und trotz der enorm weit fortgeschrittenen Demenz auf ihre Art mit ihnen kommunizierte. Die beiden hatten großen Nachholbedarf. Ihnen schienen die Besuche bei Mutti ebenfalls gut zu tun. Sie lachten viel miteinander und bei ihren Zusammentreffen war eine Leichtigkeit zu spüren, die wir alle genossen. Dieses wunderbare Miteinander war leider nur von kurzer Dauer, da Angelika sich im Februar einer Operation unterziehen musste. Im Anschluss folgte eine Reha. Sie bedauerte es sehr, nun wieder einige Wochen den Kontakt mit Mutti ruhen lassen zu müssen. Um das zarte Band, das zwischen ihnen gerade erst entstanden war, zu erhalten, verabredeten wir, kurze Filme oder Sprachnachrichten auszutauschen. Mutti lauschte aufmerksam, zog ihre Augenbraue hoch und artikulierte aufgeregt, wenn sie Angelikas Stimme hörte: „Nu, nu kann ich". „Mutti, du wunderst dich, dass du Angelikas Stimme hörst. Aber sie ist nicht zu sehen. Das ist auch schwer zu verstehen. Auf dieses kleine Ding, mein Handy hat sie gesprochen, das kennst du doch. Nun können wir sie hören", versuchte ich Mutti zu erklären. Sie guckte mich verständnislos an, machte den Mund mehrmals auf und zu, als wenn sie etwas sagen wollte und schüttelte dabei den Kopf. „Angelika liegt noch immer im Krankenhaus. Kommt aber, sobald es ihr gut geht und sie auch wieder Auto fahren kann. Wir brauchen aber noch etwas Geduld.“ Nun nickte sie leicht mit dem Kopf.

Angelika und Franziska hatten ihre Besuche überwiegend auf das Wochenende gelegt. So konnte ich parallel dazu an meinem Besuchstag festhalten und auch Pari nahm ihre Betreuung Mitte Januar wieder auf, bewegte sich gern mit ihr an der frischen Luft und verwöhnte sie auch sonst sehr.

Beide sangen wir weiterhin gern während unserer Zeit mit Mutti. Sie lauschte nur noch unserem Gesang, kommentierte das Gehörte ab und an mit dem ihr typischen Heben der Augenbraue. Das Eincremen von Armen, Beinen und die Fußmassagen gehörten ebenfalls zum Rund-um-Verwöhn-Programm. Mutti war währenddessen vollkommen entspannt. Immer häufiger kam es vor, dass sie für einen kurzen Moment einschlief. Wir freuten uns sehr darüber, dass es Mutti besser ging. Sahen es als Geschenk, sie noch um uns zu haben und wollten unsere gemeinsamen Stunden so intensiv wie möglich genießen.

Während eines Besuches sagte ich: „Mutti, was war das für ein Abenteuer, Weihnachten? Was ist da geschehen? Wir haben uns wahnsinnig erschreckt, als es dir so schlecht ging. Unsere Sorge um dich war riesengroß.“ Weiter fuhr ich fort: „Weißt du eigentlich, was du dadurch erreicht hast? Angelika und Franziska sind nach langer Pause endlich zu dir gekommen. Ich bin davon überzeugt, dass ihr das, was euch entzweit hatte, bei eurem intensiven Blickkontakt geklärt habt. So könnt ihr später einmal zufrieden auf eurer Wolke sitzen und sagen, ‚Wie gut, dass wir uns versöhnt haben' ". Zu meiner Überraschung kam ein „Ja", verbunden mit heftigem Kopfnicken, als Kommentar. Ich war mal wieder perplex. Solche Situationen führten mir immer wieder vor Augen, wie viel Mutti doch noch vom Leben mitbekam. Es war mehr, als viele Menschen sich vorzustellen vermögen.

Demenzerkrankte sind sprachlich stark eingeschränkt, manche hören auf zu reden, andere geben einzelne Wörter oder Wortfetzen von sich. Zu denen gehörte Mutti. Sie versuchte immer wieder mit uns zu kommunizieren und schaffte es tatsächlich, ein Wort an der richtigen Stelle von sich zu geben. Ein Phänomen, das ich nicht erklären kann. Hier und heute hatte Mutti ein klares „ Ja" herausgebracht, an anderer Stelle war es ein Hochziehen der Augenbraue. Eine kleine Geste, die sehr vielsagend sein konnte. Ich achtete viel auf ihr Minenspiel.

Weiter geht's

Mittlerweile waren gut drei Monate vergangen, seitdem Mutti sich fast aus dem Leben verabschiedet hatte. Unser

Miteinander genoss ich uneingeschränkt. Auf unsere Spaziergänge nahm ich stets Proviant mit, um sie aufzupäppeln. Meist in Form von Bananen, Crackern oder ähnlichen Dingen, die sie ohne zu kauen nach einiger Zeit einfach runterschlucken konnte. Trotz guten Essens und extra Astronautenkost wurde Mutti zusehends weniger. Der Tag des Abschiednehmens rückte vermutlich unweigerlich näher. Zum Anreichen von Essen und Getränken brauchten wir noch viel mehr Zeit als sonst. Zeit, die sich die Pflegekräfte der Station ebenfalls nahmen. Es war offensichtlich, dass Mutti weiterhin mit großer Begeisterung aß und dass es ein wahrer Genuss für sie war. Tagsüber verbrachte sie oftmals Zeit im kleinen Aufenthaltsraum. Dort hielten sich gern Frau Lorenz, Frau Hoffmann und andere Bewohner auf. Ebenso schauten Alex, Clara, Leyla, allesamt Pflegekräfte auf der Station oder andere diensthabende Mitarbeiterinnen dort nach dem rechten. Es war häufig jemand da, der ein liebes Wort, eine kleine Berührung für Mutti hatte oder ihr eine Kleinigkeit zu essen oder trinken außerhalb der regulären Essenszeiten gab. Mutti sollte einfach gut versorgt sein. War ich im Stiftungsdorf, genossen wir wie immer erst den obligatorischen Spaziergang, bei dem es nun ebenfalls öfter vorkam, dass Mutti ein kleines Nickerchen machte. Ließ das Wetter es zu, suchte ich uns einen Platz in der Frühlingssonne. Der schon wärmenden Sonne streckten wir unser Gesicht entgegen. In solchen Situationen sprach ich mit Mutti auch mal über das Sterben, über das, was wir Weihnachten erlebt

erlebt hatten. Sprach darüber, wie schön es war, dass Angelika und Franziska wieder in Kontakt zu ihr standen.

Als wir zum Mittagessen auf ihrem Zimmer waren, kam ich abermals auf die Aussöhnung zu sprechen, erwähnte, was für eine tolle Zeit sie zusammen erlebten. Während ich sprach fiel mir auf, dass Mutti mit dem Blick das Bild von Florian, ihrem ältesten Enkelkind mit den Augen fixierte: „Na Mutti, was ist los? Was geht in dir vor? Wartest du auf Florian? Möchtest du, dass er noch einmal zu dir kommt?“ Sie sagte nichts, sah jedoch erst mich an und dann wieder das Foto von ihm. Dieses Verhalten hatte ich in den letzten Wochen seit Weihnachten öfters beobachtet. Wieder nahm Mutti Blickkontakt zu mir auf. Diesmal zuckten die Mundwinkel ein wenig. Ich nahm sie in den Arm: „Mutti, es tut mir so leid. Florian ist traurig. Er hat mir gesagt, dass er nicht kommen wird … will dich so in Erinnerung behalten, wie du früher warst. Er kommt mit der Veränderung nicht klar. Ich kann dir da nicht helfen.“ Mutti lehnte sich ohne Worte in ihrem Rolli zurück. Für einen Moment ließ ich sie in Ruhe. Dann nahm ich sie nochmals in den Arm: „Nützt nichts Mutti, müssen wir akzeptieren. Komm, jetzt reich ich dir dein Essen an bevor es kalt wird, was meinst du?“ Einen Löffel mit pürierten Kartoffeln und Gemüse hielt ich hin. Zu meiner Freude öffnete sie den Mund, aß mit großem Appetit.

Als ich mich diesmal von ihr verabschiedete, ging ich ein wenig betrübt. Gern hätte ich ihr diesen stillen

Wunsch, Florian noch einmal um sich zu haben, erfüllt. Manche Dinge ließen sich leider trotz größter Bemühungen nicht beeinflussen. Seit Mutti im Stiftungsdorf wohnte, hatte Florian keinen Kontakt zu ihr. Mit den Auswirkungen der Demenz, dem veränderten Verhalten seiner Omi, konnte er nicht umgehen. Ganz klar hatte er signalisiert, dass er sie nicht besucht. Selbstverständlich hatte ich auch ihn über Muttis schlechten Gesundheitszustand Weihnachten informiert, wollte ihm Gelegenheit geben, sich von ihr verabschieden zu können. Er bat mich abermals, seine Entscheidung, sie nicht sehen zu wollen, zu akzeptieren.

Herzenswunsch

Seit Mutti im Stiftungsdorf ihr Zuhause gefunden hatte, haben wir sie nie wieder zu uns geholt. Unser Miteinander fand dort statt. Anfangs hatte ich Sorge, sie zu holen, verbunden mit der Angst, dass sie nicht wieder zurückwollte. Dies kannte ich aus Erzählungen von Bekannten, die in ähnlicher Situation waren. Später hatte ich mich gar nicht weiter mit der Möglichkeit eines Besuchs bei uns auseinandergesetzt. Wir verbrachten einfach unsere gemeinsame Zeit bei ihr im Stiftungsdorf. Doch dann veränderte sich etwas bei mir. Immer häufiger verspürte ich den Wunsch, Mutti noch einmal bei uns zu Hause zu haben, mit ihr ein wenig Zeit bei uns zu verbringen. Diesen Wunsch trug ich schon lange in mir, stieß bei Wolfgang jedoch immer auf Unverständnis. Er sah darin keinen Sinn, meinte, dass es mit viel zu großem Aufwand verbunden sei und eine ziemliche Anstrengung für Mutti. Ebenfalls bat er mich zu berücksichtigen, dass evtl. Vorlagen gewechselt werden müssten etc. So etwas konnte ich in unserem Haus nicht händeln. In gewisser Weise hatte er Recht. Für eine kurze Zeit gab ich mich damit zufrieden.

Nach den turbulenten Tagen zu Weihnachten drängte sich dieser Wunsch jedoch wieder stärker als zuvor in den Vordergrund, wohl wissend, dass ich bei Wolfgang damit auf taube Ohren stieß. Also suchte ich bei einem meiner nächsten Besuche das Gespräch mit Frau Koch. Mit ihr hatte ich mich schon über die verschiedensten Themen ausgetauscht. Bei ihr fand ich Gehör. Ihr erzählte ich von meiner Unruhe, von dem Gefühl meinem Wunsch nachgeben zu müssen bevor es zu spät ist, nicht mehr geht. Sie zeigte großes Verständnis, ermunterte mich, mir diesen Wunsch zu erfüllen. Ich solle auf mein Herz hören und tun, was mir gefällt. Sie traute mir zu, solch einen Ausflug so vorzubereiten, dass es für alle Beteiligten ein schönes Erlebnis sein würde. Nachmittags besprach ich mich nochmals mit Wolfgang, erzählte ihm von dem Zuspruch Frau Kochs. Er merkte, dass ich mich nicht von der Umsetzung abbringen ließ und sicherte mir seine Unterstützung zu. Sofort begann ich mit den notwendigen Vorbereitungen.

Da Mutti schon seit längerem im Pflegerolli saß, organisierte ich ein Taxi, das entsprechende Möglichkeit bot, jemanden im Rolli sitzend zu transportieren. Auf Station hatte ich meine Pläne ebenfalls kundgetan, Mutti mit zu uns nach Hause zu nehmen. Auch hier zeigten die Pflegekräfte Verständnis für meinen Wunsch, es könnte ein ganz besonderer Tag für uns beide werden. Sie wollten mich bei meiner Unternehmung unterstützen, Mutti frisch machen, bevor ich sie abholte. Alles war terminiert. Die genaue Uhrzeit zur Abholung gab ich rechtzeitig bekannt. So traf ich voller Vorfreude zur verabredeten Zeit ein. Mutti war frisch und munter, lächelte mich fröhlich an. Nach unserem Begrüßungsritual erzählte ich ihr von unserem bevorstehenden Ausflug und schob sie frohen Mutes zu dem bereitstehenden Taxi, mit dem wir nach Findorff zischten. Da es ein wunderbar sommerlicher Tag war, bat ich den Fahrer, uns nicht bis vor die Haustür zu bringen, sondern schon vorher aussteigen zu lassen. So machten wir erst noch einen kurzen Spaziergang. Wie immer schob ich den Rolli mit einer Hand. Auf diese Weise ging ich neben ihr und konnte Blickkontakt zu ihr aufnehmen. „Merkst du, heute gehen wir woanders spazieren als sonst“, richtete ich das Wort an sie. „Heute bringe ich dich zu unserem Zuhause. Sollst mal sehen, Wolfgang wartet dort auf uns. Ich habe dir ja erzählt, dass es ein ganz besonderer Tag ist, Mutti.“

Auf dem Weg zu uns, kamen wir u.a. an Paulas ehemaliger Grundschule vorbei. „Weißt du noch, vor ewig langer Zeit haben wir hier mit der Schultüte auf Paula gewartet. Es war ihr allererster Schultag. Du warst dabei, erinnerst du dich? Ich kann mir gut vorstellen, dass es schwer ist, die Erinnerung abzurufen. Es sind seitdem so viele Jahre vergangen und du hast enorm viel erlebt, da kannst du auch mal etwas vergessen, passiert mir ebenfalls manchmal.“ Während des Erzählens tauchten vor meinem inneren Auge die Erlebnisse auf und ich ließ die damalige Zeit Revue passieren. Mutti hörte zu, zeigte jedoch keine Reaktion. Die unterschiedlichsten Eindrücke prasselten auf sie ein. Schweigend schob ich sie weiter. Es dauerte nicht lange, und wir erreichten unseren Garten, in dem Wolfgang uns erwartete. Er ging auf sie zu „ Hallo, schön dass du da bist.“ Sie guckte ihn an, zog die Augenbrauen hoch: „Na, na, da ha da wei“, sprudelte es aus ihr heraus. In Mutti arbeitete es tüchtig. Spaziergänge mit mir kannte sie. Auch Begegnungen mit Wolfgang waren ihr nicht fremd. Heute jedoch war alles komplett anders. Erst die Fahrt mit dem Taxi, bei der Mutti auch ununterbrochen Äußerungen von sich gab und nun eine Umgebung, in der sie vor mehreren Jahren zuletzt war. Was für eine Flut von neuen Eindrücken.

Ich hatte das Gefühl, dass Mutti versuchte, das, was sie momentan erlebte zu sortieren: „Da staunst du, weißt du wo wir sind? Das ist unser Zuhause. Wolfgang, Paula und ich wohnen hier. Früher warst du oft bei uns. Hast uns besucht. Wir haben zusammen gegrillt, uns immer eine schöne Zeit gemacht. Vati war auch dabei.“ All diese kleinen Sätze, gespickt mit unterschiedlichsten Informationen habe ich nach und nach gesagt und Blickkontakt zu Mutti gehalten. Neben dem Rolli hockend, nahm ich ihre Hand. Wieder hatte ich das Gefühl, Mutti sauge meine Worte auf, versuchte das Gehörte und das, was sie sah, zusammenzufügen. Die Erinnerungen waren anscheinend ganz weit hinten im Gedächtnis verschüttet. Zwischendurch gestikulierte sie, lautierte, schien sichtlich bewegt. Dann schlief sie plötzlich einfach für einen kurzen Moment ein. Ich lehnte mich für ein paar Minuten im Gartenstuhl zurück. Auch für mich war es sehr emotional.

Nach einem kleinen Nickerchen wachte Mutti wieder auf. Die Gelegenheit nutzte ich und versorgte sie mit Kaffee, Kuchen und einem Glas Vitaminsaft. Muttis ganze Aufmerksamkeit während des Kaffeetrinkens galt Wolfgang. Der Genuss von Kaffee und Kuchen wurde mehrmals unterbrochen da die Augen einfach für ein paar Sekunden zufielen. Wurde sie wach, war sie gleich wieder ansprechbar und öffnete den Mund für die Torte. Es waren bewegende Momente, die mir Tränen der Rührung über die Wange laufen ließen.

Später verbrachten Mutti und ich auch noch einige Zeit in unserem Haus. Auch hier hatte ich das Empfinden, dass sie ihre Umgebung aufmerksam wahrnahm, versuchte, sich zu erinnern. Als Mutti sich in dem im Flurbereich befindlichen, bodentiefen Spiegel sah, führte sie, genau wie früher immer, beide Hände zum Kopf, brachte ihre Frisur in Ordnung, eine mir sehr vertraute Geste. Ihr Handeln kommentierte sie: „Da de die die die“, und dann zeigte sie mit einer Hand Richtung Spiegel und beugte sich ihrem Spiegelbild entgegen. Mutti war komplett aus dem Häuschen. „Ja, Mutti, das bist du, hast dich lange nicht in so einem großen Spiegel gesehen. Jetzt staunst du, musst erstmal deine Frisur in Ordnung bringen“, setzte ich mit einem Schmunzeln nach. Sie nickte eifrig mit dem Kopf, schaute noch einige Zeit ihr Spiegelbild an.

Die Zeit verging wie im Flug. Gegen 18.00 Uhr brachte uns das vorbestellte Taxi zurück. Im Stiftungsdorf angekommen gab es noch eine Kleinigkeit zu essen sowie ein Getränk. „Es war wunderschön, aber bestimmt auch anstrengend für dich“ wandte ich mich an Mutti. Maria, einer diensthabenden Pflegekraft, berichtete ich in Stichworten von unserem Ausflug. So bestand die Möglichkeit, im Kontakt mit Mutti zu einem späteren Zeitpunkt darauf Bezug zu nehmen zu können.

Nach dem Abendessen wurde sie für die Nacht vorbereitet und in ihr Bett gelegt. Dort küsste und knuddelte ich sie, nahm ihr Gesicht in meine Hände und bedankte mich bei ihr für den unvergesslichen Nachmittag. „Ich wünsche dir eine gute Nacht. Träum etwas Schönes, ich hab dich lieb.“ Einen kleinen Augenblick blieb ich noch am Fußende ihres Bettes stehen. Ich schmunzelte, denn innerhalb kürzester Zeit war Mutti eingeschlafen. Ein hoffentlich wunderbarer, aber gleichzeitig anstrengender Tag für sie, neigte sich dem Ende.

Im Nachhinein denke ich manchmal, dass vielleicht ein wenig Egoismus hinter dieser Aktion steckte. Aber ich bin mir sicher, dass er in dieser Situation erlaubt war. Auch denke ich, dass Mutti diesen Besuch auf ihre Art bestimmt ebenfalls genossen hatte.

Tatsächlich hatten wir in den letzten Wochen viele unglaubliche, zu Herzen gehende Momente durchlebt, von denen ich immer noch gerne im Freundeskreis erzähle. Ich glaube, dass ich dadurch das Erlebte verarbeitete. Es waren allesamt außerordentlich emotionale Erlebnisse.

Letzte Besuche mit Erinnerungen an die Kindheit

Mutti verlor immer mehr an Gewicht, ihre Kräfte ließen stetig nach. Angelika besuchte Mutti wieder, sofern es ihre eigene Gesundheit zuließ, begleitet von Franziska. Angeregt durch meine Begeisterung beim Erzählen vom Besuch bei uns, wollte auch sie Mutti liebend gern für ein paar Stunden zu sich holen. Wollte auch noch einmal ihr Zuhause mit Mutti teilen. Dazu kam es leider nicht mehr.

Bei einem Telefonat mit Muttis Cousine Ingrid sprach ich Muttis schlechter werdenden Allgemeinzustand an. Ingrid, die ich über unsere Ängste zu Weihnachten informiert hatte, spürte das dringende Bedürfnis, sie noch einmal zu besuchen. Das letzte Miteinander lag doch schon einige Zeit zurück. Ihr Sohn Oliver hatte im Juni zufällig beruflich in Bremen zu tun. Die Dienstreise wollte er mit dem Auto antreten und so entschied Ingrid sich kurzerhand, sich ihm anzuschließen, um Mutti zu besuchen.

Schon ein paar Tage nach unserem Telefonat kam sie nach Bremen. „Darf ich sie denn überhaupt noch in den Arm nehmen zur Begrüßung, so wie wir das doch immer gemacht haben? Wir haben uns so lange nicht gesehen. Womöglich erkennt sie mich gar nicht mehr. Wehtun möchte ich ihr auch auf gar keinen Fall“, sprudelte es aus ihr heraus. Ingrid war unsicher, wusste nicht so recht, wie sie Mutti gegenübertreten sollte. „Sie braucht nur ein wenig Zeit. Gib ihr nur einen Moment und suche ihren Blick, damit sie eine Chance hat zu merken, wer da vor ihr steht. Selbstverständlich kannst du sie dann knuddeln. Mutti wird den Kontakt sicherlich genießen“. Trotz der kleinen Filme und Fotos, die ich ihr von Mutti relativ regelmäßig zukommen ließ, war sie total aufgeregt, als wir uns auf den Weg machten.

Auf unserer Fahrt zum Stiftungsdorf fiel ihr plötzlich ein: „ Oh Gott, oh Gott, in der Aufregung habe ich gar nicht an ein Mitbringsel für Mutti gedacht, was machen wir denn jetzt. Oh, das ist mir ganz unangenehm und auch noch nie passiert.“ „Ingrid, das ist nicht weiter schlimm. Mutti weiß gar nicht mehr, dass es eine nette Geste ist, etwas mitzubringen, wenn man jemanden besucht … Demenz hat auch seine Vorteile“, entgegnete ich schmunzelnd und zwinkerte ihr zu. Ich war gerührt.

Das leuchtete ihr ein. „Du hast Recht. Eigentlich hätte ich allein darauf kommen können“, gab sie zurück. Die Leichtigkeit meiner Antwort nahm ihr noch ein wenig ihrer Aufregung.

Beim Betreten des Zimmers blieb Ingrid ein wenig hinter mir und linste über meine Schulter, als ich Mutti begrüßte. Dann trat sie auf ihre Cousine zu: „Hallo Detta, schön dich zu sehen. Weißt du noch, wer ich bin? Ich bin es.... Ingelein ... ach chott ach chott ... was haben wir uns lange nicht gesehen. Wir haben doch immer ‚ach chott ach chott‘ gesagt, wenn wir uns gesehen und uns etwas erzählt haben, damals in Gnutz. Tante Dora war auch immer dabei. Die ganze Bagage, die buckelige Verwandtschaft ...“ Während ihres Redeschwalls näherte sie sich Mutti immer weiter. Ohne Unterbrechung erzählte Ingrid eine Menge von früher. Sie benutzte Redewendungen, die bei früheren Familientreffen gebräuchlich waren. Aufmerksam lauschte Mutti den Worten. Ingrids Art von früher zu erzählen, waren wieder einmal Türöffner zu Muttis Herzen. Sie merkte, dass da etwas war, das sie miteinander verband. Mit zusammengezogenen Augenbrauen sah sie Ingrid an. Die wiederum nahm Mutti nun beherzt in den Arm und knuddelte sie ausgiebig zur Begrüßung. Anschließend blieb sie eine Weile neben dem Rolli stehen. „Detta, jetzt nehme ich mir erstmal einen Stuhl. Ich muss mich auf jeden Fall setzen, weil mir von der gebückten Haltung mein Rücken weh tut. Das möchtest du doch bestimmt nicht. Mit dem Stuhl setze ich mich ganz dicht zu dir. Dann können wir weiter miteinander reden. Wenn du magst, kann ich deine Hand ein wenig streicheln. Siehst du, so ist es gleich viel bequemer für mich. Trotzdem sind wir beide uns ziemlich nahe..." Schon während Ingrid sich den Stuhl heranholte, beobachtete Mutti sie aufmerksam. Ein leichtes Kopfnicken war zu erkennen. Ingrid saß so, dass sie mit einer Hand Muttis Hand hielt. Mit der anderen streichelte sie ihr sanft die Wange, während sie weiterhin von früher erzählte. „Detta, du schaust mich ununterbrochen an und auch ich guck dich an. Ist das schön? Ich erzähle von früher." Dabei schweifte sie bis zu Muttis Geburtsort ab: „Merkst du, ich erzähle von Königsberg, deinem Zuhause". „Ich weiß", hörten wir Mutti sagen. Ingrid und ich sahen uns erstaunt an. Wir waren sprachlos. Mehr als ein Schulterzucken brachte ich nicht zustande, konnte gar nicht fassen, was ich da soeben gehört hatte. Mutti überraschte mich immer wieder. Ihr Kommentar passte total zu dem, was Ingrid erzählt hatte. Mutti schien gedanklich weit weggerückt, vielleicht sogar bis in ihre Heimat Ostpreußen, wer weiß. Ingrid erzählte und streichelte unentwegt. Mutti wandte sich ihr nach einer gewissen Zeit wieder zu und sah sie ganz aufmerksam an. Sie versank in Ingrids Augen, während sie wieder ganz leicht mit dem Kopf nickte. Damit aber nicht genug. Mutti beugte sich in ihrem Pflegerolli nach vorne, nahm ihre Hand und klopfte Ingrid leicht auf die Schulter. Ihre Hand ließ sie dort liegen. „Detta, ist das schön. Du hast deinen Arm um mich gelegt. Nun mag ich mich gar nicht mehr bewegen. Ich habe Angst, dass er dadurch runterfällt und du mich loslässt.“ Abermals schaute Ingrid kurz mich und dann Mutti an. Mir liefen Tränen übers Gesicht und gleichzeitig spürte ich eine Gänsehaut am ganzen Körper. Während ich mit meinen Gefühlen kämpfte, schien Mutti ihrerseits bemüht, sich weiter mitzuteilen und im Gespräch mit Ingrid bleiben zu wollen: „Ach so…“ oder „mh, ja ja“ und „Hat sie ne ne ne da“ sprudelte es nun aufgeregt aus ihr heraus. Dieses Miteinander der beiden dauerte eine ganze Weile. Ich meldete mich nur ab und an zu Wort, wenn ich das Gefühl hatte, dass Ingrid nicht deuten konnte, was Mutti bewegte, was sie auszudrücken versuchte. Wie es bei schönen Situationen ist, ging auch dieser Nachmittag viel zu schnell vorbei. „Detta, ich mag eigentlich gar nicht gehen. Ich kann mich gar nicht von dir trennen. Es war so schön mit dir. Ich glaube, dir hat es auch gefallen, dass ich hier war.“ Nochmals wurde ganz intensiv geknuddelt. Mutti ihrerseits gab ebenfalls ein Küsschen. Mehrmals wiederholte Ingrid die Abschiedszeremonie. Der Abschied am frühen Abend fiel Ingrid ganz besonders schwer.

Uns war klar, dass es vermutlich ein Abschied für immer sein würde. Auf dem Weg nach Hause schwärmte Ingrid von dem Besuch, sagte, dass es auf jeden Fall richtig und für sie wichtig gewesen sei, für ein kurzes Wiedersehen zu kommen. Dieses Erlebnis, dass Mutti ihr den Arm auf die Schulter gelegt hatte, sollte sie in Erinnerung behalten. Sie war ganz aufgewühlt. Auch ich war emotional noch sehr berührt, freute mich, dass

Ingrid so Gelegenheit hatte sich von Mutti zu verabschieden. Es fühlte sich für uns beide richtig an.

Klare Worte

Mittlerweile war ein halbes Jahr vergangen, seitdem Mutti sich fast von dieser Welt verabschiedet hatte. Sie war absolut auf Hilfe angewiesen. Im Bett wurde sie regel-mäßig anders gelagert, damit sie sich nicht wund lag. Beim Wechsel in den Rolli war sie teilnahmslos, hatte nicht mehr die Kraft zu unterstützen. Mutti baute tüchtig ab. Bei meinen Besuchen gingen wir wie immer spazieren, genossen das sommerliche Wetter. Auch Angelika, Franziska und Paula besuchten sie noch einmal, beobachteten gerührt, wie unsere Schleckerschnute, Mutti nach wie vor mit Hingabe das ihr gereichte Eis verspeiste, aber anschließend für einen Augenblick schlief. Sie konnte oder wollte sich noch nicht endgültig verabschieden. Ich hatte das Gefühl, sie wartete noch auf etwas bzw. jemanden. Als wir nach einem Spaziergang wieder auf ihrem Zimmer waren, nahm ich ihr gegenüber Platz und umfasste ihre Hände, schaute ihr in die Augen: „Mutti, du wirkst ganz müde. Ich habe das Gefühl, du magst gar nicht mehr, möchtest einfach für immer schlafen. Kannst aber noch nicht ‚gehen', kommst nicht zur Ruhe.“ Bei meinen letzten Worten nahm ich wieder Muttis Blick in Richtung Foto von Florian wahr.

Gegen seinen ausdrücklichen Willen hatte ich nochmals zu ihm Kontakt aufgenommen, mit der Frage, ob er bitte dem letzten Wunsch seiner Omi entsprechen könnte, sie noch einmal zu besuchen. Leider ohne Erfolg, auch Angelika konnte diesbezüglich nicht vermitteln. Bei einem schon einige Jahre zurückliegendem Treffen meiner Selbsthilfegruppe für Angehörige von Demenzerkrankten, kam damals das Thema auf, dass Männer sich häufig sehr schwer tun im Umgang mit demenzerkrankten Verwandten und daher den Kontakt ganz vermeiden. Das galt wohl auch für Florian.

Bei meinem heutigen Aufenthalt bei Mutti erzählte ich ihr von meinem letzten Kontakt mit ihm, nahm anschließend zur Unterstützung meiner Worte das Foto, um es aus ihrem Sichtfeld zu bringen. Mutti beobachtete mich bei meinem Handeln. Eine Augenbraue hochziehend atmete sie geräuschvoll aus. War sie enttäuscht? War sie traurig? Was empfand sie? Ich weiß es nicht. Bevor ich mich verabschiedete, umfasste ich ihr Gesicht wieder mit meinen Händen, hauchte ihr einen Kuss auf die Wange und versprach am kommenden Montag wieder zu ihr zu kommen. In den letzten Monaten hatte sich mein freier Tag verschoben, sodass ich montags zu ihr kam. Auch nach dem Wegstellen des Fotos verbrachten Mutti und ich noch einige schöne Tage.

Bittersüßer Abschied

Es war sommerlich warm und Mutti und ich nutzten weiterhin das Wetter selbstverständlich für Spaziergänge, für die ich gern ganz weiche, schon von mir zerdrückte Bananen mitnahm. Sie nahm nur noch weiche Nahrung zu sich. Heute hatte ich wegen des warmen Wetters mal wieder Eis mitgebracht, Eis am Stiel mit Schokoladenüberzug, das mochte Mutti sehr gerne. Ich suchte uns ein schattiges Plätzchen, setzte mich ihr gegenüber auf eine Bank und reichte das Eis an. Mutti lutschte einen kurzen Moment an der kalten Schokolade. Auch ein zweites Mal lutschte sie ganz intensiv und kommentierte dies mit einem „hm", wobei sie mit der Zunge über ihre Lippen fuhr. Beim dritten Mal tat sich etwas. Der Schokoladenüberzug knackte. Es landete neben der Schokolade ein wenig Eis in ihrem Mund. „Hm, jam jam jam hm", brachte sie aufgeregt hervor. Mit strahlenden Augen lächelte sie mich fast ein wenig triumphierend an. Dann öffnete Mutti den Mund, verlangte nach mehr. „Weißt du was Mutti, du bist eine richtig dolle Schleckerschnute." Sie nickte wissend mit dem Kopf, zog wie so oft die Augenbrauen hoch und aß das angereichte Eis mit Genuss. Wie immer war es auch heute wieder eine wahre Freude, Mutti beim Eisessen zuzusehen und irgendwie hatte ich das Gefühl, ihr Bedarf an Eis war mal wieder nicht gestillt. Darum hielt ich ihr das ursprünglich für mich mitgebrachte Eis mit den Worten: „Ich glaube, du kleine Eisvertilgungsmaschine könntest glatt noch mehr davon essen“, vor den Mund. Ohne mit der Wimper zu zucken verspeiste Mutti es ebenfalls. Ich habe mich köstlich amüsiert. Mutti wirkte so klein und zerbrechlich, doch wenn es ums Eisessen ging, war sie putzmunter.

Nachmittags verabschiedete ich mich wie immer von ihr. Umfasste ihr schmales Gesicht mit meinen Händen, schaute ihr in die Augen und küsste sie auf die Wange. „Mutti, du kleine Schleckerschnute, da hatten wir doch mal wieder einen schönen Tag miteinander. Hab dich lieb. Pass auf dich auf. Tschüssi, bis Montag, dann sehen wir uns wieder.“ Für den Mittagsschlaf wurde Mutti nun von den herbeigerufenen Pflegekräften in ihr Bett gelegt. Mit einem Luftkuss vom Ende des Bettes und einem Zwinkern mit einem Auge verabschiedete ich mich nochmals. Sie sah sehr zufrieden aus. Auch mir ging es gut, frohen Mutes fuhr ich nach Hause.

Es war unser letztes gemeinsames Eisessen. Mutti selbst hat noch am Sonntagabend mit Genuss ihr letztes Eis gegessen – gemeinsam mit Pari, draußen an einem sonnengeschützten Platz. In der Nacht zu Montag ist Mutti dann ganz friedlich für immer eingeschlafen.

Nachwort

Schon seit mehreren Jahren taucht der Begriff Demenz immer mal wieder in Zeitungen auf. Es ist meinem Empfinden nach ein Thema, das die breite Öffentlichkeit noch lange nicht erreicht hat. Unsere Mitmenschen müssen meiner Meinung nach für diese Erkrankung sensibilisiert werden. Es müssen Räume geschaffen werden, die außerhalb von speziellen Einrichtungen dazu einladen, dass Menschen mit einer beginnenden Demenz sich darin zurechtfinden. Möglichkeiten müssen geschaffen werden, dass sie z.B. den Besuch eines Café allein bewerkstelligen können und ihnen mit Nachsicht begegnet wird, wenn es ihnen nicht gelingt zu benennen, was sie bestellen möchten. Das Personal braucht entsprechende Schulung. Anregungen und Hilfestellungen im Umgang mit demenziell erkrankten Personen sollten häufiger einen Platz in den Medien finden. Die Betroffenen selbst, aber auch deren Angehörige profitieren meinem Empfinden nach davon.

In den Jahren, in denen ich Mutti mit ihrer Demenz begleitete, habe ich Rat und Unterstützung von der Alzheimer Gesellschaft Lilienthal und der Selbsthilfegruppe der DIKS Bremen bekommen. Gern denke ich an unsere regelmäßigen Treffen, die mich in meinem Denken und Handeln beeinflusst und vorangebracht haben.

Die Leiterin des Stiftungsdorfes sowie deren zahlreiche Mitarbeiterinnen der verschiedensten Arbeitsbereiche, die jederzeit Ansprechpartner für mich waren, haben mir in all den Jahren ebenfalls hilfreich zur Seite gestanden Sie waren mir eine große Hilfe. Gedanken, die ständig in meinem Kopf kreisten und mir mitunter den Schlaf raubten, wurden manchmal schon durch kurze Tür- und Angelgespräche in andere Bahnen gelenkt, sodass ich Dinge danach aus einer veränderten Perspektive betrachtete. Durch liebe Worte, Tipps und Empathie haben sie mich unterstützt, gute aber auch nicht so gute Tage mit Mutti zu durchleben und die Zeit mit ihr bis zum letzten Tag zu genießen. Sie wurden nicht müde, sich liebevoll um sie zu kümmern. Ihnen gilt mein besonderer Dank.

Danksagung

Wolfgang, meinem Mann, der in all den Jahren immer für mich da war, alle Höhen und Tiefen, die wir mit Mutti erlebten, mit mir gemeinsam durchstand, danke ich ganz besonders herzlich. Vor allem bedanke ich mich dafür, dass er, obwohl er, genau wie Angelika, einer früheren Unterbringung Muttis in einer entsprechenden Einrichtung zugestimmt hätte, meine Entscheidung akzeptiert und mit getragen hat Ohne seine nicht nachlassende Unterstützung, mir mit Rat und Tat zur Seite zu stehen und sich für Muttis und meine Belange einzusetzen, wäre ich den Anforderungen nicht gewachsen gewesen. Es ist ein großes Glück, dass wir einander haben. Ich glaube, es ist nicht immer leicht, mit mir zu leben, aber ich bin der Meinung: wir sind schon über einen langen Zeitraum ein tolles Team. Danke!

Jetzt liegt mir erst einmal sehr daran, mich bei **Paula** zu entschuldigen. Mein Blick auf ihre Bedürfnisse, ihre Gefühle war verschleiert. Allein hat sie versucht, das Erlebte zu verarbeiten. Viele Jahre habe ich mich um Mutti gekümmert, in denen Paula, im Nachhinein betrachtet, manchmal tüchtig zurückstecken musste. Ich hatte einen Tunnelblick, was Mutti anbelangte und war für Paula nicht so da, wie es hätte sein sollen. Dieses Gefühl, das schlechte Gewissen, hat sich immer mal wieder ganz leicht gemeldet, als Mutti noch lebte. Jetzt beim Verschriftlichen der hinter uns liegenden Zeit, verstärkt sich mein Empfinden massiv.

Paula, es tut mir leid.
Bei unserer Tochter, einem der wichtigsten Menschen in meinem Leben, bedanke ich mich daher ganz besonders herzlich. Sie war noch ein Kind als die ersten Anzeichen einer Demenz sichtbar wurden. Es gab ein Auf und Ab im Umgang mit Mutti. War Paula anfangs verunsichert oder schämte sich sogar in manchen Situationen für das Verhalten ihrer Omi, schaffte sie es über all die Jahre, doch immer wieder, einen Zugang zu ihr zu finden. Durch die weiter fortschreitende Demenz zog Paula sich zeitweise leicht zurück. Trotzdem war sie mit großer Begeisterung dabei, Kuchen, Kekse und andere Leckereien zu backen, die sie mir für Mutti mitgab. Auf diese Weise verwöhnte sie ihre Omi, war ihr nahe ohne vor Ort zu sein.
Dankeschön!

Mirja Uschkureit, meiner Lektorin, danke ich ebenfalls von ganzem Herzen. Ihre aufmunternden Worte, als ich von meiner Idee sprach, das Leben meiner Mutter mit ihrer Demenz im Zusammenspiel mit meinem Leben, dem unserer Familie, zu Papier zu bringen, wirkten positiv auf mich. Mirja hat mich darin bestärkt, meinem Bedürfnis nachzugeben und mich auf einem gänzlich neuen Terrain auszuprobieren. Durch ihre Anmerkungen, Randnotizen in meinem Skript und in persönlichen Gesprächen war sie federführend, hat mir unendlich geholfen, meine Gedanken zu ordnen damit Außenstehende sie verstehen und nachempfinden können. – Vielen herzlichen Dank für deine tatkräftige Unterstützung.